本书出版得到湖南师范大学双一流学科
"中国史"学科经费资助

吴仰湘 著

近代湘学考述

中华书局

图书在版编目(CIP)数据

近代湘学考述/吴仰湘著. —北京:中华书局,2022.12
ISBN 978-7-101-15889-2

Ⅰ.近… Ⅱ.吴… Ⅲ.学术思想-思想史-研究-湖南
Ⅳ.B2

中国版本图书馆 CIP 数据核字(2022)第 168448 号

书　　名	近代湘学考述	
著　　者	吴仰湘	
责任编辑	杨延哲　朱兆虎	
责任印制	陈丽娜	
出版发行	中华书局	
	(北京市丰台区太平桥西里 38 号　100073)	
	http://www.zhbc.com.cn	
	E-mail:zhbc@zhbc.com.cn	
印　　刷	三河市中晟雅豪印务有限公司	
版　　次	2022 年 12 月第 1 版	
	2022 年 12 月第 1 次印刷	
规　　格	开本/920×1250 毫米　1/32	
	印张 9¼　插页 2　字数 240 千字	
国际书号	ISBN 978-7-101-15889-2	
定　　价	68.00 元	

目　录

近代湘学述略

　　作为中华传统学术文化的地域化形态之一,"湘学"通常指历史上湖南地区形成的各种学术与思想。湘学的源头无疑是楚文化,但作为一个具有明确内涵的概念,学界倾向于认为湘学是指"唐宋以后形成的湖南地区的知识传统",尤以两宋时期周敦颐及胡安国、胡宏父子作为湘学的开端,以南宋"湖湘学派"的形成作为湘学崛兴的标志,"他们的学术是湘人之学或产生于湘地之学,也是具有学理意义的知识体系与学术思想"①。湘学从萌生、成长到繁荣,经历过一个漫长的演进过程,其中有波折,但总体上呈现出来的趋势是后来居上、后出转精,所以千年湘学史上,当数近代百年最辉煌。然而,纵观学界对近代湖湘文化史或湘学史的研究,发现关注焦点、研究热点始终在晚清嘉道以下至民国初期,有意无意地忽略"五四"以后的湖湘学术文化,尤其对新思潮下的旧学人、旧学术遗忘殆尽②。这种研究

---

① 朱汉民《湘学通论》,高等教育出版社,2016年,第4、28页。
② 民国时期专文探讨湘学的有李肖聃《最近湘学小史》(长沙《大公报》十周年纪念特刊,1925年)、陈鼎忠《论湘学》(《湖大期刊》第5期,1931年)、李肖聃《湘学新志》(《世界旬刊》第1、2、3期,1932年)及《近数十年湘学叙录》(长沙《大公报》二十周年纪念特刊,1935年)、黄光焘《湖南学派论略》(《国专月刊》第3卷第3号,1936年)、秦熏陶《湘学述要》(《湖南教育通讯》1946年第5、6期)、曹典球《我所知道的湘学及其未来》(长沙《中央日报》1946年双十节特刊)、贺学恒《湖南人文述略》(《读书通讯》第141期,1947年)等,(转下页注)

格局，无疑割裂了近代百余年间湘学自身发展的历史进程，也难以体察近代湘学辉煌灿烂的全貌与本相。以下仅就湖湘经学、小学、诸子学和版本目录学的源流略作梳理，述其梗概，明其盛衰，冀能揭出近代湘学的历史渊源、发展脉络与基本格局。

一、经学的繁盛与传衍

关于湖湘学术文化的发展，研究者大多往古追溯到流寓湖南的屈原、贾谊。其实，从周秦到隋唐，北国东土早成《诗》《书》之邦，三湘大地仍如天荒之区："由汉迄唐，训故不下数百家，其间负经师雅望，以齐鲁秦及河洛间特盛，而三湘七泽不甚有传人。"①根据光绪《湖南通志·艺文志》记载②，汉唐千余年间，湘籍学者见于著录的经学著作仅4种，即蜀汉湘乡县蒋琬《丧服要记》一卷、东晋南平郡（今属津市）车胤《讲孝经义》四卷、唐代作唐县（今属安乡）阴弘道《周易新传疏》十卷和《春秋左氏传序》一卷，正如《晋书·甘卓传》所谓："南土凋荒，经籍道息。"③

宋代以来，随着全国学术文化中心的南移，潇湘之间开始崭露头角，以理学为核心形态的湖湘学最为引人瞩目。这些理学家及其弟子大多研经论道，著述成家，其中周敦颐以《易》学开启风靡数百年的

（接上页注）专书有刘茂华《近代湘学概论》（1938年）、钱基博《近百年湖南学风》（1943年）、李肖聃《湘学略》（1946年）等，均未论及民国湖湘学术文化。张晶萍对清代至民国"湘学观"的建构与演变作了追踪，其中专门论及李肖聃、刘茂华、钱基博等研究湘学的成就，从中也可见民国湘学并未进入其视野，详参《近代"湘学观"的形成与嬗变研究》，知识产权出版社，2015年。
① 彭政枢《楚南经师记序》，《船山学报》第1卷第7期。
② 卞宝第等修《湖南通志》，清光绪十一年刻本。
③ 房玄龄等《晋书》，中华书局，1974年，第1863页。

理学，宁乡易祓、湘阴周式、永明周尧卿、武陵丁易东等，或精究一经，或博通群经，堪称经学大师，其他如醴陵吴猎、长沙谭世勣、湘阴彭宗茂、衡阳廖俑、茶陵谭世选、浏阳汤璹等，各有造诣，声名藉甚。湖南经学从此兴起，正如彭政枢所说："楚有周子崛起，神契圣道，作《易通》、《图说》，以翼羲经；易氏（祓）总覈群经，注《易》遵汉家法，吐弃王弼。嗣是湖湘士夫，朴学相崇，《周易》有丁氏《象义》，《尚书》有廖氏《洪范〈论〉》，《毛诗》有周氏《诗说》，《周礼》有易氏《总义》，《春秋》有汤氏《要论》，皆能阐微训义，光于来叶。"①光绪《湖南通志·艺文志》著录两宋湖湘学者的经学著作，有《易》类 14 种、《书》类 2 种、《诗》类 3 种、《礼》类 3 种、《春秋》类 7 种、《四书》类 3 种、群经总义类 3 种，合计 35 种，与汉、唐时期形成鲜明对比。其中易祓《周易总义》三十卷和《周官总义》三十卷、丁易东《周易象义》十六卷后被收入《四库全书》，丁易东《周易上下经解残本》四卷也列入《四库全书存目》，影响深远。

元明时期，湖湘学术文化整体上并未呈现中衰之象，如经学就仍处于发展之中。光绪《湖南通志·艺文志》著录元代经师 5 人，经学著述 8 种，明代经师 97 人，经学著述 135 种。后来《四库全书》收录茶陵刘三吾奉敕编撰的《书传会选》六卷、华容孙毂撰辑的《古微书》三十六卷，另有郴州喻国人《周易辨正》等六卷、曾朝节《易测》十卷、澧州戴君恩《读风臆评》一卷列入《四库全书存目》。刘三吾以硕学高位，奏请改正蔡沈《书集传》的讹谬，采宋元以来诸家成说，"凡蔡《传》之合者存之，不预立意见，以曲肆诋排；其不合者则改之，亦不坚持门户，以巧为回护"，对明代官修经书极为鄙薄的顾炎武，在《日知

---

① 彭政枢《楚南经师记序》，《船山学报》第 1 卷第 7 期。

录》中肯定《书传会选》"尚有功于后学","则是书之足贵,可略见矣"①。曾朝节撰《易测》,取王弼《注》、孔颖达《疏》、程子《传》、朱子《本义》及杨简《易传》之说,参互考订,以解《上经》、《下经》、《彖》、《象》、《文言》、《系辞》,而置《说卦》、《序卦》、《杂卦》一概不论,回归以义理解《易》,"大旨主于观辞玩占,一切卦图、卦变之说,悉所不取,颇足扫宋《易》之葛藤"②,实际上开出清初黄宗羲、胡渭等清算宋人神秘《易》学的先河。益阳罗敦仁、喻义父子,著《尚书是正》二十卷,对《尚书》源流详加梳理,力论今文《尚书》28篇之真,考辨东晋晚出古文《尚书》之伪,后来阎若璩撰《尚书古文疏证》、翁元圻注《困学纪闻》,均采录其说。孙毅别具慧眼,从灰烬之余,搜辑到东汉以前各种纬书70多种,"使学者生于千百年后,犹见东京以上之遗文,以资考证"③,实是清儒辑佚的先驱。可见,湘中经学从元代以来仍在发展,到明代更超过两宋。

清代是中国传统学术的繁荣与总结期,湖南经学也在入清以后逐渐进入繁盛期,不仅著作如林,还涌现出一批经学大家和经学世家。清初有衡阳王介之、王夫之兄弟,以朱明遗民的身份,以"六经责我开生面"的怀抱,遁迹深山,发奋著述,说经笃实有据,成为经师硕望。至于康熙以后的湖南经学,过去不被看重,如梁启超在高标船山之学时竟武断地提出:"自兹以往,百余年间,湖湘学者无述焉。"④钱穆也从考证学的角度认为:"清儒考证之学,盛起于吴、皖,而流衍于

---

① 纪昀等《武英殿本四库全书总目》第5册,国家图书馆出版社,2019年,第24、26页。
② 纪昀等《武英殿本四库全书总目》第3册,第231页。
③ 纪昀等《武英殿本四库全书总目》第10册,第264页。
④ 梁启超《近代学风之地理的分布》,《饮冰室文集》之四十一,中华书局,1989年,第76页。

全国,独湖湘之间被其风最稀。"①其实这是一种误解②。仅康、雍、乾三朝,湖南先后出现善化李文炤、巴陵许伯政、宁乡王文清、安乡潘相、善化唐焕、长沙余廷灿、湘潭罗典与张九镡、衡阳李天昶、衡山旷敏本、新化谭爱莲等经师魁儒,被列入《四库全书存目》的经学著作达15 种,《易》类有李文炤《周易本义拾遗》六卷、许伯政《易深》八卷、湘潭赵世迥《周易告蒙》四卷附《周易图注》三卷、湘乡黄燫《周易賸义》四卷、湘乡郑国器《易经辨疑》、衡山周世金《易解拾遗》七卷附《周易句读读本》二卷、溆浦向德星《易义便览》三卷,《书》类有黄燫《尚书賸义》四卷,《诗》类有许伯政《诗深》二十六卷,《礼》类有李文炤《周礼集传》六卷、王文清《周礼会要》六卷,《春秋》类有李文炤《春秋集传》十卷、许伯政《春秋深》十九卷,《乐》类有衡山罗登选《律吕新书笺义》二卷附《八音考略》一卷、黔阳潘士权《大乐元音》七卷。因此,这一时期的湖南经学,较之清初毫不逊色,呈现出漫衍扩充之势。

嘉、道以后,朴学之风在湖南日益高涨,经过长期积蕴的经学迅速走向繁荣,无论是古文经学、今文经学还是性理之学,都在千古变局下呈现出蓬勃生机③。短短数十年间,三湘四水间走出了邹汉勋、魏源、黄本骥、邓显鹤、曾国藩、郭嵩焘、罗泽南、王闿运、王先谦、皮锡瑞、叶德辉、胡元仪等经学大师,还涌现出一大批经术专精之士,如道州何绍基、湘潭罗汝怀与王荣兰、善化唐仲冕、长沙彭申甫、安仁欧阳厚均、湘乡张眉大与成本璞、巴陵吴敏树与杜贵墀、湘阴张学尹、衡山聂镐敏、武冈曾家模、石门阎镇珩、龙阳易顺鼎、武陵杨大章、常宁李

---

① 钱穆《中国近三百年学术史》,商务印书馆,1997 年,第 638 页。
② 参见肖永明主编《湖湘文化通史(近古卷)》,岳麓书社,2015 年,第 98—113 页。
③ 参见王兴国主编《湖湘文化通史(近代卷上)》,岳麓书社,2015 年,第 236—284 页。

德淑、嘉禾雷雨人、平江苏舆、浏阳刘人熙等。晚清湖南学者在经典奥蕴的抉发、名物典制的考证、文字音韵的训解、金石碑版的考索、天文舆地的研探、先秦诸子的研究以及乡邦文献的搜辑等方面，各领一时之风骚，形成独具特色的"湖南学派"。1903 年，新任湖南学政吴庆坻竟欣喜地称誉："湘人士研经嗜古能文章，实最东南。"①

随着清末民初政治上的剧烈变动，延续千年的经学教育传统与经学研究风气遭到巨大冲击，特别是教育、文化领域经历一系列革故鼎新，先是中小学校废除读经，接着大学不为经学保留学科地位，经学从此失去制度的依靠。虽然袁世凯时代短暂恢复经学的地位，但继起的新文化运动激情欢迎"德先生""赛先生"，同时高呼"打倒孔子""废弃经学"，经学连同儒家传统再遭重创，走向"山穷水尽"②。然而在这种艰难时世下，湘籍学者中仍不乏卓绝之士，坚执儒学信仰，竭力维护经学的独立与尊严，继续在大中学校甚至私人学术空间从事经典的研习与传授，试图让经学发挥其传承民族文化、整饬人心风俗的功用。例如，与岳麓书院、城南书院一脉相传的湖南高等学堂、湖南师范馆、湖南高等师范学校、湖南第一师范学校、省立和国立湖南大学，就一直延续着古代书院实施经学教育和开展经学研究的传统，民国以来相继有刘人熙、曾熙、张正旸、符定一、吴嘉瑞、刘宗向、邹代藩、成克襄、戴士颖、刘肇隅、刘善泽、孙文昱、孙文昺、颜昌峣、杨树达、曾运乾、李肖聃等经学名家，或是执掌院校事务，或是讲授经学通论、专经研究课程，著书立说，培植后进。在抗战炮火中诞生的国立师范学院，也延聘一批饱学之士，如钱基博、马宗霍、陈鼎忠、席鲁思、刘异、彭昺、骆鸿凯、宗威等，在国文系开设经学、小学等

---

① 王先谦《葵园自定年谱》，梅季标点《葵园四种》，岳麓书社，1986 年，第 796 页。
② 范文澜《中国经学史的演变》，《范文澜全集》第 10 卷，河北教育出版社，2002年，第 69 页。

传统课程。另外,省城长沙还有一些推行经学教育的组织,最为突出
的是船山学社、湖南私立孔道学校和湖南国学馆(后来改名湖南国学
专修学校),汇集湘省政治、文化、教育、学术界的精英人物和社会贤
达,如刘人熙、吴嘉瑞、周逸、彭政枢、孙文昱、黄巩、刘宗向、石广权、
颜昌峣、陶思曾、何键、王礼培、彭清藜、曹典球、李澄宇等,通过创办
刊物(分别是《船山学报》《孔道月刊》《国光杂志》)、定期讲学、季课
征文、祭祀先圣及乡贤等方式,传播经典大义,重倡礼义廉耻,试图振
刷国民道德,挽回世道人心。如"军政余暇尝欲提倡国学"的湖南省
政府主席何键①,就大力推动读经,常在船山学社和孔道学校演讲,
宣扬"四维八德"。他本人还对《论语》《大学》《中庸》等经典穷加探
究,刊印《大学古本讲义》等书,阐扬孔子之道和儒家思想。又如颜昌
峣在船山学社讲解《礼记·礼运》篇,说到"故坏国、丧家、亡人,必先
去其礼"一节,特意指出:"此所谓坏国、丧家者,不过君主失位、卿大
夫失官,而非举一国之人皆为外族之奴仆,如后世宋、明灭国之比也。
知此,则知礼制之设,乃专为天子、诸侯巩固其位置而设,未尝计及民
族之柔懦驯服,但知'抚我则后,虐我则仇',稍加恩惠,即易屈伏而甘
为蛮裔之顺民者,即此礼教所养成之民族也。此我国历史上所以多
汉奸,以未尝有民族之学说灌输于其心故也。"论及"大同"之说,他
又特别分析说:"自欧洲大战发生,中山先生感于斗争杀戮之惨,乃倡
道大同主义,言'大道之行,天下为公',冀以减少后此之战祸。此乃
对于世界所倡之主义也。浅儒不察,不知杯水不可以救燎原之火,欲
以弱国而祈祷世界之和平,以宗教思想来救国,不作参战准备,而研
究二次大战以后的建设,谓为捷径,止见其冥行索涂自误误国而已

---

① 何键《影印光绪十一年重修湖南通志序》,《湖南通志》,上海商务印书馆,
　1934年,卷首。

矣。"①他对儒家经典作了理性批评,同时要求正确理解和运用经义,与当时的抗日救国紧相呼应,值得充分肯定。

民国以来湘籍学者在经学著述方面也十分引人瞩目,不仅编撰了各种简明扼要的经学讲义、教材,还将个人钻研经学的成果作为论著刊印行世,给新学后生指示读经书、治经学的种种方便门径。其中比较著名的有:刘人熙《春秋公法内传》十二卷首一卷(1913 年湖南铅印本),叶德辉《经学通诰》(1915 年湖南教育会铅印本),易顺豫《孟子发微》二卷(1925 年山西宗孟学社铅印本),黄巩《周易述礼》三卷首一卷(1926 年存几堂刻本),杨树达《周易古义》七卷(1929 年中华书局排印本)、《论语古义》二十卷(1934 年商务印书馆排印本)、《春秋大义述》五卷(1941 年湖南大学石印本、1943 年商务印书馆排印本)、《论语疏证》十卷(1943 年湖南大学石印本),陈鼎忠《孝经概要》(1927 年东北大学排印本)、《周易概要》(1934 年中山大学排印本)、《孟子概要》(1934 年无锡国专排印本)、《六艺后论》二卷(1934 年南京钟山书局排印本、湖南大学石印本),曾运乾《尚书正读》、《三礼通论》、《春秋三传通论》(均为湖南大学石印本),孙文昱《周礼讲义》、《春秋左氏学》(均为湖南大学石印本),马宗霍《中国经学史》(1937 年商务印书馆铅印本),杨筠如《尚书覈诂》四卷(1934 年北强学社铅印本),符定一《新学伪经考驳谊》(1937 年商务印书馆排印本),石广权《论语今读内编》四篇(1934 年苍石山房铅印本),周秉钧《尚书易解》(成稿于民国时期,岳麓书社 1984 年出版),刘善泽《三礼注汉制疏证》十六卷(稿本,岳麓书社 1997 年整理出版)。这些学者多为民国经学名师,他们的著述也被列作民国学术经典,直到今天仍然大受欢迎。此外,还有一些今天不太知名的学者,也刊印过一种或数种经学著作,如长沙辜天祐《论语古注集说平义》(1930 年上海

① 颜昌峣《礼运大义》,《船山学报》第 14 期。

太平洋印刷公司铅印本)、桂东邓橐《周易质》八卷首一卷末一卷
(1925 年铅印本)、武冈尹世积《禹贡集解》(1946 年商务印书馆铅印
本)、湘阴左钦敏《大学申义》(1918 年敬义山房刻本)、祁阳龙熙臣
《东洲毛诗授义》二十二卷首一卷(1925 年船山书院木活字本)、浏阳
邱楚良《古本大学笺证》一卷附录一卷叙录一卷(1937 年长沙洞庭印
务馆铅印本)、益阳张师范《大学编次质疑》一卷(1931 年益阳震亚印
书馆石印本)等,一定程度上也能反映民国年间湖南各地学者从事经
学研究、守护传统学术的情况。

特别值得一提的是,"五四"以来,湖南有一批既深受旧学浸染、
又接触过西学新知的学者,都对学校废除经学课程不很赞同,希望在
新式教育体制下延续经学慧命。例如,李肖聃就对以国文课代替经
学课、以语体文代替文言文十分不满:"兴学以来,首废经业,专课国
文,意谓圣学高深,文言浅近,但求词达,取便学僮,自定教科,著之功
令。由是编纂之流,夺圣贤之经席;贩肆之贾,操制作之大权。京部
为所劫持,省司奉行惟谨,小学惟行语体,初中禁授文言。以至卒业
大学,未读《四书》;教授专门,不通文理。此新教之显弊,为有识所同
嗟。"他因此极力主张大、中、小学都应恢复读经,并对非孔之谈、惑经
之论加以斥责:"愚之拙见,雅异时流,以为小学宜读《论》、《孟》、《孝
经》,中学宜读《诗经》、《礼记》,至于大学,宜授《易》、《礼》、《春秋》。
仿程氏分年之程,依欧公计日之课。行之以渐,固未觉其繁难;守之
以恒,期渐靡乎经训。使群士服膺于圣教,斯信仰乃定于一尊。若赞
墨翟之非孔,同子玄之惑经,始则诬古以逆天,终则反常而作乱。近
事可睹,其效彰然,万事悠悠,惟此为大。高等诸生,文理明通,心志
将定,犹宜劝以经学,以立大基。圣人复起,吾言不易。"[1]马宗霍也
通过回顾汉唐以来经学兴替与国政治乱的关系,对近代社会舆论借

---

[1] 李肖聃《劝学浅语之一》,《李肖聃集》,岳麓书社,2008 年,第 355 页。

口"孔孟程朱不能致富强"而主张废弃经学作了批评:"晚近西学东渐,谈者震其富强,群以实学为倡,目经学为迂疏无用,后生新进未尝一诵经文,闻经之名,如有所讳,甚有欲废经、焚经者,一若国之贫弱,皆经学使然,非第《论语》作薪、三《传》束阁已也。夫时君假经以饰太平,科举假经以文浅陋,此诚可议,若遂以此归责于经,吾斯之未能信。"①陈鼎忠则在《六艺后论》中宣称:"六籍之道宏矣,下走弇陋,无能为役,惟平生之所兢兢自守者有三要义:一曰信古,二曰尊经,三曰述圣。"②他揭橥的三点要义,与当时盛行的疑古、惑经、非圣思潮刚好针锋相对,倡导信古、护经,竭力维持经学的尊严。鉴于民国以来引进西方科学图书法,经书失所依归,被拆分归入各个不同部类,陈鼎忠还根据"一切学术,咸出六艺,异子史百家于经,亦无异别子孙于父祖"的原则,发明一种新的图书编目方案,"分群籍为七部,肇立嘉名,以经为首,余以类从",将十三经依不同体制,分居于七部之首,不仅统率旧有群籍,还融摄西学新书,"庶治学者可溯流以探其源,循本以考其末,而经之囊括万有,亦不烦言而明矣"③,图谋以六艺统领一切学术,重建"经之囊括万有"的学术文化新格局,想为经学在现代学术文化体系中谋取一席之位,乃至恢复经学统御众学的昔日荣光。这种努力与马一浮发明"六艺该摄一切学术"如出一辙,可谓用心良苦。

事实上,民国湖南经学直承晚清的流风余韵,不少经学名家如王先谦、叶德辉、刘人熙、孙文昱、石广权、易顺豫等身跨晚清与民国,张正旸、马宗霍、周逸、符定一、颜昌峣、杨树达、曾运乾、李肖聃等人则

① 马宗霍《通经致用说》,《制言》第37、38期合刊。
② 陈天倪《六艺后论·开宗明义》,《尊闻室賸稿》上册,中华书局,1997年,第10页。
③ 陈天倪《六艺后论·儒效引义》,《尊闻室賸稿》上册,第291—292页。

与晚清湘中经学大师王闿运、王先谦、皮锡瑞、叶德辉等各有师承关系,薪火相传。也有一些民国湘籍学者受到晚清湘学的薰染,自觉承继乡贤,如陈鼎忠《六艺后论》、马宗霍《中国经学史》,不仅形式上直接承继皮锡瑞《经学历史》,内容上也反复引用皮锡瑞的论述。正因为近代湖南经学从晚清到民国一脉相承,得以持续发展,不断开拓,所以民国以来的湖南学者在专经研究、群经通论、经学史等领域成就卓著,后出转精,有些方面甚至超过清儒,称雄全国。

二、小学的崛起与发展

语言文字学在古代被统称作"小学","小学乃研究形、声、义之学,所谓文字、声音、训诂是也"①。《七略》将"小学"归入六艺略,列在六经、《论语》、《孝经》之下。后来通行四部分类法,小学著述被划归在经部之末。小学作为经学的基础,往往随着经学的发展而发展。湖南的经学在宋代才逐渐兴起,所以湖南的小学也是在宋代开始起步,如南宋前期长沙王观国著《学林》十卷,论及文字、音韵的篇章很多,尤其是发现上古文字之义寄于声中,知其声即可求其义,实为清儒"因声求义"之先声,《四库全书总目》称赞说:"书中专以辨别字体、字义、字音为主,自六经、《史》、《汉》,旁及诸书,凡注疏笺释之家,莫不胪列异同,考求得失,多前人所未发。……论其大致,则引据详洽、辨析精核者十之八九,以视孙弈《示儿编》,殆为过之。南宋诸儒讲考证者不过数家,若观国者,亦可谓卓然特出矣。"②

湖南经学在明代有较大的发展,小学研究相应也较宋代大有进步,光绪《湖南通志·艺文志》著录4位学者、5本小学著作,其中零

---

① 骆少宾讲、李昌瑛记《假借与形声》,《湖南大学季刊》第1卷第4期。
② 纪昀等《武英殿本四库全书总目》第33册,第45—47页。

陵桑绍良《青郊杂著》一卷和《文韵考衷六声会编》十二卷、郴州袁子让《字学元元》十卷,都是深入讨论音韵学的代表性著作,结合古音与口语,既阐述音理,又分析韵图,反映作者具有很高的音韵学理论水平。桑绍良并旧韵为《东》、《江》、《侵》、《覃》、《庚》、《阳》、《真》、《元》、《歌》、《麻》、《遮》、《皆》、《灰》、《支》、《模》、《鱼》、《尤》、《萧》十八部,又以重、次重、轻、次轻分为四科,以喉、舌、腭、齿、唇分为五位,以启、承、进、止、衍分为五品,以浮平、沉平、上仄、去仄、浅入、深入分为六声,以"国开王向德,天乃赉祯昌,仁寿增千岁,苞盘民弗忘"分为二十母①,实际上是将文献所载古音与当时的地方音结合,构建起一个包括韵部、四呼、声调、声部的语音系统,相对于唐宋以来的韵书,较多新异之说,意在维护传统韵学的《四库》馆臣因此大为不满,将其列入存目,大肆批评,但得到了当代学术界的充分肯定②。袁子让则针对元代刘鉴《切韵指南》"所载音和、类隔二十门,出切行韵,参差不一,其取字有凭切者,有凭韵者,学者多所缪轕",对书中所用《四声等子》的等韵门法详加疏解,使之条理清楚,同时增广门法为四十八类,使门法更为分明,得到了《四库》馆臣的肯定③。他还提出"等子虽列为四,细玩之,上二等开发相近,下二等收闭相近,须分上下等读之",主张由《切韵》音系的洪细四等变为上下二等,在审音上是一大贡献④。袁子让在等韵学理论方面所作的新探索,已经引起当代音韵学家的重视⑤。

　　入清以来,湖南研习文字、音韵、训诂的学者越来越多,小学著述数量较宋、明大增。光绪《湖南通志·艺文志》著录清初至同治年间

① 纪昀等《武英殿本四库全书总目》第13册,第270页。

② 夏剑钦《明代湘人的三种音韵学著作》,《船山学刊》2012年第3期。

③ 纪昀等《武英殿本四库全书总目》第13册,第249页。

④ 万里主编《湖湘文化大辞典》,湖南人民出版社,2006年,第752页。

⑤ 夏剑钦《明代湘人的三种音韵学著作》,《船山学刊》2012年第3期。

的小学著作 42 种,《续修四库全书总目提要(经部)》著录晚清湘人
的小学著作 30 种,加上《贩书偶记》及其续编所载与前两书不相重复
的 10 种,大体可见有清一代湖南小学发展的概貌。湖南在清代还相
继出现好几位小学名家。清初有王夫之,著《说文广义》三卷,"奉六
书为宗,以广《说文》之义",先列《说文》某字之本义,再说其引申义、
假借义等,释义时注重阐明字形、字音,纠正流俗字书之误,实开清人
研究《说文》之先河。民国学者杨锺羲高度评价说:"《说文解字》之
学,后来为盛,兼明文字、训诂而得其会归。唐宋以来如李阳冰、郭忠
恕、林罕、张有,未可为笃信而能发明之者。夫之此书,其犹大辂椎轮
矣。"①湘中后学石广权在探究六书真义时,也极力推崇说:"王船山
的《说文广义》、顾亭林的《音学五书》等,标揭新理,不背古谊,可谓
卓然成一家言了。"②可惜从康熙到嘉庆时期,湖南虽有一批经师大
儒,如余廷灿、唐焕、陈鹏年、王文清、旷敏本、潘相、罗登选等,通晓文
字、音韵、训诂,却未专究许、郑之学,不能以小学名家。郭嵩焘因此
感慨湖南"无知郑、许《说文》之学者",杨树达也叹惜"乾嘉间,许、郑
学之盛,如日中天,而湘士寂无闻焉"③。

　　嘉庆以后,湖南小学重新兴起,有一批学者研究文字、音韵、训
诂,并留下一种或几种撰述,如新化邓显鹤《玉篇校刊札记》一卷、
《广韵校刊札记》一卷,新化邹汉勋《广韵表》十卷、《说文谐声谱》十
五卷、《广韵表》十卷、《二十二字母考》五卷、《五均论》二卷,宁乡黄
本骥《字学举隅》一卷、《诗韵检字》一卷附《韵字辨似》一卷,道州何

①　中国科学院图书馆整理《续修四库全书总目提要(经部)》,中华书局,1993
　　年,第 1061—1062 页。
②　石广权《自叙》,《六书浅说》,商务印书馆,1929 年,卷首第 2 页。
③　郭嵩焘《罗研生墓志铭》,《郭嵩焘诗文集》,岳麓书社,1984 年,第 445 页;
　　杨树达《曾星笠传》,《积微居小学述林》卷七,中华书局,1983 年新一版,第
　　310 页。

绍基《说文段注驳正》一卷、《说文声读表校勘记》一卷,湘潭罗汝怀《周易训故大谊》三卷、《诗古音疏证》四卷、《记字珠》四卷、《文字偏旁举略》一卷、《十三经字原》一卷、《六书统考》十七卷,衡山聂镐敏《韵学古声》五卷、《五声述古》二卷,黔阳段谔廷《群经字诂》七十二卷、《四书字诂》七十八卷,渠阳(今靖县)张序宾《声韵指掌》(又名《等韵法》)一卷,湘潭王闿运《尔雅集解》十九卷、《六书存微》八卷,湘潭胡锡燕《诗古音绎》一卷,常宁李文昊《十三经古义古音》二十卷、唐训方《里语征实》三卷,新化彭焯南《音学质疑》六卷,湘乡曾纪泽《说文重文本部考》一卷、《五音正谱韵字》二卷,善化杨廷瑞《说文经斠》十三卷附《补遗》一卷、《说文正俗》一卷,善化李桢《说文逸字辨证》二卷,长沙王先谦《释名疏证补》八卷附《续释名》一卷、《释名补遗》一卷、《释名疏证补附》一卷,湘阴郭庆藩《说文经字考辨证》四卷、《说文经字正谊》四卷、《许书转注说》《音学五书叙》合一卷、《说文答问疏证补谊》四卷、《合校方言》四卷,湘潭胡元玉《雅学考》一卷、《汉音钩沉》一卷、《郑许音义异同评》一卷,龙阳易顺鼎《易音补顾》一卷,长沙钟祖授《文字通释略》四卷,湘乡谢崧梁《六书例说》一卷等。

　　湖南小学发展到晚清,虽然已经大有改观,但无论是学者人数还是著述数量、质量,与吴、皖、浙、鲁等地仍不可同日而语。罗汝怀曾对湘省"务以程朱为宗"的学风大发感慨:"湖湘尤依先正传述,以义理、经济为精闳,见有言字体音义者,恒戒以逐末遗本。"①李肖聃也说:"吾楚先正文章、性道、经世之学代有名贤,焜耀史编,惟从事小学训诂者少。王而农《说文广义》,世谓近荆公《字说》;罗研生《六书统考》,或讥其未明转注。湘绮、葵园、鹿门三先生,著书满家,独于字义

---

① 罗克进《湘潭罗府君行状》,罗汝怀《绿漪草堂文集》,光绪九年罗氏家刻本,卷首"行状"第5页。

未有纂述。"①事实确是如此,清代湘人编撰的各种小学著述,往往偏重实用,多以识字明音为旨,用于发蒙教读,探索文字、音韵、训诂理论的著作屈指可数。《续修四库全书总目提要(经部)》评说晚清湘人的小学研究,批评之词远多过褒扬之语。例如,嘉道时期安仁卢兆鏊撰《周易辑义初编》四卷,自称"声音之道,感人最深,故六经皆有韵之文,而三百篇外,《周易》尤最为活变、最为精密,故谐其音节,备述旧闻,一以贯之",但实际上书中"所谐之音节,更多无据",或将同一字任意叶韵,改作异音,或将不同之字任意叶韵,改作同音,主观任意,全然不顾音韵学原理,因此大受讥责:"夫有清自乾嘉而后,经学昌明,训诂、音韵阐研尤精,即清初昆山顾亭林,亦有《易音》专书,乃卢氏于汉魏古注及清儒纂述一无所览而妄著作,适以自示其不学而已。"②文字、音韵之学欠发达,确是清代湘学的一大缺憾,但令人欣喜的是,这种缺憾在民国时期迅速得到了弥补。

20世纪以来,由于时局的激变与西学的冲击,以经学为主体的中国传统学术文化走向式微。这对延续了几千年的小学带来了两方面的影响:消极方面,小学随着整个传统学术呈现衰落之势;积极方面,小学不再是经学的附庸,同时吸取新学新理,开始近代转型,迅速形成语言学、文字学、语法学、修辞学等独立的现代学科。湖湘学人也在这一时代背景下,既坚守小学研究的传统,又明耻奋进,积极开拓,力雪湘人"不识字"的耻辱,最终推动湖湘语言文字学达到了鼎盛。

根据《贩书偶记》、《贩书偶记续编》、《续修四库全书总目提要(经部)》、《湖南图书馆古籍线装书目录·经部》、新编《湖南省志·著述志》等著录,民国以来湖南研究语言文字学的重要学者及其著述

---

① 李肖聃《说文系传引经考证序》,《李肖聃集》,第128页。
② 中国科学院图书馆整理《续修四库全书总目提要(经部)》,第109—110页。

如下：

叶德辉：《郋园小学四种》二十三卷（包括《六书古微》十卷、《说文读若字考》七卷附《说文读同字考》一卷、《同声假借字考》二卷、《说文籀文考证》一卷《说籀》一卷《补遗》一卷，民国年间叶氏观古堂刻本）。另有《释人疏证》二卷、《字林考逸》一卷、《周礼郑注改字考》六卷、《仪礼郑注改字考》十七卷、《礼记郑注改字考》二十卷，均为稿本。

杨树达：《中国语法纲要》（1920 年商务印书馆）、《词诠》（1928 年商务印书馆）、《古书之句读》（1928 年北平文化学社；增订本改称《古书句读释例》，1934 年商务印书馆）、《高等国文法》（1930 年商务印书馆）、《马氏文通刊误》（1931 年商务印书馆）、《中国修辞学》（又名《汉文文言修辞学》，1933 年世界书局）、《古声韵讨论集》（1933 年好望书店）、《积微居小学金石论丛》五卷《补遗》一卷（1937 年商务印书馆）、《中国文字学概要》（1940 年湖南大学石印本）、《杨著四种》六卷（包括《文字引申义述》三卷、《训诂学大纲》一卷、《训诂学小史》一卷、《中国文法学小史》一卷，1941 年湖南大学石印本）、《古文字学研究》（1943 年湖南大学石印本）、《积微居金文说》（1952 年中国科学院考古研究所出版）、《积微居甲文说·卜辞琐记》（1954 年中国科学院出版）、《耐林廎甲文说·卜辞求义》（1954 年群联出版社）、《积微居小学述林》七卷（1954 年中国科学院出版）等。

曾运乾：《声韵学》、《古声韵学讲义》、《广韵研究讲义》（均为湖南大学石印本）。

马宗霍：《音韵学通论》八卷（1931 年商务印书馆石印本）、《文字学发凡》三卷首一卷（1935 年商务印书馆石印本）、《说文解字引经考》十六卷（1947 年成稿，1958 年科学出版社影印本）。

石广权：《六书浅说》（1929 年商务印书馆石印本）、《说文匡鄦》一卷《叙恉》一卷（1931 年商务印书馆石印本）。

尹桐阳:《合音例证》二卷(1927年北平民国大学出版部铅印本)、《尔雅义证》三卷(衡南学社1914年石印本)、《小学定律》二卷(湖北印刷局1925年铅印本)、《古韵阐微》一卷(1922年自印本)、《说文声母分部补遗表》一卷(1925年自印本)。

孙文昱:《小学初告》六卷(1926年湘潭孙氏家塾刻本)、《四声切韵类表》一卷(1932年湘潭孙氏家塾刻本、湖南大学石印本)、《文字声韵叙谱》一卷(民国年间铅印本)。

骆鸿凯:《文始笺》一卷《补遗》一卷(湖南大学石印本)、《语原》二卷(1942年湖南大学石印本)、《声韵学》(湖南大学石印本)、《尔雅学》(1940年湖南大学石印本)、《尔雅论略》(1985年岳麓书社铅印本)等。

彭昺:《文字学讲谊》(1932年长沙同文印刷公司铅印本)、《文字学概要》(1945年国立师范学院石印本)、《训诂学大意》(1946年国立师范学院石印本)、《声韵学概要》(1946年国立师范学院石印本)。

张舜徽:《毛诗故训传释例》(1946年壮仪轩铅印本),另有《广文字蒙求》、《说文谐声转纽谱》、《声论集要》、《唐写本〈玉篇〉残卷校〈说文〉记》、《小尔雅补释》、《异语疏证》等民国年间所成稿本,后来收入《旧学辑存》(1988年齐鲁书社影印本)。

黎锦熙:《国语学草创》(1921年商务印书馆)、《新著国语文法》(1924年商务印书馆)、《国语模范读本》(1928年中华书局)、《比较文法》(1933年北京著者书店)、《国语运动史纲》(1934年商务印书馆)、《修辞学比兴篇》(1936年商务印书馆)、《国语新文字论》(1949年北京师范大学)、《中华新韵》(1950年商务印书馆)等。`

舒立淇:《说文解字举隅》一卷、《说文解字便笺》一卷附《字谊指归》二卷《毛诗诂训传释例》一卷(1915年刻本)。

此外,还有杨伯峻《中国文法语文通解》(1936年商务印书馆)、

傅熊湘《国文法教科书》(1913 年长沙铅印本)和《文字学大意》一卷
(1924 年铅印本)、陈朝爵《字学浅诂部首》一卷(1916 年安庆石印
本)、周名煇《新定说文古籀考》三卷(1948 年上海开明书店石印本)、
符定一《联绵字典》(1943 年京华印书局铅印本,1946 年中华书局铅
印本)、易白沙《文字源流讲义》(长沙县立师范学校铅印本)、胡棣华
《文字源流》一卷(1915 年湖南官书报局铅印本)、吴昭瞵《说文解字
部首课蒙》(1946 年湘潭大纶石印本)、彭泽陶《平江方言证鄾》一卷
(1944 年湘云印刷厂石印本)、龚翼星《说文部首韵语音注》一卷
(1924 年长沙藻华印书局)、袁仲谦《六书述许》一卷(1930 年铅印
本)、王时润《研究说文书目》(又名《许学考目》,1921 年石印本)、段
家谦《转假造字原》八卷首一卷(稿本 8 册)和《六书举例》二卷(稿本
5 册),以及李旦蕶编《湘音检字》(1937 年长沙锦文印务馆)、龙璋辑
《小学蒐逸》二编补一编(1929 年铅印本)等。

　　上述学者中,像叶德辉、杨树达、曾运乾、马宗霍、骆鸿凯、张舜徽
等,声名至今仍然响亮,大受学界重视,也有好些学人已近乎湮没,试
举三例:

　　其一,石广权(1872—1948),原名蕴山,字一参,号建勋、苍石山
人、天粟楼主人,晚号苍石老人,邵阳人(今属新邵县),岁贡生,积极
参加湖南省城维新运动,并与樊锥等在邵阳创办南学分会,1900 年
自立军起义失败后东渡日本,1905 年加入同盟会,后来参加反袁称
帝,曾执教于上海中国公学、湖南第一师范学校,黎元洪执政时任教
育部总纂,晚年返湘任船山学社社长、湖南大学教授。石广权幼承家
学,由父亲授以六书之义,"稍长随俗习为辞章,以其余力治训诂考证
之学,先后将近二十年",有志于研究小学与诸子学。他以清儒囿于
许慎之学,不能溯文字之源于苍颉,不明六书之精义,"想要设一个法
儿,将我国制造文字时所有穷形尽相侔声揣色惟妙惟肖如画如话的
六书真义,以浅显的文语条分缕析的输入全国一般入校儿童的洁白

脑筋"①,1919 年撰成《文字学发微》、《说文匡鄦三种》(《部首匡谬》《古文匡谬》《形声匡谬》)、《声雅》附《声母表》《声度表》《音位表》等书稿,1928 年完成《苍石山房文字谈》(一名《六书浅说》),翌年由商务印书馆石印行世,1931 年又将《说文匡鄦》一卷《叙恉》一卷交商务印书馆石印刊行。他还在《老子》研究中运用文字音韵之学,如《老学发凡》有一条说:"《老子》古本文多异形,有可证明后世文字展转之谬而发训诂家牵就文义之蔀者,酌为标而出之,一以合于六书之义者为限。"②

其二,尹桐阳(1882—1950),字候青,常宁人,"秉承庭训,少习《说》《雅》"③,对六书深有研究,"生平读书,以六书为本"④,先后刊印《论语笺附韵学》二十卷(1908 年自印本)、《小学定律》二卷、《尔雅义证》三卷、《古韵阐微》一卷、《说文声母分部补遗表》一卷。1926 年秋,他遵父命在北京开办六书讲习所,为应答四方求学者之问,"搜集旧藁,续以新知,采科学归纳之法,合音计得九例"⑤,从《等韵图》反切中总结出九种合音定律,即正纽、倒纽、旁纽、类隔、四声缓急读、四格缓急读、双声合音、等韵合音、义转合音,并举二百零一个例证,撰成《合音例证》二卷,卷一为"合音定律九种之区别",卷二为"合音定律九种之应用",1927 年春由民国大学印刷部代印,当年秋天即再版,直到今天仍受到重视:"虽说其中颇有一些例证,牵强附会,几近

---

① 石广权《自叙》,《六书浅说》,卷首第 2 页。
② 石广权《老学今诠·老学发凡》,苍石山房刻板,长沙罗博文堂 1932 年承印,第 5 页。
③ 尹桐阳《老子玄诂附韵学叙》,《老子玄诂附韵学》,长沙大成丰印刷局,1937 年代印,卷首第 2 页。
④ 尹桐阳之子尹诗雅在《老子玄诂附韵学》卷末附记,《老子玄诂附韵学》下篇,第 19 页。
⑤ 尹桐阳《合音例证叙》,《合音例证》,北平民国大学印刷部,1927 年,卷首第 1 页。

穿凿,但尹桐阳沿承清儒高邮王氏父子以同音通假诠释经典方法的余绪,缘音求义而能别辟生面,系统阐释反切盛行之前的'合音'行用规律,其所提示的解析途径,对于辨析古代典籍中的一些疑难问题,还是会大有启迪。"①1935 年夏,尹桐阳又在湖南教育厅朱经农厅长支持下,在长沙续开湖南六书讲习所,撰著《老子玄诂附韵学》、《释名撰玄》、《说文补证》等书。其弟子刘若云称颂说:"吾师尹候青先生寝馈于文字学者四十年,能镕许、郑于一炉,合说文、训诂、音韵三部而倡应用小学,既创《小学定律》、合音九例以阐郑君笺经之秘,复移其理而为诸子新释十余种。近又撰《说文补证》,解段氏所未逮;著《释名撰玄》,发刘子之奥微。二书各约五万言,无一字无来历,无一解非特见,只眼独到,洵足称一代大师。"②这里虽然有点夸饰,不过也可见尹桐阳确是精通音韵、训诂,并能用之于先秦诸子著述的校释,成就其一家之学。抗战期间尹桐阳返乡,惧其著作毁绝,另刻《小学定律》四卷(1940 年常宁尹氏木活字本)。

其三,孙文昱(1882—?),字季虞,湘潭人,"沉研经史,根柢深厚,于文字、声韵之学,尤为专精"③。他在清末执教于湖南高等学堂,后来续任湖南高等师范学堂、湖南孔道学校、湖南大学教授,讲授经学、小学。1925 年主持校刊《湖南丛书》,汇印唐宋以来湘贤诗文及经义、考证、金石类著述九种。1926 年自刊《小学初告》六卷,"首揭纲领、旨趣,次类六书各文字,录许君说解,兼附近代通人之作,而自得于音韵可通古今外者,则于篇末出之,以资质证。揽之博而择之

---

① 辛德勇《在书市的最后一个秋日里》,《蒐书记》,九州出版社,2017 年,第 26 页。
② 刘若云《老子玄诂跋》,尹桐阳《老子玄诂附韵学》,卷末第 1 页。
③ 张舜徽《忆往编·湘贤亲炙录》,《旧学辑存》下册,华中师范大学出版社,2008 年,第 1142 页。

精,思之创而语之辟,信乎高出王氏《蒙求》,且不尽于初告矣"①,实是一部兼有普及与研究的文字音韵学著述。例如,书中"取《广韵》切语上字四百五十一字,分为五十一类,注其清浊,仍以三十六字母系之,以著《广韵》之声类"②,较陈澧《切韵考》总结的四十类更为完密,后来曾运乾也提出五十一声类说,似应受到孙文昱的启发。他在声韵学上推尊江永,将江永《四声切韵表》改编为《四声切韵类表》,对江永之说略有改进,用以教学。曾向孙文昱请学获益的张舜徽,在回忆时高度评价说:"湘中诸老,论及经学、小学,咸推尊为老师祭酒。"③

从总体上看,湘籍学者不仅在文字、音韵、训诂等传统小学研究领域取得了丰硕的成果,还积极投身于语音学、词汇学、语法学、修辞学等现代语言文字学研究,并且采用现代语言文字学研究的理论、方法、手段,对甲骨文、金文等古代文字与文法作了深入研究。特别值得一提的是,在西学昌盛、中学日衰之际,很多湖南学者极意护惜中国语言文字,强调传统小学不能废弃,批评某些趋新的学者过于推崇西方语言文字学的理论与方法,尤其是针对汉字拼音化、简化汉字乃至消灭汉字的主张大作挞伐。例如,胡棣华在《文字源流》开篇即提出"大凡立国必赖文字,有文字而后政教昌",进而比较中西文字之异,指出"我中国以颖秀之民人,衍神明之华胄,文字彬铖,炳耀寰球,第以泰西各国因音成字,由希腊而辣丁,百变不离其宗,中国则字以形孽,由圆而方,由繁而简,日趋巧便,体制纷更,非循流而溯源,几致数典而忘祖",因此不赞成以西方拼音文字为标准来改革汉字,强调

---

① 郭复初《小学初告序》,孙文昱《小学初告》,湘潭孙氏家塾 1926 年刻本,卷首第 2 页。
② 孙文昱《小学初告》卷六,第 7 页。
③ 张舜徽《忆往编·湘贤亲炙录》,《旧学辑存》下册,第 1143 页。

必须保存本国文字："夫西人最重国文,比于种教。亡国亡种,必先亡字。东罗马亡文字而遂灭,亚剌伯存文字而复兴。文字存亡,关系至重。"①最有代表的应是石广权和马宗霍。石广权积极参加过戊戌维新和辛亥革命,热情主张教育革命、文化革新,但他对中国文字却情有独钟,声言"在此新旧过渡的时期,我曾为主张教育革命、文化维新的一个人,前后又将近三十年,但我所主张革命维新的限度,绝对不愿意将我国数千年来固有的文化与其精神的教育一概抹杀,而文字问题尤绝对不信西欧后起民族的'传声符号'其价值超过我形声并演、事意相宣的六书精义",同时对妄自菲薄国文的新派学者很为不满,批评他们盲目追步欧美学术,乃至效法日本等推行拼音化的文字改革:"世变益殷,提倡欧化者或并举我数千年来之优美文字,下夷于棕、黑、苗、埃等原民时代之肖形文字等量而齐观之,最陋者如朝鲜、日本之文,破析我文字之片体残形,妄为之声,以当拼音之符号,而我国自命为新知识者,亦或起而效之。"②他坚决反对把中国古代文字归于象形文字,认为汉字是世界各大文明中发展程度最高、价值最大的文字,"我国文字的六书精义,实具有象形、象事、象意、象声的四大法门,又通之以转注、假借二法门,而文字之变化神妙无穷,在世界上的文字学家,对此实有足供研究的绝大价值。所惜自汉以后,小学失传,致此形声并演、事意相宣的生龙活虎之文字,降与各种原民时代的肖形文字为伍,二千年来作中国的人民,却不认识中国的文字",因此他发愤著书,要将东汉以来久被湮没的六书真义揭示出来,普及于中国的青少年,既可供国文教育之用,更可弘扬民族优秀传统,自称:"鄙意无他,欲使我国国民共知爱我民族古昔之固有文明,勿徒艳羡

---

① 胡棣华《文字源流》,湖南官书报局,1913 年,第 1 页。
② 石广权《自叙》,《六书浅说》,卷首第 2、3 页。

他人而自甘菲薄耳。"①马宗霍作为章太炎的门人,比较固守传统学术,针对国人推崇域外汉学太过,在《音韵学通论》卷三附论西人之中国古音学,就瑞典汉学大家高本汉的新著,批评国内学者崇洋媚外:"瑞典有支那学家珂罗倔伦者,尝究心中国语言之学,新著《中文解析字典》一书,每字详列古今音读,其辨古音之法,大都据闽语、粤语,旁及日本、安南所保存之中国古音以定之。一二好奇之士,乐其简而易晓,不遑审其中失所在,遂称其书上集三百年古音研究之大成,且谓中国自来治古音者,但寻之于故纸堆中,故劳力多而成功少,所分韵部,只能言其有分别,而不能言其分别如何,至于声母,更少精密之成绩。斯乃务为夸诞,怪旧艺而善野言,固荀子所谓近为蔽、浅为蔽也。"②高本汉的研究自有其是处,马宗霍斥之为野言,未必偏激,但国人赞誉高本汉时说"昔日顾、江、戴、段、钱、王诸家持论,无如高氏之精博",尤其胡适宣称"高氏上集三百年古音研究之大成,而下辟后来无穷学者之新门径"③,誉之过高,贬损清儒,确实失当,所以马宗霍指陈高本汉借助闽粤方言及域外遗音不能真正探悉中国古音,"以祛学者之惑"④,实际用意在纠正国内学风之偏颇,正如孙海波所说,"愤于近人治学喜推崇西人以相标榜,而故为此过激之论者与"⑤。

三、诸子学的兴盛

明末清初以来,由于学术风气的转移和世情时局的急变,诸子研

---

① 石广权《文字谈几条发刊的意见》,《六书浅说》,卷末第 1、4 页。
② 马宗霍《音韵学通论》卷三,商务印书馆,1931 年,第 4 页。
③ 中国科学院图书馆整理《续修四库全书总目提要(经部)》,第 1289 页。
④ 马宗霍《音韵学通论》卷三,第 5 页。
⑤ 中国科学院图书馆整理《续修四库全书总目提要(经部)》,第 1269 页。

究逐渐兴起,"当万历之末,士子好新说,以《庄》、《列》、百家之言窜入经义,甚者合佛、老与吾儒为一,自谓千载绝学"①,在这种会通三教、经世务实风气的刺激下,周秦诸子思想一度复活。湘籍学者也是在这种氛围下开始活跃起来,对先秦诸子开展研究,最有代表性的学者是王夫之。他撰有《老子衍》一卷、《庄子解》三十三卷、《庄子通》一卷,对《老》、《庄》二书及前人注解作了校正、辨析,对老、庄思想作了阐释、发挥,既对前人以佛、禅解老、庄的做法作了批评,也对老、庄离物言道、逃之空虚的主张加以纠驳。乾嘉时期,一批学术大师出于以子证经的需要,对《荀子》、《墨子》、《管子》、《韩非子》等进行校勘、考订,朴学风气弥漫大江南北,但湘中学者并未闻风而动,从光绪《湖南通志》上,只见到数种研究道家、兵家的著述。

　　晚清以来,由于西力东侵、西学东渐,中国遭遇数千年未有之奇变,经世求变、救亡图存成为当务之急,诸子学蔚然成风,出现考证与义理两种研究取径。前者偏重于对先秦诸子著述作辑佚、校订、笺注,旨在恢复诸子的本来面目,使其文本可读,后者则偏重于对诸子思想学说作疏理、阐释,意在发抒新说,使诸子思想适于当世之用。湖湘学人这一次乘风而起,从此开始大规模地研究诸子,既取资于先秦诸子以挽救时弊、引进西学,又自觉承袭乾嘉以来的考证学风与研究成果,考证、义理兼而有之,在先秦诸子校释方面取得不少重要的成果,特别是郭庆藩《庄子集释》十卷、王先谦《庄子集解》八卷和《荀子集解》二十卷、王先慎《韩非子集解》二十卷等综集大成,郭嵩焘《诸子札记》、王闿运《墨子注》与《庄子注》、曹耀湘《墨子笺》、易佩绅《老子解》、易顺鼎《读老子札记》、苏舆《晏子春秋校本》,以及胡元仪的《荀子》研究、黄巩的《孙子集注》等,无不闻名一时。晚清湖南

<hr>

① 顾炎武《富平李君墓志铭》,华忱之校注《顾亭林文选》,四川人民出版社,1998年,第130页。

这批研究诸子的后劲,或专究一子,或兼治诸家,成就很高,影响很大,从整体上已经超出乾嘉时期江、浙、吴、皖等地的诸子研究。

进入民国以后,尤其"五四"以来,湘籍学人诸子研究之风有增无减,较之晚清,可以说是跨入新境。这一时期湘人研究诸子学的成就,主要表现在两个方面:

首先,扩充诸子研究的范围,既用力于儒、道、墨、法,也兼治名家、兵家、杂家,甚至一人而博涉多家。兹举今人不太熟悉的两位学者为例。

一是长沙王时润,字启湘,约生于光绪四年(1878),1905年留学日本东京法政大学法学部,"素攻训诂学,而又游学外国,通新世政法学理"[1],长期研究《商君书》和周秦名家,曾在江苏、安徽、湖南各法政专门学校任教,1921年前后执教于清华大学,后一度供职于浙江、江苏、山东等地法院。1915年由长沙宏文图书社铅印刊行《闻鸡轩丛书》,包括《商君书斠诠》五卷首一卷附二卷和《周秦名家三子校录》三卷(《邓析子》、《尹文子》、《公孙龙子》各一卷)附《慎子》一卷。不久任教于南华法政学校,有石印讲义《商君书集解》五卷。1934年在济南重印《周秦名家三子校录》,改名《周秦名学三种》(1937年仍以《周秦名家三子校录》之名再版,1957年又改名《周秦名家三子校诠》,由古籍出版社出版)。抗战期间,王时润应聘赴辰溪任湖南大学教授,将原有《商君书》研究成果加以整理,著成《商君书发微》,石印作为讲义,李肖聃在序中称颂说:"愚观君补《垦令》之讹脱,释《去强》之六虱,乙《开塞》之义利,张先秦之五权,依训达词,冰解的破,犁然有当乎人心。"[2]

---

① 刘蕃和《商君书斠诠序》,《商君书斠诠》,长沙宏文图书社,1915年,卷首第1页。

② 李肖聃《王启湘〈商君书发微〉序》,《李肖聃集》,第139—140页。

　　二是常宁尹桐阳，毕业于湖南优级师范学堂，"少习《说》、《雅》，长释丙部"①，精究诸子和小学，1919 年选授湖北大冶县知事，后来执教于北平民国大学、香山慈幼院、河北大学、上海光华大学和湖南大学等，讲授诸子学、小学。他先后出版的诸子学研究著述，有《墨子新释》三卷附佚文一卷（1914 年衡南学社初刊，1919 年再版，1923 年湖北工业传习所第三版）、《商君书新释》五卷附杂录一卷（1918 年铅印，1923 年再版）、《韩子新释》二十卷（1919 年湖北工业传习所铅印）、《管子新释》二十四卷（1923 年湖北工业传习所铅印本）、《诸子论略》三卷（1927 年北平民国大学铅印本）、《於陵子注》一卷（上海文明书局 1928 年）、《鬼谷子新释》三卷附佚文一卷（上海文明印刷所 1932 年）、《老子玄诂附韵学》二卷（1937 年长沙大成丰印刷局铅印本），另有《庄子特觉》三十三卷、《战国策新释》三十三卷、《起圣斋文集》三卷等成稿未刊，总汇为《起圣斋丛书》。

　　其次，承继乾嘉大师和晚清乡贤的成果，举凡考版本、定篇什、理章句、正文字、明训诂、辨真伪、别异同、辑遗佚，多管齐下，对诸子著述作更为精心的整理，同时还吸收西方科学实证之法和新学新理，温故知新，对诸子学说作今诠新释，促进先秦诸子思想向近代转化。因此，这一时期湘籍学人的诸子研究，不仅成果数量加增，学术质量也大为提升，可谓后出转精，不仅形成一批续补、新创之作，而且撰出几种新的集成之作，前者如罗焌《韩子校注》、宁调元《庄子补释》、黄巩《管子编注》与《孙子集注》、王时润《周秦名家三子校录》与《商君学发微》、刘鼒和《新解老》、尹桐阳《鬼谷子新释》与《老子玄诂附韵学》、邓高镜《墨经新释》、谭戒甫《墨经易解》与《公孙龙子形名发微》、杨树达《老子古义》、姚大慈《老子类编》等，后者如苏舆《春秋繁露义证》、石广权《管子今诠》、颜昌峣《管子校释》、杨伯峻《列子集

① 尹桐阳《老子玄诂附韵学叙》，《老子玄诂附韵学》，卷首第 2 页。

释》等。此外，还有人对先秦诸子作概述或总论，涌现出罗焌《诸子学述》、尹桐阳《诸子论略》、方授楚《墨学源流》等优秀之作。

民国以来湘人研究诸子，既有学理层面的探究，也带有鲜明的实用目的，思想旨趣多种多样，比较有代表性的是以下两种：

其一，发掘诸子思想的精华，企图振衰起弊，挽救时艰。面对民国以来国家衰弱、政治腐朽、道德堕落、风俗凋敝的各种乱象，有识之士纷纷寄望于先秦诸子，从中寻找思想资源，视之为振衰起弊、挽救人心风俗的妙药良方。如易白沙对墨学情有独钟，在《述墨》一文开宗明义就提出："周秦诸子之学，差可益于国人而无余毒者，殆莫如子墨子。其学勇于救国，赴汤蹈火，死不旋踵，精于制器，善于治守，以寡少之众，保弱小之邦，虽大国莫能破焉。今者四郊多垒，大夫不以为辱，士不以为忧，战既不能，守复无备，土地人民，惟人之宰割是听，非举全国之人，尽读《墨经》，家有禽子之巧，人习高何之力，不足以言救国。"①颜昌峣对管子的政治才能极为倾佩，声称"予尝爱管子之书多精言，可施之于治道，其文辞粲焉可观，信乎伊尹、周公而后，卓然为吾国政治大家，当时鲁施伯称为天下之大圣，不诬也"，甚至认为管子治国之术，早已达到欧洲近代的水平："'野与市争民，家与府争货，金与粟争贵，乡与朝争治。故野不积草，农事先也；府不积货，藏于民也；市不成肆，家用足也；朝不合众，乡分治也。'之数言者，管子蕲向之治象，而今西欧各国竭力以赴之，而未睹成功者也。嗟乎，管子天下才也，岂不然欤，岂不然欤！"②颜昌峣将管子推为"天下才"，因此用心研究，"于管氏有所发明"，开掘《管子》蕴含的政治智慧，"期于章劲齐之盛业，发敬仲之深谋，间益新知，冀施有政"③，希望有助于

① 易白沙《述墨》，《新青年》第 1 卷第 2 号。
② 颜昌峣《管子校释序》，《船山学报》壬申年第 1 册。
③ 李肖聃《颜息盦〈管子校释〉跋》，《李肖聃集》，第 276 页。

富国强民。尹桐阳更在日寇入侵、民族危亡之际,疾呼阐明老子思想:"新邦肇造,廿有四稔,内忧方殷,外患日棘,兵械苦窳,士怯不前,奢淫异物,鞠满市廛,大利外输,难以计数,国弱矣,民贫矣!而老子云'以奇用兵',又曰'不贵难得之货',则用兵当舍正取奇,而行军所需如飞车、飞鸢诸器,亦宜力图其奇而日进无已。若黔黎常用之物,必不可好奇而至难得,俾养成尚俭之风,以收康阜之效。救时良药,舍老其谁?《道》、《德》两经之新诠,有心者又曷可缓?"①

其二,整理国故,会通中西新旧,承继民族优秀传统。在晚清"西学中源"说的基础上,民国学者多将先秦诸子视作引进西学的嫁接物,更自觉地利用其中的思想遗产来融贯中西,如胡适在研究中国古代名学史时,呼吁恢复先秦的"非儒学派","因为在这些学派中可望找到移植西方哲学和科学最佳成果的合适土壤"②。五四之后的湖南学者研究先秦诸子,也有这种明确的意识,注意通过融采境外学术来研究诸子,汇通中西之学,彰显优秀民族传统。如颜昌峣认为,《管子》一书不仅兼有先秦百家的学说,而且纵可贯中国二千多年之治道,横可兼欧美最新之学说:"其言之似儒、道、名、法、兵、农、墨、纵横之术者勿论已,若其经国远谟、微言大义,伊、周之所未言,后儒之所沾溉,其精神气烈,直贯二千数百年,与今欧西学者数十百辈之所研讨探索而仅得之者,后先相视,若冥契然。夫其参国伍鄙、均地分民之制,则地方自治之规也;内政军令,则寓兵于乡之制也;'事先大功,政自小始',《问》篇所记,则民事统计之纲也;'啧室之议',议院之始也;'明君顺人心、安情性而发于众心之所聚',则服从民意之旨也。'国之所以为国者,民体以为国','先王善与民为一体,则是以国保

---

① 尹桐阳《老子玄诂附韵学叙》,《老子玄诂附韵学》,卷首第2—3页。
② 胡适《先秦名学史导论》,《胡适文集》第6册,北京大学出版社,1998年,第11页。

国、以民保民也',此国民主义之精意也。'朝有经臣,国有经俗,民有经产','仓廪实知礼节,衣食足知荣辱',此孟氏政论之所本也。'仁从中出,义自外作',是告子之说所由来也。'贤人之行其身也,忘其有名也;王主之行其道也,忘其成功也',则董子正谊不谋利、明道不计功之说所自出也。官山海,发伏利,则顾亭林氏所谓'一税之后,不问所之,国与民两利'之道也。市橢国轨,平准通移,则调齐贫富,杜绝蓄贾,近世国家社会主义之措施也。"①他论证管子一家之学汇集中西古今的政治智慧,珍惜之情溢于言表,现实用意不言而喻。谭戒甫研究墨学,功绩甚大,他的《墨经易解》"旁采乎物理,广证于因明"②,借助西方近代自然科学知识和印度因明学,对墨家逻辑作了深入剖析,尽显中国古代学术文化的精彩。

从晚清到民国,湘籍学者的诸子研究虽然呈现出后来居上的发展态势,但其实也是一个前后相继、彼此相融的整体。例如,颜昌峣在《管子校释例言》中说:"吾湘治管书者,近亦多有。如同邑曾文正公国藩《求阙斋读书录》校《管》数十条,率精善,皆录入。又湘阴畏友郭氏大痴素观本著,批注颇多,并录其先德养知先生(嵩焘)《读管笔记》于书眉,几全采用,称郭云、小郭云以别之。长沙黄氏巩有《管子编注》六卷,多所删节移改。友人罗氏焌,间有善言,均择尤入注。及门谭甥戒甫方在武汉授诸子学,亦纂有《管子斠注》一书,云未脱稿,俟后增入。"③他征引所及,有曾国藩、郭嵩焘、郭耘桂、黄巩、罗焌、谭戒甫,几乎汇集了近代湖南管学研究的主要成果。又如李肖聃在评价王先谦诸子研究的成就与影响说:"九流之学,楚士号精。两王有衍《庄》之书,魏、易(佩绅)传解《老》之业。曹镜初造《墨子笺

---

① 颜昌峣《管子校释序》,《船山学报》壬申年第 1 册。
② 李肖聃《谭氏墨学叙》,《李肖聃集》,第 306 页。
③ 颜昌峣《例言》,《管子校释》,岳麓书社,1996 年,第 4—5 页。

解》,易石甫有《淮南新疏》。绸发经生,最精兰陵之书(湘潭胡元仪子威);孟纯文人,亦有释《庄》之集(湘阴郭庆藩子静)。而其先则曾太傅能言其大(太傅尝言:诸子皆可师),李布政(元度)能知其深(次青尝言:曾公自苦等于禹、墨,持法则用申、韩,善处功名之际则用黄、老)。先生集解《荀子》,多采大胡之言;继释《庄》书,又承小郭之后。用心各有疏密,义例不无略详(刘申叔之《荀子校释》、马其昶之《庄子故》,多能拾先生之遗)。然其后陈诒仲为《墨子正义》,苏阜康校《晏子春秋》,罗庶丹为《吕览诠言》,杨遇夫撰《老子古义》,溯其原始,启自先生。前哲之醍醐既宏,后进之慕效自广。近时资滨戴子,倡名学于麓山(益阳戴润珂有《诸子概论》,其县人罗润泉有《墨子解义》),涟浦谭君,振玄风于江汉(湘乡谭戒甫著《形名》、《墨辩》诸书,其师颜昌峣著《管子校义》,颜则葵园门人也)。大湖南北,厥道益光。"①他以王先谦为中心,溯源竟流,勾勒出清代湖南诸子学的小史。从颜昌峣的自述和李肖聃的评说,正可见从晚清到"五四"以来,湘人的诸子研究构成了完整的学术脉络与系谱。

四、版本目录学的延续

版本目录学实是治书之学,以书籍为中心探讨历代学术文化的流变兴替,所以编刻、收藏、品鉴图书是从事版本目录学的基础,尤以藏书最关紧要。与各地相比,清代以前湖南文化、经济发展相对滞后,藏书之业未兴,版本目录学无从谈起,王啸苏就曾说:"自蓺阁传书,兰台撰志,中秘述其宏业,仍世奉为达模。宋世私家,晁、陈特显。明清之际,著者尤多。尧卿天一之阁,牧斋绛云之楼,复翁百宋之廛,简庄紫薇之舍,缥囊缃帙,焜耀东南。而湖外旧藏,则惟卧雪一庐,碧

---

① 李肖聃《湘学略·葵园学略》,《李肖聃集》,第96页。

琳孤馆,仅回旋于贫国,难比附乎大邦。"①据光绪《湖南通志·艺文志》,湖南最早的目录学著述,是明代善化人吴桢所编《古今书目》。入清以后,湘中目录之作渐多,版本之学也随之兴起。

湘人编撰、刊刻的私家藏书目录,清前期有宁乡刘康《红豆山房藏书目》、攸县贺德宗《续古之人斋藏书目录》十卷、常宁李文昊《听嘤堂书目》二十卷、武陵杨丕复《之五堂储书目录》、溆浦舒焘《绿猗轩书目》②,从中略可窥见一姓一家藏书之规模、读书之方法。堪称铁中铮铮的是彭维新(1679—1769),字肇周,号石原、余山,茶陵人,康熙四十五年(1706)进士,官至协办大学士。他以前人奋力著述,志在传之后世,"乃阅世未几,其书或全或缺,或存或佚,学者几不知某氏撰次者何书,且不知某代著作者何人。昔者敝精刲神以图不朽,俄泯泯与草木同腐,讵非千古憾事哉",因此以传承历代文献自任,网罗散佚,编撰《历代著述人名书目》,"遍稽历代著述,胪其氏名,纪其书名、卷数,详其时代、地著,注其阙佚,又仿昭德《读书志》,揭其作书本旨,间以愚臆论其失得之故。大要详于经史,其诗文集专行者另编,风角壬遁各术艺与稗乘之荒诞不经、俚俗不文者均不录。自余关典故、涉物理者,虽丛残,弗敢遗也。"③全书收录先秦至明末二千三百多家,堪称洋洋大观,可惜全书没有流传下来。

晚清至民国时期,湖南藏书之家甚多,私家书目越来越多,比较著名的有何绍基《东洲草堂藏书目》(稿本,藏湖南省图书馆)、湘乡曾氏富厚堂《曾氏公记书目》(抄本,藏湖南省图书馆)、湘阴李桓《海

① 王啸苏《叶郋园先生遗书序》,王逸明主编《叶德辉集》第一册,学苑出版社,2007年,卷首第21页。
② 卞宝第等修《湖南通志》卷二百五十《艺文志·史部·目录类》,清光绪十一年长沙府学尊经阁刻本,第16—17页。
③ 彭维新《历代著述人名书目序》,罗汝怀辑《湖南文征》卷六十《序》五,清同治十年刻本,第28—29页。

粟楼书目》、善化周达甫《守训堂藏书目》（稿本，藏北京大学图书馆）、善化皮锡瑞《皮氏古今书目类钞》（稿本，藏湖南省图书馆）、益阳萧士恒《如园架上书钞目》（光绪二十四年萧氏如园刻本）、湘乡陈毅《阙慎室藏书目录》（抄本，藏湖南省图书馆）、湘潭周逸《恒心堂书目》（稿本，藏湖南省图书馆）、长沙郭宗熙《绠古楼行箧书目》（稿本，藏北京大学图书馆）、长沙李肖聃《星庐藏书目录》（抄本，藏湖南省图书馆）、叶德辉《观古堂藏书目》（1915 年叶氏观古堂铅印本）等①。近代湘人又积极为乡贤著述、地方文献编撰目录，比较突出的有邓显鹤《船山遗书目录》一卷、邹汉勋《衡阳二王著述目录》二卷，详记王夫之、王介之的著述；刘人熙《楚宝目录》一卷，则专记京城湖广会馆所藏两湖乡贤著作，附有提要。湘籍学人编撰的艺文志，或为公共馆藏编辑的目录，见于著录者如湘潭王荣兰《宋艺文志补遗》四卷、新化邓显鹤《安徽通志·艺文志》二十四卷、湘乡谢崧岱《南学书目札记》八卷（光绪十一年湘乡谢氏研经榭刻本）、善化黄逢元《补晋书艺文志》四卷（1926 年善化悟庐铅印本）、醴陵傅熊湘《湖南省立中山图书馆图书分类目录》十卷（长沙湘鄂印刷公司 1929 年）和平江方克刚《南轩图书馆图书目录》（1937 年长沙洞庭印务馆铅印本）等。此外，湖南有心之人、有力之家还校刊前代目录名著，例如王先谦 1884 年校刻《天禄琳琅书目前编》十卷《后编》二十卷、《郡斋读书志》二十卷《赵氏附志》二卷，叶德辉编校《观古堂书目丛刻》四十七卷、十五种，始刻于 1902 年，告竣于 1918 年，1935 年全部收入《郋园先生全书》。

　　清代中叶以来，随着湖南经济文化的发展、学术人才的蔚兴，目录版本之学也渐次发展起来，比较著名的学者可以举出以下数人：

　　武陵赵慎畛（1761—1825）字遵路、蓼生，号笛楼，嘉庆元年

① 以上各家书目，详见郑伟章、姜亚沙《湖湘近现代文献家通考》，岳麓书社，2007 年。

（1796）进士，官至云贵总督。他有"榆巢"、"省誉室"等藏书处，收藏甚富，颇多精善之本，又与阮元、翁方纲等相往还，稔熟古籍版本、目录，精于鉴别，著《读书日记》，载其藏书、读书之事，专述目录、版本，《榆巢杂识》也论及版本鉴赏。

宁乡黄本骥（1778—1853）字仲良，号虎痴，道光元年（1821）举人，官黔阳县教谕。他博览群书，在经史、舆地、职官、金石和目录等领域均有成就，著述众多，其中有关目录的有《皇朝经籍志》六卷、《金石萃编补目》三卷附《元碑存目》一卷、《隋唐石刻拾遗》二卷附《关中金石记隋唐石刻原目》一卷等，其中《皇朝经籍志》是根据《四库全书总目》中的清人著述进行编辑，卷一详列清廷内府书目，卷二以下分四部编排，著录书名、卷数及作者，末附《著书人物考》，略述姓名、字号、籍贯、出身、官职等。

湘潭袁芳瑛（1814—1859）字漱六，道光二十五年（1845）进士，官至松江知府。一生最喜收聚图书，多得善本，叶德辉称"咸丰时，东南士大夫藏书有名者三人，一朱学勤，一丁日昌，一袁芳瑛"，叶昌炽说"袁漱六藏书之富，恬裕、皕宋楼、海源三家皆不能及"，堪称晚清第一大藏书家，有《蠹圃书目》二十卷存世①。袁芳瑛精熟版本校勘，"尤好多藏椠本，考其同异，收明以前《史记》至三十余种，他经史类此"②。他又好校书，曾手校通志堂本《经典释文》，搜罗宋明旧本，参用清代名家校语，"以朱墨黄三色笔别之，于宋本一点一画小有歧异，均用朱笔细勘"，叶德辉称赞说："湘中精版本之学者，必首推先生，所藏两宋元明旧椠名钞，皆荟萃南北藏书家整册残篇而自成一派。"③

巴陵方功惠（1829—1897），字庆龄，号柳桥，荫生，官至潮州知

① 参见郑伟章、姜亚沙《湖湘近现代文献家通考》，第84页。
② 王闿运等纂《湘潭县志》卷八《列传》第三十三，清光绪十四年刻本，第138页。
③ 叶德辉《郋园读书志》卷二，上海澹园1928年铅印本，第26—27页。

府。他一生酷好收书、读书、刻书,在广州所建"碧琳琅馆"藏书为粤城之冠,"迄于晚年,最其所藏,为卷几盈五十万"①,所藏珍秘之本极多,仅《雁影斋题跋》所记,就有宋刻二十四种、元刻三十三种,袁宝璜感叹:"近时藏书家,浙中有陆氏、丁氏,吴中有瞿氏,广州有伍氏、孔氏,揭阳有丁氏,搜罗珍秘,皆有可观。方氏所藏书,足与诸家抗衡。"②方功惠还精心校刊一批古代要籍与海内孤本,如《古经解汇函》附《古小学汇函》、《全唐文纪事》、《草堂诗笺》、《全上古三代秦汉三国六朝文》等,又就所藏秘本择刊《碧琳琅馆丛书》四十四种,嘉惠学界。方功惠所编藏书目录,有《碧琳琅馆书目》四卷、《碧琳琅馆珍藏书目》二册、《碧琳琅馆集部书目》、《碧琳琅馆金石碑版目录》三册,以及自撰《碧琳琅馆藏书记》一册,收录其读书题跋七十五篇。

湘乡李希圣(1863—1905),字亦元,号雁影斋主,光绪十八年(1892)进士,官刑部主事,后任京师大学堂提调。李希圣精通版本、目录学,方功惠去世后,其孙方湘宾将碧琳琅馆藏书运至北京出售,请李希圣编定书目,因得尽见方氏藏书,"遇旧椠精钞,随意记录,间加考证,以备遗忘","每书皆记其行数、字数,藉以存古书面目"③,其实也对方氏藏书多有考证,或辨析源流,或评骘得失,撰成《雁影斋题跋》四卷,既为后人窥测方氏藏书留下珍贵资料,也是近代湘人颇有代表性的目录学著作。傅增湘评价说:"君为此编,多随手纪录而成,初非经意之作,然时或考订其源流,评量其得失,亦复翔实淹赅,与邵亭、邻苏、艺风诸人差可齐镳并辔,亦近代治目录学者所宜知也。"④

① 李希圣《雁影斋题跋自序》,《雁影斋题跋》,上海古籍出版社,2009 年,第315 页。
② 袁宝璜《碧琳琅馆藏书目跋》,《寄蜗庐文集》下卷,吴门袁氏 1936 年仿宋聚珍版印,第 10 页。
③ 李希圣《雁影斋题跋自序》,《雁影斋题跋》,第 315 页。
④ 傅增湘《雁影斋题跋序》,《雁影斋题跋》,第 314 页。

李希圣另有《雁影斋读书记》一卷,1936年蟫隐庐石印刊行。

湘乡王礼培(1864—1943),字佩初,号南公,别署潜虚老人,光绪二十九年(1903)进士,留学日本,习政法,加入同盟会,民国初年任职湖南省铜元局,不久辞职隐退,1931年应聘为河南大学教授,主讲目录版本学,1933年起先后任船山学社副董事长、董事长。王礼培藏书十万余卷,精善者除宋元本外,尤以明清抄校本及稿本为罕秘,撰有《复壁书目》一卷(抄本,藏湖南省图书馆)。

湘乡徐崇立(1872—1951),字健石,号兼民,别署瓻园、瓻叟、瓻庐老人,光绪二十九年举人,次年考取内阁中书。徐崇立以书法、篆刻闻名于世,又精研金石、目录、版本之学,对碑版考证题跋甚为精赅,有《瓻翁题跋》稿本九册传世(藏湖南省图书馆)。

湘潭叶启勋(1900—1972),字定侯,后字更生,叶德辉从子。他自称"幼承家学,性喜蓄书,十数年间,聚书十万卷有奇,凡先世父观古堂中所无者,辄以重值得之"①。叶德辉死难后,叶启勋竭力收贮其散佚秘籍,因此拾经楼藏书名重一时,1934年傅增湘到长沙,"造庐观其藏书,旧椠名钞,连楹充栋,中多罕传秘籍"②。叶启勋从小受叶德辉教导,精究版本目录学,"能衍其世父之绪业,且骎骎光显而昌大之"③,1937年刊印《拾经楼紬书录》三卷,收录题跋一百多篇,著录之书以宋元明刻本、稿本、钞本居多,每跋详述校雠、收藏源流,抄录名人题识、印记,与《郎园读书志》颇多相似。

叶启发(1905—1952)字东明,叶启勋之弟,同样幼受叶德辉训示,"时以各书板刻之原委、校勘之异同相指示",由此嗜好目录版本

---

① 叶启勋《拾经楼紬书录自序》,《拾经楼紬书录》,上海古籍出版社,2014年,第5页。
② 傅增湘《长沙叶氏紬书录序》,《拾经楼紬书录》,第3页。
③ 傅增湘《长沙叶氏紬书录序》,《拾经楼紬书录》,第3页。

之学,嗜书成癖,以购藏典籍为务,"以读书、藏书为乐"①。叶启发撰
《华鄂堂读书小识》四卷,有题跋百余篇,就华鄂堂所藏宋元明刻本、
抄本、名人批本、校本书籍详加检核,考证其得失源流,"其辨别真赝、
记载行款,以及叙述收藏授受之渊源,无一不精审不欺,以尽继述之
能事"②,可与叶启勋《拾经楼紬书录》互观③。

　　沅江张舜徽(1911—1992),出身书香门第,"幼时读书家中,先君
子亲授经传及文字、训诂诸书"④,十七岁负笈出游,转益多师,最终
成为一代通人,能治四部之学,相继执教于国立师范学院、私立民国
大学、国立兰州大学,最后终老于华中师范学院。张舜徽对目录版本
学有精深研究,自称"辨章学术,考镜源流,平生致力于斯,所造亦
广"⑤,著有《广校雠略》(1945年壮仪轩铅印本)、《汉书艺文志释例》
(1946年壮仪轩铅印本)、《四库总目提要叙讲疏》(民国年间稿本,收
入1988年齐鲁书社《旧学辑存》)等。

　　晚清至民国时期,湖南研究版本目录之学最有成就的学者,公推
湘潭叶德辉和常德余嘉锡。

　　叶德辉(1864 –1927)字焕彬,一字直山,号郋园,室名双楳景
闇、观古堂,光绪十八年(1892)进士,分发吏部主事,到任后即请假
归里,定居长沙,以读书、藏书、刻书为业,"为学博大汪洋,靡测涯
际,而考订精审,从不轻下己意,一时言古学者翕然宗之,海内外无

---

① 叶启发《华鄂堂读书小识序》,《华鄂堂读书小识》,上海古籍出版社,2014年,
　　第169—170页。
② 曹典球《华鄂堂读书小识序》,《华鄂堂读书小识》,第168页。
③ 叶启勋、叶启发的生卒年,据叶运奎《长沙叶氏后人考》,见王逸明编《叶德辉
　　年谱》,学苑出版社,2012年,第489页。
④ 张舜徽《八十自叙》,张君和选编《张舜徽学术论著选》,华中师范大学出版
　　社,1997年,第1页。
⑤ 张舜徽《八十自叙》,《张舜徽学术论著选》,第2页。

异辞焉"①。叶德辉收藏极富,自称:"余平生酷好聚书,又断断于板本之鉴别,所藏几二十万卷,异本、重本插架累累,《四库》应读之书既已遍读,《四库》未见之书亦随见随读。"②刘肇隅说他"承先世之楹书,更竭四十年心力,凡四部要籍,无不搜罗宏富,充栋连厨,而别本、重本之多,往往为前此藏书家所未有"③,收藏之富,藏品之精,堪称近代湘中第一家。他治学遍及四部,尤其精擅文字学、版本目录学,弟子称誉他"著作等身,于群经、小学、乙部、百家之书,无不淹贯宏通,发前人未发之蕴,而于目录版本之学,寝馈数十寒暑,储藏既富,闻见尤多,故于各书一目憭然,偶然随笔所书,动中窾窍"④。杨树达更以"旷代之鸿儒"相推誉,特别评说他"淹通目录,识别版藏,凡雕刻源流,传本真赝,莫不骈列在胸,指数如画"⑤。叶德辉自编《观古堂藏书目》四卷,就与寻常私家藏书目录相异,其中有两点别具一格:一是仿东汉班固《汉志》之例,于四部卷前设序例,简述各部类流变,不仅区划图籍,还可为后学指点门径,如叙史部簿录类说:"簿录类者,史家艺文、经籍之流也。《四库》以书籍、金石为一类,谓之目录,义难赅贯,例亦杂糅,况国朝金石之学撰述无虑数百家,自宜析出,别为一类。至书籍板本题跋滋多阙佚,校勘成书者众,概名目录,循览多歧。今故叙次为目录之属,为题跋之属,为考订之属。近人书目有以题跋、考证入之儒家考订者,不如此之门户分明矣。"⑥二是仿南宋

---

① 许崇熙《郋园先生墓志铭》,闵尔昌纂录《碑传集补》卷五十三,民国二十一年刊本,第 39 页。

② 叶德辉《郋园六十自叙》,王逸明主编《叶德辉集》第二册,第 139 页。

③ 刘肇隅《郋园读书志序》,《郋园读书志》,卷首第 1—2 页。

④ 刘肇隅《郋园读书志序》,《郋园读书志》,卷首第 2 页。

⑤ 杨树达《郋园全书序》,《积微居诗文钞》,上海古籍出版社,2006 年,第 83 页。

⑥ 叶德辉《观古堂藏书目》卷二《史部·叙例》,叶氏观古堂 1916 年排印本,第 2—3 页。

尤衮《遂初堂书目》之例,详记各书不同版本,为后人考校版本异同提供方便,如著录魏征《群书治要》,即记有三种版本:"一、日本天明七年原刻本,一、咸丰丁巳《粤雅堂丛书》本,一、道光二十七年杨墨林刻《连筠簃丛书》本。"①叶德辉针对叶昌炽《藏书纪事诗》仅述历代藏书事迹而不详书籍版本的缺憾,"于是检讨诸家藏书目录、题跋,笔而录之,于刻本之得失,钞本之异同,撮其要领,补其遗缺",撰成《书林清话》十卷(叶氏观古堂 1911 年初刻本、1920 年修订本),以翔实的资料,严谨的考证,细述我国古代雕版印书刊刻、装帧、体例、流传等方面的知识和掌故,细大不拘,"凡关于刻书一类之事,无不类聚条分,足以广异闻而资谈助"②,是版本学上的不朽名著,被誉为中国第一部书史。其他如《藏书十约》一卷(1911 年叶氏观古堂刻本)自述其藏书观,不经意间阐发了藏书理论,《书林余话》二卷(1928 年上海澹园铅印本)接续《书林清话》之缺略,《书目答问斠补》(1932 年《江苏省立苏州图书馆馆刊》第三号)纠补《书目答问》之讹失,都是誉满学林的力作。在叶德辉逝后,刘肇隅等人整理他在各种藏本上的题跋,汇编为《郋园读书志》十六卷,"辨版刻之时代,订钞校之精粗,考卷数之多寡,别新旧之异同,以及藏书印记、先辈佚闻,莫不精审确凿"③,因此刊印后风行一时。张舜徽对叶德辉的经学、小学颇不以为然,唯独称赏他"版本之学最能名世"④。

余嘉锡(1884—1955)字季豫,号狷庵、狷翁,光绪二十七年(1901)举人,充吏部文选司主事,不久丁忧回籍,充任常德师范学堂教员,1928 年起任教于辅仁大学国文系,主讲目录学,并在北京大

---

① 叶德辉《观古堂藏书目》卷三《子部·儒家类》,第 3 页。
② 刘肇隅《郋园四部书叙录》,王逸明主编《叶德辉集》第一册,卷首第 8 页。
③ 叶启勋《郋园读书志跋》,《郋园读书志》,卷末第 2 页。
④ 张舜徽《清人文集别录》卷二十三,华中师范大学出版社,2007 年,第 577 页。

学、中国大学、北京女子师范大学等校兼课,1948 年当选为南京国民
政府中央研究院院士,1949 年受聘为中国科学院语言研究所专门委
员。余嘉锡年少时读张之洞《书目答问》,惊叹学海无涯,茫然不知所
措,继阅《輶轩语》,读到"今为诸君指一良师,将《四库全书总目提
要》读一过,即略知学问门径矣",恍然大悟治学门径,不久设法购得
《四库全书总目提要》一部,日夜研读,遇有疑惑,即翻家中藏书一一
检核,从此将一生精力投入其中,撰成《四库提要辨证》二十四卷,指
陈得失,补阙匡谬,引证广博,考辨缜密,成为目录学研究的巨著,如
张舜徽评述说:"先生学问极博,于史、子两部用力尤勤。尝自谓宋以
前书,未见者少。数十年间,手不释卷,熟于历代官制、地理,故考史
之业为最精。每有论述,必穷源竟委,取证确当,论者咸服其通核。
观《四库提要辨证》,即可见其功力之深,自非清代目录学家之专治版
本、校勘者所能及也。"①余嘉锡在北京各大学印发的讲义《目录学发
微》四卷,细述目录学的功用、体制、流变,总结西汉以来目录学的历
史,解析传统目录学的理论,引证详密,条理井然,承继刘向、刘歆、郑
樵、章学诚等"辨章学术,考镜源流"的学统,将中国传统目录学理论
发展到了顶峰。他另有《古书通例》四卷、《书册制度补考》、《汉书艺
文志索隐》等目录学著述,颇多真知灼见,至今仍让研究者信服。

五、结语

就湖湘学术文化的历史演进来看,实是经过周秦汉唐几千年的
积蕴,从宋明开始不断发展,入清以来逐渐繁荣,最终在晚清至民国
的百余年间走向鼎盛。究其原因,在于近代中国遭遇千古变局,学术
文化领域发生空前激烈的中西、古今、新旧之争,西学东渐,新学竞

---

① 张舜徽《忆往编·湘贤亲炙录》,《旧学辑存》下册,第 1141 页。

爽,"美雨欧风渐,中文旧学衰"①,以中国传统学术文化为核心的旧学一落千丈,前途堪忧。然而,正当旧学不绝如缕之际,在一向不受重视的湖湘大地,涌现出一大批饱学之士,他们前后踵继,在经学、史学、诸子、文字、音韵、训诂、语法、修辞、版本、目录等领域勤奋耕耘,融贯旧学新知,取得超过前人的成绩,声震寰宇,使近代湘学得以雄视天下,甚至在国内学界一跃而占居鳌头。湘省这批各有专精极诣的学术大师与名家,和扭乾转坤的湘籍军政英雄豪杰一起,共同铸就了湖湘学术文化在近代百余年间的辉煌。

---

① 蒋德钧《公益图书寮》,《求实斋类稿续编》卷五,民国初年刻本,第8页。

曾国藩批点《仪礼郑注
句读》稿本述评

　　曾国藩(1811—1872)学兼汉、宋,尤嗜礼学。三《礼》之中,他对
《仪礼》用功最深,成就最著。曾国藩辞世后,王启源编纂《求阙斋读
书录》,专门辑录他研读四部典籍的心得,其中以读《仪礼》札记最
多。后来王先谦又单独辑成《读〈仪礼〉录》一卷,收入《皇清经解续
编》,视为湖湘经学的代表作之一。近些年来,海内外曾国藩研究相
当热闹,但讨论其经学的成果较少,且多数泛论礼学思想,未涉及治
礼的具体成就。令人欣喜的是,湖南省图书馆藏有曾国藩批读《仪礼
郑注句读》的稿本,为今天探讨曾国藩研治《仪礼》的详情提供了十
分丰富而宝贵的原始资料。以下依据这部批点稿,结合《曾国藩全
集·日记》和《求阙斋读书录·仪礼》,对曾国藩晚年研治《仪礼》的
基本情况及其成就作一展示,同时对准确认识晚清湘学,也可收见微
知著之益。

一、晚年研读《仪礼》概况

　　曾国藩早年求学时就诵读过《仪礼》,晚年又在戎马倥偬中研读

《仪礼》①。他在同治六年（1867）二月十四日的日记中说："自去年九月廿一日始读《仪礼》，至是粗毕。"②但翻检其日记，曾国藩晚年研读《仪礼》，实始于同治四年（1865）四月初十日③。他在四月初九日"阅张皋文《仪礼图》"，初十日"阅《仪礼·士冠礼》，将张蒿庵、张皋文、江慎修、秦味经诸家之说参证"，十一日"阅《仪礼》数叶"，十二日"阅张皋文《仪礼图》，略加批订《士冠礼》，至'礼宾'毕"，十三日"巳刻阅《仪礼·士冠礼》经毕"，至十六日阅毕《士昏礼》，十七日"阅《礼书纲目·昏义》"、十八日"阅《礼书纲目·冠昏记》二十余叶"。可见，曾国藩此次始因读张惠言《仪礼图》，进而研读《仪礼》，并决定将《仪礼》与张尔岐《仪礼郑注句读》、张惠言《仪礼图》、江永《礼书纲目》、秦蕙田《五礼通考》等参互对读。曾国藩在同治四年虽仅读过《仪礼》前面数篇，但此次定下的参互对读法一直沿用下来。他在同治五年（1866）九月廿一日重读《仪礼》，当天日记写道："阅《仪礼·士丧礼》，以张稷若《句读》、张皋文《图》为主，而参看徐健庵、江慎修、秦

---

① 刘声木《苌楚斋五笔》卷七说："湘乡曾文正公国藩，于晚年始读《仪礼》。其《求阙斋日记类钞》云炳烛之明，始读此经，云云。名臣之不自讳如此，胸襟究与常人有别，读者当知其故矣。"按，曾国藩同治六年（1867）二月十四日的日记原文称："余今五十七岁，略通此经，稍增炳烛之明。"明言"略通此经"，并非"始读此经"。黎庶昌《曾文正公年谱》"道光五年公十五岁"条下谓："竹亭公设馆同族家塾，曰锡麒斋。公从受读《周礼》、《仪礼》成诵。"因此，认为曾国藩晚年始读《仪礼》，与事实不符。

② 凡引曾国藩日记，均据岳麓书社1987年版《曾国藩全集·日记》，仅标日期，原标点有误者径予改正。

③ 曾国藩批点《仪礼郑注句读》时，在《乡射礼》卷末以墨笔写道："乙丑五月初八日读止此，暂辍读矣。"此乙丑为同治四年（1865），亦证明曾国藩晚年读《仪礼》并非始于同治五年（1866）九月。

味经诸书。"①这与同治四年四月初十日记所说如出一辙。曾国藩同
治五年九月至十二月间的日记,也清楚地表明这一点,如九月廿三
日:"阅《士丧礼》,中饭后止,将张皋文《仪礼图》酌加批识。"廿五日:
"阅《既夕》篇,将张皋文《图》酌加批识,至未正止。"廿九日:"阅《读
礼通考·疾病》《正终》二卷及《始死》、《开元》《政和》二礼、《书仪》、
《家礼》等,考证异同。"十一月二十日:"阅《既夕礼》,中饭后将《五礼
通考·丧礼》题识一册。"这是将《仪礼》中的《士丧礼》、《既夕礼》与
张惠言《仪礼图》、徐乾学《读礼通考》及秦蕙田《五礼通考》的相关卷
篇对读。又十月初十日:"阅《丧礼》张稷若本三叶、秦味经本二十
叶。"这是将张尔岐《仪礼郑注句读·士丧礼》与秦蕙田《五礼通考·
丧礼》对读。十月初四至初九日,曾国藩阅《读礼通考·丧服》,十三
至十九日阅《仪礼·丧服》,继于二十日阅张惠言《仪礼图》中的丧服
四表,又于十一月廿二至廿四日阅《五礼通考》中的《丧服》各篇。十
月廿一日至十一月初七日,他相继读完《仪礼》中的《士虞礼》、《特牲
馈食礼》、《少牢馈食礼》、《有司彻》,继于十一月初八日至十七日阅
读《五礼通考》中的《宗庙时享》各卷,廿五日至廿九日又读《五礼通
考》中的《大夫士庙祭》各卷并加题识。十二月间,曾国藩还将《五礼
通考》中的《冠礼》、《昏礼》、《士相见礼》各卷与《仪礼》作了比较性
阅读并各加批识。

　　兹据《曾国藩全集·日记》所载,将其同治四年至六年间研读
《仪礼》各篇的详情表列如下(括号中为曾国藩对读《仪礼图》、《礼书
纲目》、《五礼通考》的简况):

---

① 《求阙斋弟子记》卷二十一载:"读史本易于读经,而《丧服》尤经中之最精深
者,尤为难读。余读《仪礼·士丧礼》,以张稷若《句读》、张皋文《图》为主,而
参看徐健庵、江慎修、秦味经诸书,颇有所会。"

	同治四年	同治五年	同治六年
士冠礼	四月初十至十三日（十八日阅《礼书纲目·冠昏记》）	（十二月初四至十三日阅《五礼通考》中《冠礼》,酌加批识,初九日与《仪礼》比较）	
士昏礼	四月十四至十六日（十七日阅《礼书纲目·昏义》、十八日阅《礼书纲目·冠昏记》）	十二月十五、十六日（十四、十七、十八日阅《五礼通考》中《昏礼》,酌加题识）	
士相见礼		（十二月十九至二十日阅《五礼通考》中《士相见礼》）	
乡饮酒礼	五月廿九,闰五月初一、初六日	（十二月廿三至廿六日阅《五礼通考》中《乡饮酒礼》、《乡饮酒仪》）	
乡射礼		十二月廿七至廿八日	正月初二至初四日、初六至初七日（初六日将《仪礼图》一为核对）
燕礼	闰五月初七、六月初六日		正月初七至初十日
大射仪			正月初八至初九、十一至十三、廿二、廿五、廿七至廿九日
聘礼			正月廿九日,二月初一至初三日、初五至初九日
公食大夫礼			二月初九至初十日、十二至十四日
觐礼			二月十四日

续表

	同治四年	同治五年	同治六年
丧服		十月十三至十九日 （十月初四至初九日阅《五礼通考·丧服》，二十日阅《仪礼图》丧服四表，又十一月廿二、廿三日将《五礼通考·丧服》补加题识）	
士丧礼		九月廿一至廿四、廿八日，又十一月十九日 （九月廿三日将《仪礼图》酌加批识，九月廿九日与《读礼通考》考证异同）	
既夕礼		九月廿五至廿八日，又十一月廿、廿一日 （九月廿五日将《仪礼图》酌加批识，十一月廿日将《五礼通考·丧礼》题识一册）	
士虞礼		十月廿一至廿四日	
特牲馈食礼		十月廿四至廿八日，又十一月廿六日 （十一月廿五日阅《五礼通考·人大士庙祭》，廿六日将《五礼通考》二卷补加题识）	
少牢馈食礼		十月廿九至十一月初三日 （十一月初八至十五日阅《五礼通考·宗庙时享》，又十一月廿七日将《五礼通考》酌加题识）	

	同治四年	同治五年	同治六年
有司彻		十一月初三至初七日 （十一月初八至十五日 阅《五礼通考·宗庙时 享》，十一月廿七日将 《五礼通考》酌加题识）	

可见，从同治四年四月初十日始读《士冠礼》，至同治六年二月十四日阅完《公食大夫礼》与《觐礼》，曾国藩此次读《仪礼》虽有间断，也未依《仪礼》篇次进行，但实际上前后接续，最终完成了对《仪礼》全经的研读①。

二、批点《仪礼郑注句读》的主要内容

曾国藩晚年研读《仪礼》，不仅旁参张尔岐、张惠言、秦蕙田诸家之作，还将各书酌加批点、题识，留下一己之见。曾国藩批《仪礼图》、《五礼通考》未见传世，批点《仪礼郑注句读》的稿本则幸运地留存下来，作为善本珍藏于湖南省图书馆②。曾国藩同治五年九月廿一日明言"阅《仪礼·士丧礼》，以张稷若《句读》、张皋文《图》为主"，又在十一月十九日自称"阅《士丧礼》，因前次未将张蒿庵本圈点，故此次补加圈点"，另同治六年正月初七、十二、十三、廿二日，均有批点《乡射礼》、《大射仪》的记载。因此可以肯定，湖南省图书馆所藏曾国藩批校的乾隆年间济阳高廷枢刊《仪礼郑注句读》六册，正是曾国

---

① 曾国藩在日记中未明载读《仪礼·士相见礼》，但批点《仪礼郑注句读》时并未遗漏此篇，《求阙斋读书录》也辑录读《士相见礼》札记一条。
② 该书第一册卷首高廷枢识语下及第六册末页，均盖有长形印章："此书是湖南文物管理委员会在造纸厂收购的大批造纸原料旧书中抢救出来的。"

藩当年研阅《仪礼》的读本。

　　经翻检全书,发现曾国藩不仅用朱笔将《仪礼郑注句读》十七卷从头至尾圈点了一遍,还精校细读,时有会心,在页眉及正文间留下朱、墨两色批注一千多处①。从曾国藩批注涉及的对象来看,可分三类:一是解说经文,补郑注、贾疏及前儒之阙略。二是申论注疏,或推论其隐奥,或纠补其阙失。这两类批注在书中俯拾即是,构成曾国藩《仪礼》研究的主体内容。第三类专门针对张尔岐的说解而发,其中除少数几条是申述张尔岐说解及为张尔岐纠驳郑注再加补证,多数为纠改张尔岐解说经、注的失误与阙漏。综观全稿,除少数批语纯为摘引前儒意见外,曾国藩批校文字绝大多数属一己之得,据内容大体可分成以下四类:

　　其一,校订讹误,厘正文字。高廷枢主持刊刻《仪礼郑注句读》时,主要依据张尔岐手定本与高家传抄本,"经注句读以及字画圈点,悉遵蒿庵先生手定原本,间有一二字夏五、盟密之疑,亦不敢妄为参订,姑存之以俟名公质焉"②。因高廷枢对张尔岐文稿未加校订,加上校雠疏失,乾隆八年刊《仪礼郑注句读》字句常有舛讹衍脱。曾国藩"生平阅书处处入细,一字不肯放过"③,他在圈点这本《仪礼郑注句读》时,校订出文字错误 120 多处,其中属于经文者 20 处,属于注疏者 59 处,属于张尔岐解说者 46 多处。特别值得一提的是,除版刻讹误外,曾国藩根据对《仪礼》各篇文字的比对,对经句中的脱、衍、讹、倒等文字错误提出不少校正意见。兹举数例:其一,脱字,如《大射》"长致者阼阶下再拜稽首,公答拜",曾国藩校曰:"《燕礼》'长致

---

① 济阳高廷枢刊张尔岐《仪礼郑注句读》卷末,附刻《仪礼监本正误》一卷、《仪礼石本误字》一卷,曾国藩均未加圈点、批校。
② 张尔岐《仪礼郑注句读》,乾隆年间济阳高氏刻本,卷首目录后高廷枢识语。
③ 萧穆《书曾太傅〈读书录〉后》,《敬孚类稿》卷三,光绪三十三年刻本,第 14 页。

致者',有两'致'字,此少一'致'字,误也。"①又如《大射》"适阼阶下,北面,请以乐于公",曾国藩校曰:"《乡射》'升阶,请以乐乐于公',此在阼阶下'请以乐于公','以乐'之下似当重一'乐'字。"②其二,衍字,如《乡射礼》"矢不挟,兼诸弦弣以退,不反位",曾国藩校曰:"《大射》作'兼诸弦',无'弣'字。"③又于《大射》"矢不挟,兼诸弦,面镞"句出校语说:"《乡射》'兼诸弦'下有'弣'字,盖彼误也。"④又如《大射》"荐脯醢折俎,皆有祭",曾国藩校曰:"《乡射》云'荐脯醢折俎,有祭',无'皆'字,此亦不应有'皆'字。"⑤其三,讹字,如《有司彻》"主妇设二铏与糗脩,如尸礼,主人其祭糗脩",曾国藩校曰:"'其祭'之'其'应作'共'。"⑥又如《觐礼》"设六玉:上圭,下璧,南方璋,西方琥,北方璜,东方圭",曾国藩撮举金榜之说,校曰:"金氏《礼笺》谓应作'上璧,下琮',作'上圭,下璧'者误耳。"⑦由下文"东方圭",又六玉中独无琮,可知作"上圭,下璧"者误,金氏之说的是。其四,倒植,如《乡射礼》"主人坐取爵,实之宾席之前",曾国藩校曰:"'宾席之前',当如《乡饮》作'宾之席前'。石经亦误。"⑧

其二,审定句读,细分节次。张尔岐因《仪礼》经文与郑注均古奥难通,"取经与注章分之,定其句读"⑨,将经、注全文作章分节解,加以断句,颇便省览,有功后学。曾国藩在圈点《仪礼郑注句读》时,有

---

① 张尔岐《仪礼郑注句读·大射第七》,第10页。凡引曾国藩批校语,均据张尔岐原书标注页码。
② 张尔岐《仪礼郑注句读·大射第七》,第27页。
③ 张尔岐《仪礼郑注句读·乡射礼第五》,第24页。
④ 张尔岐《仪礼郑注句读·大射第七》,第28页。
⑤ 张尔岐《仪礼郑注句读·大射第七》,第25页。
⑥ 张尔岐《仪礼郑注句读·有司彻第十七》,第10页。
⑦ 张尔岐《仪礼郑注句读·觐礼第十》,第8页。
⑧ 张尔岐《仪礼郑注句读·乡射礼第五》,第3页。
⑨ 张尔岐《仪礼郑注句读序》,《仪礼郑注句读》,卷首第2页。

许多地方与张尔岐句读有异,个别关系经义的地方,他还加以批注,提出异议。例如,《公食大夫礼》"士羞庶羞,皆有大、盖,执豆如宰",张尔岐解曰:"盖执豆,兼盖而执之也。"他将"盖"字下属,与"执豆"连读。曾国藩则指出:"'盖'字别为一句,谓皆有大、皆有盖也。张氏解属下句读,则不辞矣。"①又如,《燕礼》"司正命执爵者:爵辩,卒受者兴,以酬士",《仪礼注疏》及张尔岐均作"司正命:执爵者爵辩,卒受者兴,以酬士",曾国藩却认为:"命之之辞,止'爵辩,卒受者兴,以酬士'九字,'执爵者'三字非命辞也。上文云'唯公所赐',统堂上之孤、卿、大夫言之。孤、卿、大夫坐行皆有执爵者,以代酬酒送觯。至士相旅酬,则执爵者不代送觯矣,故特以诏告执爵者。"②对于《仪礼郑注句读》的章节析分,曾国藩也屡有异议,尤其是对张尔岐某些节次再加细分。例如,张尔岐将《聘礼》"君使卿韦弁,归饔饩五牢"至"士介朝服,北面再拜稽首受。无傧"一段归为一个章节,谓"右归饔饩于宾介",曾国藩则将这一段分成 6 节,依次概括为"有司入陈饔饩","大夫致命,宾受币","宾以束锦乘马傧大夫","宾明日至朝拜谢","归上介饔饩并傧","归士介饔饩,无傧"③。又如《燕礼记》、《聘礼记》,张尔岐均未分节,曾国藩则各细分为 15 节、10 节。总计曾国藩对张尔岐节次的细分,有《士相见礼》1 处、《燕礼》3 处、《聘礼》6 处、《丧服》1 处、《有司彻》2 处。

其三,训解字词,考求名物。曾国藩在校阅《仪礼郑注句读》时,对于《仪礼》文句与名物礼制,如郑注、贾疏及张尔岐等前儒未加注解或训释未尽、说解有误,他会加以纠补。例如,《乡射礼》"宾觯以之

---

① 张尔岐《仪礼郑注句读·公食大夫礼第九》,第 6 页。
② 张尔岐《仪礼郑注句读·燕礼第六》,第 15 页。《大射第七》有同样的命辞,曾国藩在该卷第 31 页批曰:"司正之命,命执爵者,非命大夫也,'爵辩'以下九字即命之之辞。"
③ 张尔岐《仪礼郑注句读·聘礼第八》,第 19—20 页。

主人,大夫之觯长受",郑注仅解"长"指"众宾长",曾国藩则就"之"字作批语:"之,往也。'以之主人',犹云送往主人所也。'大夫之觯',送往众宾长所也。"①有此解说,经文朗然易明。曾国藩考求名物礼制的批语更多。如《乡射礼》"乏参侯道",郑注:"容谓之乏,所以为获者御矢也。侯道五十步,此乏去侯北十丈、西三丈。"曾国藩征引众说,对"乏"作了更详尽的解说:"《尔雅》'容谓之防',郭注:'形如今床头小曲屏风,唱射所以自防隐。'《荀子·正论》篇云'居则设张容,负扆而坐',杨倞注:'容,如小曲屏风,施此于户牖,负之而坐。'国藩按:射者去侯三十丈,设乏之北十丈、西三丈,去射者约二十丈。乏状类曲屏,唱获立于其中。名曰容者,可以容身也。名曰防者,可以防矢也。名曰乏者,矢力至此已匮乏,不至伤人也。"再如《特牲馈食礼》"棜禁",郑注:"棜之制,如今大木舆矣,上有四周,下无足。"曾国藩就棜禁有足或无足,作了更详尽的解说:"棜禁上有四周,无足者为楕方木槃,当与吾乡茶槃相似;有足者则当与俎相似矣。论形制,则棜无足,禁有足;论等秩,则大夫用棜,士用禁。其常也。然至乡饮、乡射,则虽大夫,去足者亦得名禁。至此馈食礼,则虽士之有足者亦得名棜。"②

其四,解析经文,推阐经义。对于前儒忽略的《仪礼》经句,曾国藩时有心得,批于《仪礼郑注句读》眉端。例如,在《燕礼》"执散爵者酬以之公,命所赐。所赐者兴,受爵,降席下,奠爵,再拜稽首"的眉端,曾国藩批曰:"前三次辩酬卿大夫,皆用二人所媵之觯,皆公兴,至西阶亲赐,受君酬者皆降拜,酬人者皆拜送。此礼之最隆者也。第四次赐卿大夫而遍及于士,用宾所媵之觯,亦公兴,至西阶亲赐,受君酬者亦降拜,但酬人者不拜授,而由他人代酌以授,受酬者亦不拜受。

①　张尔岐《仪礼郑注句读·乡射礼第五》,第27页。
②　张尔岐《仪礼郑注句读·特牲馈食礼第十五》,第19页。

是礼渐杀而欢渐洽矣。此为第五次赐卿大夫而遍及于士,不用膳而用散,君不亲赐而仅命执爵者赐之,受赐者不降阶拜而仅降席拜。是礼尤杀而欢尤洽矣。"①对于这段经文,郑玄只对"席下"二字作注,贾疏虽谓"自旅酬已前,受公爵皆降拜,升成拜。至此不复降拜者,礼杀故也",也仅从是否"降拜"论前后礼数差异,曾国藩则将前后五次礼仪联贯起来,通过比较揭示出礼数差异背后寄寓的礼意。又如《有司彻》"主人以酬侑于西楹西,侑在左",郑注、贾疏及张尔岐均无解说,曾国藩则据尸酬主人在东楹东,推考经意,指出:"主人酬侑、侑酬长宾、长宾酬众宾、众宾酬兄弟、兄弟酬私人,皆在西楹西。"②

纵观曾国藩批注,还可发现他的《仪礼》研究呈现出三大特色:一是重训诂考据,实事求是,不盲从权威;二是引经证经,会通《仪礼》全经,前后比对互解;三是援引乡俗解证古礼,贯通古今。限于篇幅,不再一一举例说明。

三、批点稿的校勘价值

光绪二年(1876)湖南传忠书局刊行的《求阙斋读书录》,是曾国藩弃世后由门生、幕僚辑录而成,据吴汝纶所说,为王定安就曾家"取所藏手校诸书,撰次散遗,厘为十卷,半辞一说,皆见甄录"③。遗憾的是,编者对其所辑各卷文字的取材来源未加注明,给后人研究带来不便。王澧华指出,《求阙斋读书录》有相当部分是采自曾国藩《日记》、《鸣原堂论文》、《十八家诗钞》及王定安辑《曾文正公杂著》,但

---

① 张尔岐《仪礼郑注句读·燕礼第六》,第 16 页。
② 张尔岐《仪礼郑注句读·有司彻第十七》,第 16 页。
③ 吴汝纶《〈求阙斋读书记〉序》,《桐城吴先生文集》卷四,光绪三十三年《桐城吴先生全书》本,第 80 页。此文系代李鸿章而作,成稿于光绪二年。

未涉及《求阙斋读书录·仪礼》的来源①。经翻检《仪礼郑注句读》曾国藩批点稿,发现《求阙斋读书录》所辑关于《仪礼》的 116 条札记中②,有 98 条与《仪礼郑注句读》中的曾国藩批校相同(仅少数条偶有文字差异)。另外 18 条札记虽未见于曾国藩所批《仪礼郑注句读》的眉端,但细查原本,发现这些札记讨论的词句旁边,曾国藩均加有批注记号,推想他对这些词句应别有解说。查《曾国藩全集·日记》,同治五年十二月十八日有"阅《昏礼》十余叶。……钞《仪礼诂训类记》",同治六年二月读完《仪礼》后,更多次记载"是日未、申间,将《仪礼》诂训钞记数条"(二十五日),"将《仪礼》诂训杂录二十余条,申刻毕"(二十七日),"将《仪礼》诂训杂钞十余条"(二十八日),"钞《仪礼诂训类记》,至傍夕毕"(二十九日)③。因此,这 18 条札记很有可能是传忠本编者从曾国藩遗留的《仪礼诂训类记》等笔记中转录而来④。

　　经与传忠本《求阙斋读书录·仪礼》对检,《仪礼郑注句读》曾批本的校勘价值十分显然,可据以改正传忠本的讹失,较为重要者有以下数处:

---

① 王澧华《〈求阙斋读书录〉编刊考略》,《曾国藩家藏史料考论》,广西师范大学出版社,1996 年,第 149 页。

② 《皇清经解续编》所收曾国藩《读〈仪礼〉录》为 115 条,因将传忠书局本第 112 条刊落。岳麓书社印《曾国藩全集》所收《求阙斋读书录·仪礼》亦为 115 条,则因将传忠书局本第 49、50 条误合为一条。

③ 曾国藩同治六年三月间的日记还相继记载"钞《仪礼雅训》二十余条,约八百余字,中饭后毕"(初四日),"中饭后钞《仪礼雅训杂记》"(初五日),"夜将《仪礼雅训杂记》录毕"(二十二日)。

④ 据《曾国藩全集·日记》,同治二年七月至同治六年三月间,他经常在阅读经史典籍后抄录《诂训小记》、《诂训杂记》、《雅训小记》、《雅训杂记》、《诂训雅记》、《雅训类记》。这些读书笔记,今未见有传本存世。从相关日记内容中推测,前二者可能为曾国藩所作训诂心得,后四者则是抄录前人训诂意见。

其一,曾批本中原本分开的两处批校文字,在传忠本中被合并为一条。例如,传忠本第25条、第35条、第49条、第109条,在曾批稿本中均各为两条。

其二,曾国藩经常作批语比较《仪礼》各篇文字或礼仪的异同,如乡射礼与乡饮酒礼比较、大射礼与乡射礼比较、大射礼与燕礼比较、少牢馈食礼与特牲馈食礼比较,总数计有200多处,但传忠本所录不到10条。

其三,传忠本添加曾批原无之字,或变改曾批原文,致生歧义。如传忠本第6条:"皆祭举、食举也。注:举,即脊与肺也。"依该书体例,凡标"注"者均指郑玄注语。但此处"举,即脊与肺也"实是张尔岐语,并非郑注。曾国藩按语主要是针对"举,即脊与肺也"而作,此"注"字实为传忠本编者妄加,若不细查原书,将误会曾国藩按语是针对郑注而发。又第57条"按:注赗用纺、礼用玉与帛与皮,此一事也","注"字亦为传忠本编者妄加。曾国藩此条同样是针对张尔岐,并非针对郑注。另第60条"《记》之首节云'明日君馆之',郑注以为'特聘宜加礼'一节宜在其下",据张尔岐分节,"特聘宜加礼"一节实即"无行,则重赗、反币"句。郑注原在"又拜送"下,曰:"拜送宾也。其辞盖云:子将有行,寡君敢拜送。此宜承上'君馆之'下。"揆郑注原义,本谓自"曰子以君命"至"又拜送"28字当在"明日君馆之"以下,并非指"无行,则重赗、反币"应在"明日君馆之"以下。查曾批本,"特聘宜加礼　节"原作"此节",指"曰子以君命"至"又拜送"28字,与郑注原意相合。如按传忠本"郑注以为'特聘宜加礼'一节宜在其下"来理解,则曾国藩犯了误解郑注的低级错误,岂不冤枉了他?

其四,根据曾批本,还可校出传忠本的脱字、误字。如第8条"不必专指为君言事"句中,据曾批本,"不"上脱"自"字;第63条"兼壹祭之者,总祭也"句中,据曾批本,"也"上脱"之"字。又如第91条"肩、臂、臑前在前足"句中,上一"前"字显然有误,据曾批本,知原本为"皆"字。

由上所述,今天整理《求阙斋读书录·仪礼》,很有必要细检曾国藩批点的《仪礼郑注句读》稿本,加以补阙、刊误。

四、晚年治《礼》成绩可观

曾国藩同治六年二月十四日读完《仪礼》后,在日记中欣慰地写道:"老年能治此经,虽嫌其晚,犹胜于终不措意者。昔张蒿庵三十而读《仪礼》,至五十九岁而通此经,为国朝有数大儒。余今五十七岁,略通此经,稍增炳烛之明。"他将自己晚年研读《仪礼》小有所成与张尔岐将近三十年撰出《仪礼郑注句读》相提并论,虽不无自得之意,更多自慰之情。

事实上,曾国藩善于利用前人研究成果,以张尔岐《仪礼郑注句读》为读本,以张惠言《仪礼图》、徐乾学《读礼通考》和秦蕙田《五礼通考》等著述为参照,发挥他读书心细的特长,再运用对校读书之法,在较短的时间内,取得了显著成绩。向来不轻易许人的李慈铭,在翻阅《求阙斋读书录》后,赞叹"文正于《仪礼》用力甚深","其读《周礼》、《仪礼》数条,亦见细心"[1]。甚至对曾国藩屡有微词的王闿运,也在挽词中推许他"经术在纪河间、阮仪征之上"[2]。吴廷燮在撰写《读〈仪礼〉录》提要时,更对曾国藩《仪礼》研究作了十分肯定的评价:

> 是书为国藩读《仪礼》时录出者,自《士冠礼》"抽上鞸"注,至《有司彻》"于尸、祝、主人、主妇",凡一百一十余条,十七篇皆

---

① 转引自曾昭六《〈曾文正公全集〉编刊考略》,《近代中国史料丛刊续编》第 1 辑,台北文海出版社,1974 年,第 21238 页。
② 王闿运《湘绮楼日记》,吴容甫点校,岳麓书社,1997 年,第 304 页。

有之。间有新义,如《士昏礼》"姆加景",注"盖如明衣,加之以为行道御尘,使衣鲜明",谓:"吾乡嫁女,在舆著布青衣于上,或亦景之遗意。《隋书·礼仪志》作'加憬'。"如《乡射礼》"其中蛇交,韦当",注"直心背之衣曰当",是书"此谓心背为当,犹曰前面、后面"。亦有辨正者,如《燕礼》"君曰以我安",驳张尔岐说"安坐以留之",谓:"安即留,非安坐之外别有所谓留。"如《聘礼》"宾拜饩亦如之",注"宾殊拜之",亦驳张尔岐说"成拜讫,又降拜",谓:"当云降拜讫,又成拜。"皆有所见。如《丧服》"大夫、公之昆弟、大夫之子,为其昆弟、庶子、姑姊妹女子子之长殇",引《钦定义疏》"亦有公族高勋世为大夫,適子年虽未冠,已为大夫者"。按:此解甚确。……又"同居则服齐衰期,异居则服齐衰三月。必尝同居,然后为异居",是书谓:"若范文正公,初随母嫁朱氏,后复归范氏,当文正在朱家时,谓之同居,及还范家之后,谓之异居。若其初未尝从母适朱,则并不得以异居名之,是无服。"按:曾氏此说,颇有特见,引证亦合。……至统论全书,则曾氏自中年后即在兵间,兼任将相,凡睦外靖内之大,皆身当其冲,而犹好学孜孜,不厌不倦,且时出特解,过于经生,自可驾仪征阮氏而上,殊不易觏也。①

的确,曾国藩能步清代经学名家之后,对《仪礼》字词、章句和经义加以训解、推阐,对郑玄、贾公彦、张尔岐等注解《仪礼》的阙漏与讹失进行纠补,显示出扎实深厚的学术功底与不同流俗的经学识见。曾协助王先谦编纂《皇清经解续编》的萧穆,就极为叹服曾国藩的治学成就:"考订之精,识议之博,益人心思,实非浅鲜。"②因此,王先谦

---

① 中国科学院图书馆整理《续修四库全书总目提要(经部)》上册,第520—521页。

② 萧穆《书曾太傅〈读书录〉后》,《敬孚类稿》卷三,第14页。

编选《皇清经解续编》时,特意将《求阙斋读书录·仪礼》抽出,辑成《读〈仪礼〉录》一卷,实属允当,谁知引来各种非议。先有廖平批评说:"王刻江阴《续经解》选择不精,由于曲徇情面与表彰同乡。"①后来,叶德辉又传出秘辛说:他以吏部主事告假还湘时,甚得王先谦眷顾,订立名山之约,个中缘由是:"吾在江苏学政任内,成《皇清经解续编》千余卷,因是感触吾湘经学之陋,未免见笑外人。当编辑时,仅得船山诸书及魏默深《书》《诗古微》二种,犹未纯粹,乃以曾文正公读书日记,析其读经笔记,杂凑一家,而生存人如胡元玉、胡元仪所著书亦录入,盖不得已也。归田后,遂以提倡经学为己任。"②这些说法显然是认为曾国藩《读〈仪礼〉录》不够资格入选,湘中经学也不足以与江浙等地相提并论,王先谦却出于表彰乡贤、张扬湘学的私心,将其滥入《皇清经解续编》。然而,曾国藩研读《仪礼》的成就历来颇获推许,王先谦并未因对乡邦经学的偏爱而降低学术标准,更何况两部《皇清经解》中,收录有多种读经笔记或经学札记。

---

① 廖平《知圣篇》,李耀仙主编《廖平选集》上册,巴蜀书社,1998 年,第 210 页。

② 叶德辉《郋园六十自述》,王逸明主编《叶德辉集》第二册,第 136 页。按,叶德辉先在《挽王葵园阁学太夫子》中,既说"名山有约归田早,乐部相随接席温",追述两人治经之约,又说"三吴汉学入湖湘,求阙斋与思益堂",表彰曾国藩精究汉学(《还吴集》,王逸明主编《叶德辉集》第一册,第 193 页)。

王闿运聘任四川尊经书院史事考

　　王闿运(1832—1916)以诗文称雄一时,又笺注群经、诸子,在川、湘两省培育英材,更以兜售"纵横之学",频繁卷入近代风云变幻的政治,因而在清末民初名满天下,留下不少轰动一时的轶事传闻。其中,王闿运光绪四年(1878)"出山入川",接受川督丁宝桢之聘,担任尊经书院山长,将常州《公羊》之学传入蜀中,直接影响廖平从古文经学转向今文经学,就是有待于历史研究细作检验的一大美谈。以下依据各种原始资料,对王闿运聘任尊经书院的始末详情,以及对廖平早年治学变化的影响问题,作一专门考察,揭示这位"纵横名士"一段鲜为人知的心路历程,并对流传至今、几成定论的某些说法加以补正。

一、王闿运光绪四年"出山入川"之本意

　　尊经书院的创办,是晚清四川文教发展的重大事件,川省人文蔚起与蜀学复兴,和尊经书院关系至大。可是,除张之洞所撰《创建尊经书院记》详叙教学条规外,关于尊经书院创建与办理的诸多史实,已有各种记叙难如人意。

　　即以尊经书院前期的山长、监院而言,就有多种歧异的说法。例如,廖宗泽编《廖季平年谱》在光绪元年(1875)条下写道:"薛焕聘湘

潭王闿运主讲尊经,王不至,乃以钱塘钱保塘(铁江)及其弟保宣(徐山)权主其事。"又在光绪七年(1881)条下说:"十一月二十五日,王闿运携眷返湘潭。王去后,尊经由监院薛华墀(丹庭)主持,并仍由钱徐山代讲席。"①徐仁甫依年分叙尊经书院史事,在1877年条下说:"薛焕(丹廷)聘湘潭王闿运主讲尊经,不至,乃以海宁钱保塘(铁江)、嘉定钱宝宣(徐山)权主其事,代理院长。"另1882年条下述及王闿运因事返湘后,"尊经由监院薛华墀丹庭主持,并仍由钱徐山代讲席"②。两人说薛焕邀聘王闿运之事相同,而说二薛、二钱之字号、籍贯诸细节有异③。四川书院史研究专家胡昭曦则提出,尊经书院初创时,邀聘王闿运入川主讲的是张之洞,又说薛焕为首任山长,任期为光绪元年,钱保塘为代理山长,任期在光绪三年,王闿运于光绪四年至十一年担任山长,其中光绪八年由监院薛华墀代理山长;至于

① 廖幼平《廖季平年谱》,巴蜀书社,1985年,第16—17、24页。
② 徐仁甫《振兴蜀学人才辈出的尊经书院》,《四川文史资料选辑》第35辑,四川人民出版社,1985年,第4、7页。
③ 薛焕字觐堂,或作觐唐,四川兴文人,道光二十四年举人,历官江苏按察使、江宁布政使、江苏巡抚、办理通商事务大臣、工部右侍郎,同治四年请旨在籍终养,十三年倡建尊经书院。徐仁甫文中先称"薛焕(丹庭)",继谓"薛华墀丹庭",前说有误。钱保塘字铁江,浙江海宁人,咸丰九年举人,久困礼部试,同治十三年以知县分发四川,总督吴棠延入幕,属以文字之役,尊经书院创建之初,先受委与钱保宣、缪荃孙同阅官师课卷,继而代主讲席。后出任四川定远、大足、什邡等地知县,所至有循声。编撰有《帝王世纪续补》、《历代名人生卒表》、《吴越备史补注》、《吴越杂事诗录》等十余种,后人辑刊有《清风室文钞》十二卷、《清风室诗钞》五卷。关于钱保塘生平,参见《清风室文钞》卷首缪荃孙、沈恩孚、查燕绪序及《清风室诗钞》卷首袁康时序,另见费行简《近代名人小传》、张舜徽《清人文集别录》。钱保宣字徐山,江苏嘉定人,钱仪吉之子。

光绪二年有无山长或代理之人，未作说明①。可见，关于尊经书院前期的人事问题，可谓异说纷纭，不过都认为王闿运是尊经书院拟聘主讲的第一人。

然而，根据相关资料，川省官绅筹创尊经书院时，最初拟聘的应是经学名师俞樾。出身尊经书院的费行简在叙述钱保塘经历时，提及"当吴棠、张之洞初置尊经书院于成都，聘俞樾弗至，即延之摄教习"②。《春在堂尺牍》中恰有《与张香涛学使》，专言此事，有云：

> 蜀中创设受经书院，俾多士从事根柢之学，甚善甚善。皋比一席，宜得其人，羔雁所加，谋及下走，岂人材实难邪？抑姑从隗始邪？樾老母在堂，未便远离，有负盛心，良用惭怍。然如樾者，章句陋儒，实不足膺经师之任也。拙著已刻者一百四十二卷，此后有便，拟寄呈一二部，即求存贮院中，虽不足质院中高材诸生，亦古人藏名山传其人之意也。③

另外，俞樾1889年撰有编年叙事的《曲园自述诗》，其中一首写道："已分长为吴下蒙，岂能石室拜文翁？浪教梁益虚名播，春在堂书满蜀中。"诗下自注：

---

① 胡昭曦《四川书院史》，四川大学出版社，2006年，第245、249、350页。胡先生两言薛焕担任尊经书院首任山长，但未注明依据所在。今查钱保塘撰《薛觐唐侍郎六十一生日序》《工部右侍郎薛公行状》，言及薛焕对川省文教发展的贡献，仅谓"省城创建尊经书院，经费皆赖公一言决之"，"（自京师）既归，发旧藏经史有用诸书，畀省中书院刻之，自后蜀中书渐多，士知崇尚朴学，风气为开"（《清风室文钞》卷十，《丛书集成续编》第143册，上海书店出版社，1994年影印本，第228页），绝口不及薛焕出长尊经书院事。钱保塘与薛焕为知交，居蜀三十余年，且在尊经书院建成后一度摄主讲席，其说足资凭信。
② 费行简《近代名人小传》，《近代中国史料丛刊》第8辑，台北文海出版社，1967年影印本，第36页。
③ 俞樾《春在堂尺牍》，《近代中国史料丛刊》第42辑，台北文海出版社，1969年影印本，第664页。

　　　　吴仲宣制府、张香涛学使及薛觐唐侍郎蜀中书来,延余主讲
　　　受经书院。余以奉母居吴,未能赴,然余书颇流播蜀中。闻张子
　　　绂孝廉、廖季平进士言,蜀士之读春在堂书者十人而九。①

　　两相比照,可知川省官绅邀聘俞樾入川主讲确有其事。俞樾以
侍亲不便远游相辞,实则当时正主持诂经精舍,往返于苏、杭间较为
便利。由俞樾复函称"蜀中创设受经书院",可知川中官绅在同治十
三年议兴的新型书院,最初称作"受经书院",后来才定名"尊经书
院"。而俞樾多年后为《曲园自述诗》作注②,仍沿用旧称"受经书
院",可见他对当年四川官绅联名邀聘一事印象极深。

　　王闿运自称"于乙亥即得薛兴文致聘"③,即光绪元年接到薛焕
约聘函,应当是俞樾不肯受聘,川中官绅转而邀约王闿运。薛焕与王
闿运此前有无交往,不得而知。创办尊经书院的实际主持人张之洞,
王闿运与他早已稔熟。两人自同治十年(1871)京师订交,"一见欢
然"④,不仅诗酒酬唱,还多次商讨经学,说《易》尤相投契,颇有同道

---

① 俞樾《曲园自述诗》,光绪年间《春在堂全书》本,第23页。俞樾诗、注均未明
　言接获川中邀聘书函在何年何月,但根据前后诗篇所咏各事,当在1874年冬
　或1875年春。
② 《曲园自述诗》篇末自注"《曲园自述诗》成于己丑五月",郑振模编俞樾年
　谱以此为据,在光绪十五年己丑(1889)条下谓:"五月,先生著《曲园自述
　诗》一百九十九首刊行。"(《清俞曲园先生年谱》,台湾商务印书馆,1987
　年,第71页)。但由上引一诗自注来看,注文与诗文并非同时所作。因廖
　平1889年成进士后,偕张祥龄(子绂)出都南下,六月谒王闿运于天津,七
　月再访俞樾于苏州。《曲园自述诗》五月成稿,而此处注文所言张、廖来见,
　事在七月。
③ 王闿运《致张尚书》之二,《湘绮楼笺启》卷二,马积高主编《湘绮楼诗文集》,
　岳麓书社,1996年,第845页。
④ 王闿运《湘绮楼日记》,第277页。

之感①。当王闿运离京南返，张之洞特作长诗相送，大加称赏②。据《湘绮楼日记》，同治十二年张之洞赴川前数月，王闿运"作书寄香涛"，日记未载具体内容③。但三日后王闿运寄潘祖荫一书，议请"于辇下别设书局，使周秦子说悉得刊行，兼以余闲删定经疏，广求才识之士，使闿运亦得趋走其中，诚为盛业"，又说"尔时即已与书孝达及钱师，询其可否"，"今岁星轺分出，惜所居唯当桂驿，湘桂小典，不辍大臣，惟冀孝达盛总南选耳"④。据此，可以推想王闿运此次写信给张之洞，应当也是与他商议创设书局、冀其获选出考大省。随后张之洞出充四川乡试副主考，试毕又简放四川学政，继而创办尊经书院，并附设尊经书局。现存《湘绮楼日记》缺失同治十三年正月至光绪元年六月的记载，因此关于张之洞在川各项举措、创建尊经书院等事，王闿运有何反应，今已不得其详，但从现有资料中仍能窥测一二。

王闿运光绪三年（1877）致丁宝桢函中，回忆说："入蜀胜览，自香涛视学时已有前约，因惮独行，又嫌提挈，逡巡有待。旋闻彼方有主讲之议，尤难自赴。"⑤在光绪五年致张之洞函中，他又写道：

---

① 同治十年五月至七月间《湘绮楼日记》常记与张之洞往还宴酬事，有时数日连记，有时一日数记，可见往来之密。张之洞同治十年四月间筹办龙树寺宴集，在致潘祖荫书札中，一再推许王闿运，谓其经学、诗、古文、骈体均有声名，详见王树枏编《张文襄公全集》卷二百一十四《书札一》，北平文华斋1928年刻本。

② 今存张之洞诗集中，有《和王壬秋五月一日龙树寺集诗》一首、《和王壬秋孝廉食瓜诗》三首、《送王壬秋归湘潭》长诗，见王树枏编《张文襄公全集》卷二百二十一《诗集二》。在送行诗序中，张之洞称赞："壬甫才调冠时，善谈经济，《哀江南》一赋，海内知名，遍历诸侯，朝贵折节。"（序载许同莘编《张文襄公年谱》卷一，南皮张氏舍利函斋1939年，第17页）

③ 王闿运《湘绮楼日记》，第384页。

④ 王闿运《湘绮楼日记》，第384—385页。

⑤ 王闿运《致丁亲家》之二，《湘绮楼笺启》卷四，第938页。

乖违九秋,中通两讯,皆未得手复,未知谁浮沉也。今岁在蜀,曾因敕金甫致声,兼有婚姻之议,亦竟未得敕书。京都官忙懒相并,此例自久。然时闻声咳,未为疏阔。尊经筑舍,诸生大盛;复得门下领选,搜岩采兰,极称得士。……闿运于乙亥即得薛兴文致聘,恐惧惭惶,虽极思一奉光仪,犹虑自书黄纸。①

从中可知王闿运对张之洞确是时相萦怀,张之洞却未曾复书相报。王闿运致潘祖荫函中,显然可见托庇师友、相与讲习学术之意,但当张之洞入川视学邀他往游,他却嫌其提挈,迟疑不进,继而接获薛焕之函,欲聘主尊经书院,竟托词"恐惧惭惶""犹虑自书黄纸",裹足不前,让人费解。他直接对张之洞说"乙亥即得薛兴文致聘",根本未言及张之洞,这与先前四川总督吴棠、四川学政张之洞及在籍侍郎薛焕三人联函邀聘俞樾,不可同日而语。王闿运最忌"官不尊师",此次谢却关聘,与张之洞未亲自函邀(甚至未与薛焕合署)恐怕不无关系,"尤难自赴"似有弦外之音。

然而不到三年,王闿运应允新任川督丁宝桢的邀约,在光绪四年冬买舟入川,变化之大耐人寻味。

王闿运与丁宝桢早有交往。同治初年丁宝桢出守长沙时,即有延聘王闿运入幕之意。同治末年丁宝桢防堵黄河在山东的决口时,王闿运特将咸丰九年(1859)暂居山东巡抚文煜幕中所拟疏文寄交丁宝桢,进献治河的方略、措施。光绪二年九月,丁宝桢由鲁抚升任川督,王闿运冬天即得其幕府来书②。翌年五月六日,王闿运又得陕西巡抚谭锺麟(文卿)信,"云丁督欲招余,岁致三千金",他的反应是"嫌其币重",虽有友人劝行,他却"未能决"③。丁宝桢以岁

① 王闿运《致张尚书》之二,《湘绮楼笺启》卷二,第845页。
② 王闿运《致丁亲家》之一,《湘绮楼笺启》卷四,第937—938页。
③ 王闿运《湘绮楼日记》,第570页。

金三千相邀,应该言明是延聘王闿运主讲尊经书院,因为后来付给王闿运的薪赀确是此数。可是,王闿运在日记中,却绝口不提丁宝桢邀聘他出任主讲事。数日之后他致信丁宝桢,日记仅说"作书寄丁穉璜,言吏事"①,根本未及尊经书院聘任主讲之事。所幸此信留存在《湘绮楼笺启》中,给后人窥探王闿运受聘入川的真实心态提供了宝贵线索。

在此信中,王闿运大谈如何整饬川省吏治,向丁宝桢进言献策,仅以数语辞谢尊经书院讲席之聘,其中说:

> 昨得文卿兄函述雅意,垂询游处之迹。入蜀胜览,自香涛视学时已有前约,因惮独行,又嫌提挈,逡巡有待。旋闻彼方有主讲之议,尤难自赴。今闻持节,欣愿趋依。文兄所筹旅费、家用,其事纤俗,似非雅论。但去岁经手编集《湘军战守事录》,今年五月方始创稿,半岁未必能成。要俟此书写定,乃能买舟溯江,上谒辕门耳。……闿运城居一年,应酬颇剧,学业无进,深负赏音。因承寄讯,先行奉复。②

王闿运重提三年前川省邀约旧事,又说"学业无进,深负赏音",仍是婉辞尊经书院讲席之聘,但说"今闻持节,欣愿趋依",承诺暇时将赴川一游,"上谒辕门",游幕之心早已溢于言表。

及至光绪四年七月十七日,王闿运接到川籍友人敖金甫一信,

---

① 王闿运《湘绮楼日记》,第571页。
② 王闿运《致丁亲家》之二,《湘绮楼笺启》卷四,第938—939页。王代功《湘绮府君年谱》卷二"光绪四年"条下谓:"八月,四川总督丁丈穉璜遣书,约往四川。又致书谭丈文卿,属其劝驾。府君答以撰《军志》毕,始定行期。"(湘潭王氏湘绮楼1923年刻本,第18页)光绪四年八月《湘绮楼日记》未载此事,此条年谱所叙与光绪三年五月《湘绮楼日记》及此处所引王闿运致丁宝桢函所言相合,故年谱很可能误系此事于光绪四年八月。

"乃知四川仍有院长之聘"①,笔下颇多怅触之意。《湘绮楼日记》又载王闿运八月朔日"作书寄丁、方四川,为骆县丞干谒"②,对川中仍延主讲之事,此次致丁宝桢信中有无回绝,今已不得而知。八月二十日有友人相约同赴四川,王闿运仍以《湘军志》书稿未毕不能成行相答③。但在八月二十九日另一封信中,王闿运却说:"《军志》甫成十篇,尚有短篇七首未就,思于九月毕功,溯湘一别,为出山入川之计,刻下正冗迫也。"④及至十月,王闿运多次表示即将远行赴蜀⑤,并在覆唐酌吾书中写道:"闿运以丁宫保前岁久要,于十月内《军志》告成,即行买舟入蜀,游期久暂未定,眷口尚寄城中。"⑥王闿运再三以游蜀之行昭告友人,却不言及尊经书院邀聘之事,并谓"游期久暂未定",其内心可想而知。

对于四川官绅前后两次约聘,王闿运虽有不同的感受,却表现出同样的态度,不愿聘主尊经书院,原因在于他别有一番"出山入川之计"。

---

① 王闿运《湘绮楼日记》,第 674 页。
② 王闿运《湘绮楼日记》,第 678 页。方即四川按察使方浚颐,字子箴,安徽定远人。
③ 王闿运在日记中载此事:"(殷)竹伍来,云丁督以三百金礼之入蜀,欲与余结伴去。余辞以书未毕,不能也。"(《湘绮楼日记》,第 683 页)
④ 王闿运《与张世兄》之五,《湘绮楼笺启》卷一,第 794 页。张世兄即张文心。此信中有"八月廿日,大儿幸得一子",据《湘绮楼日记》,王闿运长孙出生在光绪四年八月廿日,同月廿九日记另有"作书致文心",故知此信作于光绪四年八月廿九日(参见《湘绮楼日记》,第 683、686 页)。
⑤ 王闿运十月十四日记有云:"遣迎梦缇入乡小住,令得少休暇,兼以将远行,小聚谈也。"翌日寄友人诗中又云:"近欲梁州去,知君忆弟情。"(均见《湘绮楼日记》,第 696 页)
⑥ 王闿运《致唐郎中》,《湘绮楼笺启》卷一,第 799 页。另见《湘绮楼日记》,第 699 页。

二、"便当辞师居友,聊尽所长"之内蕴

王闿运希望游幕督府而不愿居尊经讲席的心理,在他抵达成都之后表现得极为明显。《湘绮楼日记》光绪四年十二月廿八日记载王闿运与丁宝桢首次见面晤谈的情景,其中写道:

> 午正出访丁稚公,牙参未散。……再过督署,与稚公谈安南事,不相合。又论凡国无教则不立,蜀中教始文翁遣诸生诣京师,意在进取,故蜀人多务于名。又言蜀土薄,米菜俱无实味。议颇入微。余三辞掌教,不见从,且姑徐之。①

丁宝桢重金邀约王闿运,一直是为尊经书院求师,王闿运却在见面后,开口即谈安南事,当然话不投机,导致"不相合"。丁宝桢转而谈论以教立国之事,明言蜀士务名之弊,可见其延师兴学的良苦用心。王闿运谓其"议颇入微",对丁宝桢一番苦心可谓心知肚明。但他"三辞掌教",虽"不见从",而仍执己见,实在是因为他此次践约入川,从未考虑过应聘尊经讲席之事。王闿运在四天后写的家信中,就非常明白地说:"主人相见,专以主讲为辞。辞湘就梁,殊非吾意。"②可见,丁宝桢一见面就"专以主讲为辞",完全出乎王闿运意料,与其蜀游初衷显相违背。如果是聘任书院主讲,王闿运实无必要舍近就远,"辞湘就梁",因为湖南学政朱逌然正在筹备拓建校经书院,有意延聘他为院长③。

---

① 王闿运《湘绮楼日记》,第720页。
② 王闿运《湘绮楼日记》,第725页。另见《与孺人》之二,《湘绮楼笺启》卷二,第872页。
③ 王闿运在日记中,一再言及朱逌然咨请他恢复湘水校堂并拓建校经书院之事,见《湘绮楼日记》,第544、687、698页。

　　王闿运勉强受聘担任尊经书院主讲后,多次在致友朋信中言及应聘之事有违初衷。如光绪五年二月底致敖金甫书中,他回顾游川及受聘之事说:

　　　　去秋复上一函,计达清鉴。仲冬溯峡西上,除夕前日,届于成都。比见丁公,果如所谕,谬以讲席相处。初以三年宿诺,意其求友之乔声;不图千里寻师,乃作担簦之来教。逡巡三让,固执一辞。便欲告归,实为骇听。今年二月,移入馆中。①

　　由"便欲告归"一语,推想王闿运当时在三辞掌教不获俯允之际,曾有掉头逃归之想,但因于友道有违,未采取此种激烈行动(其时因川省某些官绅诬控,朝廷正派钦差来川查核,翌年六月丁宝桢受革职留任处分②)。王闿运七月间复刘长佑一函,又追述自己无奈羁留蜀中的缘由说:

　　　　闿运于去岁撰次《军志》已毕,遂为西游。初拟由蜀、秦、关、陇还,循黑水而南,以图良观。及至华阳,穉公留主讲席,诸生已集,势不可辞。好为人师,古贤所患,但上下牵缀,去留不得自如,以负嘉招,惭于通讯。③

---

① 王闿运《致敖郎中》,《湘绮楼笺启》卷一,第799页。函中"果如所谕",即前引《湘绮楼日记》光绪四年七月十七日所谓"得敖金甫书,乃知四川仍有院长之聘"。同年八月八日记载"作书复金甫"(《湘绮楼日记》,第679页),即此函所谓"去秋复上一函"。此函全文又见《湘绮楼日记》光绪五年二月二十八日,第754—755页。

② 王闿运光绪四年十二月廿五日记:"同店有长沙游勇,自成都昨出,言二使已到,多所按问,将不利丁公云。"又光绪五年正月三日记:"除夕前宵,税驾白兔,而二使星已前至蜀,不独按问东乡,至乃注意丁公,牵连仆妾。道员中丁、劳、唐,州县中田、李,并登白简,加以丑词,语甚含沙,情同舞剑。"(《湘绮楼日记》,第719、724—725页)

③ 王闿运《致刘总督》,《湘绮楼笺启》卷一,第802—803页。

从王闿运的西游计划看,他是半途被丁宝桢截留,强居讲席。再如九月致张之洞书中,也追述受聘诸事,说:

> 闿运于乙亥即得薛兴文致聘,恐惧惭惶,虽极思一奉光仪,犹虑自书黄纸。旋知两钱主讲,五经斯立。又得稚公五书,约来一觇,中无皋比之议,是以敢作峡游。及至,乃复见羁扳,贸然入院。①

所谓"中无皋比之议,是以敢作峡游",正是王闿运出于践友人旧约,入川来作游幕计,原无坐拥皋比之想,因此屡发遭羁受累之叹。

由于丁宝桢坚持,加上尊经书院讲席虚悬已久,院生待教,王闿运只好勉强应承尊经书院聘约,但仅以一年为期。他在光绪五年正月三日夜间致裴荫森一书,专论入蜀以来见闻诸事,由丁宝桢"自恃廉俭,少所匡绳",以致横遭诬控,论其"义当引退",并言及自己的处境与计划:

> 尊经讲席虚县二年,诸生住斋者至百余人,恐不能不稍为料理。严武自去,杜甫自留,亦大非求友之本志。将俟钦件稍定、生徒上学时,为之粗立规条,或勉留一岁。倘主人留镇,仍不改弦,近有见闻,岂容默尔?便当辞师居友,聊尽所长。②

王闿运因担心丁宝桢不久于位,自己肯定不能长留蜀地;假使丁宝桢能留任,他即拟辞去尊经讲席,充当幕友。"便当辞师居友,聊尽所长"一语,足以显示王闿运的自我期许与游蜀心志。翌日,王闿运又在日记中留下一长段记载,更值得玩味:

> 申刻穉公招饮,……欲论治理,穉公惟谈闲事,因唯唯而罢。

---

① 王闿运《致张尚书》之二,《湘绮楼笺启》卷二,第 845 页。
② 王闿运《湘绮楼日记》,第 725 页。此函又见《湘绮楼笺启》卷一,《湘绮楼诗文集》,第 824—825 页。

此公盖与刘荫公同,其天质美,故好善;其心境狭,故少思也。闻黄耀庭亦在此,此则其所搜采者,亦不得为不求才,但不得其任耳。昔余言胡文忠能求人才而不知人才,曾文正能收人才而不用人才,左季高能访人才而不容人才。穉、荫二君,乃能知、能求而不能任。凡此皆今世所谓贤豪,乃无一得人才之用者,天下事尚有望耶!曾、胡往而刘、丁兴,他日或有流风,留天下一线之路,若刘表之在荆州,亦未为无功耳。为感诗人招禄之义,故再言讲席,亦不复辞,聊以一岁答其雅意而已。①

王闿运前一天以丁宝桢未能得人匡纠其失,遭忌受到京控,故今日有机会聚谈,很想同他"论治理",贡献自己的治蜀方略,希冀丁宝桢早日改弦更张。谁知丁宝桢仅视王闿运为师儒,不识其为"人才",只在席间作闲谈。王闿运因此有感而发,写下一大段评述。王闿运曾出入曾国藩、胡林翼军幕,屡有献替,但不为所重。如今他又将丁宝桢、刘长佑与曾、胡相提并论,视如救世英雄,由此可以窥知他不甘闲居书院而乐于投身刘、丁帐幕,亟欲赞襄戎机的原因。王闿运在三月廿一日还有一段特别的记载:

> 出答访穉公,为鲁詹求拂试。谈及夷务,云印度必为战地,英人谋出缅、藏,欲建重镇于藏内,设谋孟拉间以防边。余极称其远略,颇言信而后动之义。又言天下大事,要须六七伟人,而屈指无可当其任者。归而计之,亦未知何人可当,乃知求贤不易,用材较易也。然用材必己有才,此所以难。②

当时朝野纷纷注重东南、西北国防,丁宝桢则深以西南疆域为忧,并以慧眼提出经营西藏、设谋境外的战略规划。王闿运早在光绪

---

① 王闿运《湘绮楼日记》,第726页。
② 王闿运《湘绮楼日记》,第764页。

二年规劝新授云贵总督刘长佑从速赴任时，就已注目西南，并主动代拟折片，陈述治滇之策，"且自愿往助之"①。他在光绪四年冬天买舟西游，"初拟由蜀、秦、关、陇还，循黑水而南"②，入滇投依刘长佑，为之赞襄军政大计。因此，羁留成都、聊充讲席的王闿运，一闻丁宝桢此议，"极称其远略"，并立即为作谋划，特别考虑要如何得人以担当其任。数月之后的六月六日，王闿运偶听友人议邀湘阴张自牧来蜀，心中一动，当即燃烛作书。张自牧颇有经世才略，一直钻营于东南督抚，郁郁不得发舒其志。王闿运在书中为之剖析缘由，敦劝他舍东南而入西蜀。书中所言，颇能让人窥悉王闿运特别注目丁宝桢、刘长佑以经营西南的战略思考：

> 蜀通三藏，地界英、俄，他日蔡州，当今巩、洛，富强之计，久閟未舒。督府宏模，鄙人奇计，小用小效，大叩大鸣。思慕恢廓之风，愿商兵食之略。幸承闲退，可作峡游。秋水向平，无辞一访。纵令无补，聊作看山。若可经营，何难展布？昔陶朱无心将相，而必致千金；诸葛但食一升，而乐窥火井。人生要在发舒其意，岂以言利为讳、求官为卑乎？湘人得志东南，入蜀者率皆弩下，由吁、霞凡近，不足提倡故也。君家松公不迎玄德，则与五斗妖人同于草木，何必狃于熟路，唯识淮纲，仰望幼丹，交通崇宇，以为百步王乎？闿运既托业谈经，更无进取之理。若夫瞻言百里，远虑十年，子牟魏阙之思，仲连围城之志，非智者不可与道也。今且先谋兴利，以裕国本，奏调擢用，自在他时，亦非仅区区海关酬参赞之劳耳。书至且宜深思，以副所期。③

① 王闿运《湘绮楼日记》，第461—462页；王代功《湘绮府君年谱》卷二，第14页。

② 王闿运《致刘总督》，《湘绮楼笺启》卷一，第802页。

③ 王闿运《湘绮楼日记》，第804—805页。

　　王闿运此处对四川战略形势的评判与发展前景的预测,虽是为打动张自牧入蜀的侃侃大言,但确属纵观时局、深思熟虑后的真知灼见,是其结束石门隐居生活后纵横才略的一次集中显现。王闿运自从获知丁宝桢经营西南边防的谋略,对他更为敬仰,誉其"目营四海",虽材有不逮,而心雄志壮①。"督府宏模,鄙人奇计,小用小效,大叩大鸣"一语,既可见王闿运对其纵横之学的自负,也可见他对丁宝桢的敬重,襄赞他成就大业的心志因而更加不可遏抑。王闿运光绪十一年底还一厢情愿地表示:"稚公折节下交,非为兴学,预知英人必窥西藏,欲储幕府材耳。"②所以王闿运身在尊经书院,心却不离总督府,始终呼丁宝桢为"主人",以幕友自居。从《湘绮楼日记》可知,王闿运在主讲尊经书院期间,常以函札或面谈的方式,就川省行政、吏治、人事等问题,向丁宝桢进言献策,甚至论及丁宝桢的个人进退、奏疏草呈等机密要务。如光绪五年八月廿四日所记:"穉公来,言复诏令开机器局,当具奏,引季布言,以讥切朝政,冀以悟主。余云今之政府不足与明,徒得申饬而已,不宜上也。"③不料光绪十二年丁宝桢以劳病致卒,王闿运藉以实现其纵横奇策的志愿落空,只好呼天长叹,在哀吊丁宝桢的诔文中婉曲痛陈,从此不再入川。费行简也述及王闿运曾以经营卫藏之计进说丁宝桢,"宝桢大称善,檄黄楙才先至探道里,未及设施,竟殁。先生曰:'丁之殁,吾志之不行也。'自是不

---

① 王闿运《致陈亲家》之四,《湘绮楼笺启》卷四,第 933 页。光绪六年七八月间,中俄伊犁冲突,朝廷甚重东北边防,在野者亦有迁都避敌之说,王闿运则不以为然:"季怀言迁都彰德,结和亲,伐日本,为交夷之长策。余以中国当经略南洋,通印度,取缅甸,为自治之上策。盖中国积弱,不自他道改弦而更张之,徒议迁都,仍无益也。然此二说亦犹楚臣三策,可以皆用。"(《湘绮楼日记》,第 942 页)

② 王闿运《致李藩台》,《湘绮楼笺启》卷三,第 885 页。

③ 王闿运《湘绮楼日记》,第 827 页。

复谈大略"①。

　　王闿运聘任尊经书院主讲后,事实上一直不安于位,屡谋脱身之计。光绪五年正月十二日,"盐道遣送聘书,定尊经讲席,受而不辞,以既来不可辞也",但十天后他去拜见丁宝桢,"略言书院规制变通,使官课不得夺主讲之权,主讲亦不宜久设,仍当改成学长,学长亦随课绌取,庶免争竞也"②。王闿运关于变通书院管理的这些设想,既为尊经书院的长远发展着想,也有自己的小算盘,其中改主讲为学长的建议,就是他的一条脱身妙计。在二月二十八日写给川省友人敖金甫的信中,王闿运即诉说:"锦里之留,因兹难久。意欲得三数高足,分习三科,然后改院长为学长,不借材于异地,乃为佳耳。"③三月间,因官课事与四川布政使程豫大起龃龉,王闿运在闰三月十九日"乃送书蔡道台,辞讲席",廿一日丁宝桢来代司道谢过,廿五日蔡道台再致聘书,王闿运廿七日"再退关聘去",丁宝桢当日亲来慰留,风波始息④。后来,王闿运虽因施教有成,一度有留蜀乃至迎眷的想法⑤,但不久又大作去计。九月廿一日,王闿运特意致书居留京城的张之洞,述说自己违背初衷,勉主讲席,竟遭排挤,"名轻学浅,果见推排,势不可已,与相搪突。幸诸生相谅,因爱忘憎,荏苒经年,吁其危

---

① 费行简《近代名人小传》,第 23 页。

② 王闿运《湘绮楼日记》,第 729、732 页。

③ 王闿运《致敖郎中》,《湘绮楼笺启》卷一,第 800 页。

④ 关于此次官课事件及王闿运请辞讲席风波,详见《湘绮楼日记》光绪五年三月十九、廿一、廿三、廿四日,及闰三月十八、十九、廿一、廿四、廿五、廿七日,第 763、765—766、774—778 页。王闿运后于九月致张之洞函中,所说"贸然入院,名轻学浅,果见推排,势不可已,与相搪突"(《湘绮楼笺启》卷二,第 845 页),即指此事。

⑤ 光绪五年九月八日乡试揭榜,尊经书院取中二十多人,王闿运翌日高兴地在日记中记"余既喜教之可行,遂有留蜀之志",隔一天又说"颇有迎眷之意"(《湘绮楼日记》,第 832 页)。

矣。离家既远，舍己芸人，又复翩然志于出峡"，然后说：

> 窃念仁兄当始终其事，以副初心。魏阙虽荣，名山亦乐，何必远期尚、侍，坐度年华？且名实虽隆，真传未显，駸駸日老，逐逐仍劳。似宜暂去承明，来游石室，五年之后，声学俱成，重入修门，未为晚也。高材难得，虚誉无凭。以今日之地望，当无敢为君劝学者，非闿运不能发此言，其以为贾生耶？汲黯耶？计领嫂双飞，懿亲欢聚，生徒喜慰，自远然輳。此间岁奉三千，差厚于监钱六百。亦使闿运得藉依声价，相与切磋，是所愿也，非敢望也。委曲已略告竹筼编修，余意更令诸生面启。先此致恳，伏希深察。……蜀士英妙，傥守而教之，定轶卿、云，开山之功，不减五丁。闿运实缘湘中有切己之事，未能久驻，明春水满，必戒归舟。①

王闿运苦口婆心，想劝张之洞辞去京中闲差，回蜀重理尊经院事，既可造育蜀中英材，也能成就一己声名，"声学俱成，重入修门"。这实是一条以退为进、通过潜修而获致高位的终南捷径②。当然，王闿运此处名义上是为人谋，事实上却是为己谋，急于从尊经书院脱身的心理昭然如揭。他所谓的"湘中有切己之事"，其实是想返湘出长校经书院，为本省作育人才，振兴湖湘经学。"舍己芸人"一语，既可见他浓厚的地域观念，也可见他以振兴湘学自任的古道热肠。十月七日王闿运写给湘中亲友的两封信中，即十分明白地说：

---

① 王闿运《致张尚书》之二，《湘绮楼笺启》卷二，第845—846页。据函中内容，当作于光绪五年，又《湘绮楼日记》光绪五年九月廿一日有"致孝达书"，故可判定写作日期。

② 从四川学政任满回京的张之洞，似乎并没有认真考虑这位纵横奇士的妙计，光绪六年晋升翰林院侍讲后一路升迁，继于七年十一月授任山西巡抚，从此成为声名显赫的洋务大员。

循诵复书,慨然有志于本朝经学之编,闿运旧亦闻绪论,而以为知言矣。但经书须有师承,自通志堂之集为世所訾,阮集出而变本以加厉,矫枉而过直。今欲求诸老生能发明师说之书,杳不可觏。……闿运将俟弟子有特达者,各治一经,皆以集解体为之,非十年不能办。孤身在蜀,舍己芸人,又无此心绪,田光所为发慨于销亡也。吾湘校经堂生或能及此,故欲辞归,为识途之马。……昨与丁公言:天地闭,贤人隐;圣人作,万物睹。圣则吾不能,贤则未敢自谢。当今之时,非独总督非隐,主讲亦岂可为隐?归与归与,老糠可然,不必吹藜。今年若不成行,明春定当还里。比日武闱事忙,尚未与主人相见,明年关聘已缓之矣。①

讲席非可久居,一日不胜其劳,仅可一年,留去思而去之,上之上者也。丁公处尚未辞。昨司道来,问关书,随人云方大人携入京矣。有其主必有其仆,故是一段佳话,与皞、笛共赏之。今岁院生高第者二十六人,皆为二景所搜而去,颇有空群之叹。尚有十余人,未施檃括,奈思归甚切,又有校经之志,恐不能留。②

王闿运一直自视为救世的贤才,他的"出山入川之计"本是施展纵横才略,但入幕不成,聊充讲席,因而慨叹丁宝桢于人才"能知、能求而不能任",只好在他面前屡作退隐谈,不愿碌碌居蜀,而急于返乡施教,振兴湘中经学③。事实上,他从光绪五年执教尊经书院后,几乎年年"思归甚切",屡作归计,最终在光绪十二年辞归湘中,并且痛言:"闿运赞幕无功,诲人复倦。今春归里,稚帅亦殂,从此挽辂金门,

① 王闿运《致彭亲家》,《湘绮楼笺启》卷二,第 855—856 页。另见《湘绮楼日记》,第 839—840 页。
② 王闿运《湘绮楼日记》,第 840 页。
③ 王闿运另在光绪六年冬致周寿昌函中,表达同样的心愿:"闿运今春甫还,因留度腊,明秋便当还湘。缘湘中经席殊不得人,欲还更张,不然反为俗派也。"(《湘绮楼笺启》卷一,第 836 页)

买庐海畔,浮沉之计,薄弱所宜。"①

　　费行简曾提出,王闿运因以奇策游说胡林翼、曾国藩而未果,"知事成之由命,毁誉之无真,乃退息无复用世之志,唯出所学以开教授。丁宝桢钦其贤,延为成都尊经书院院长"②。此说广泛流传,甚至《清代学人列传》《清史稿》也加以采信。王闿运本人则在同治三年(1864)北游空劳往返后,写下传颂一时的《思归引并序》,隐归衡阳石门山中,"绝不与世事相闻"③,一意读书、著述,兼课子女自娱。因此,后人往往承袭费行简之说,以为王闿运应聘尊经书院真是专心于讲学育才。殊不知,王闿运光绪四年所定"出山入川之计",绝非应聘尊经书院讲席,其志向原本是游幕,以图再展"纵横奇士"的才略,扶助丁宝桢、刘长佑在西南一隅成就一番霸业。他在光绪七年一封书信中自陈:"自来曾、胡、左、丁、肃、潘、阎、李诸公,相知者多,其或有许其经济者,从无赏其纵横。尝有自挽联云:'《春秋表》仅传,正有佳儿学《诗》《礼》;纵横志不就,空留高咏满江山。'盖其自负别有在也。"④所谓"纵横志不就"的豪情与悲苦,正是他对自己蜀游生涯的最好写照。

三、廖平"厌弃破碎,专事求大义"之真相

　　廖平于光绪二年丙子(1876)进入尊经书院肄业,为学与思想接连发生显著变化。他本人曾追述说:

---

① 王闿运《致张总督》,《湘绮楼笺启》卷三,第 890 页。
② 费行简《近代名人小传》,第 21 页。
③ 王闿运《致左中堂》,《湘绮楼笺启》卷一,第 815 页。
④ 王闿运《与李提督》,《湘绮楼笺启》卷二,第 863 页。据自挽联上半句,可知此信作于光绪七年秋间,应在《春秋例表》初成、王代丰未殒之际。

予幼笃好宋五子书、八家文。丙子,从事训诂、文字之学,用功甚勤,博览考据诸书。冬闲偶读唐宋人文,不觉嫌其空滑无实,不如训诂书字字有意。盖聪明心思于此一变矣。庚辰以后,厌弃破碎,专事求大义,以视考据诸书,则又以为糟粕而无精华,枝叶而非根本。取《庄子》《管》《列》《墨》读之,则乃喜其义实。是心思聪明至此又一变矣。①

研究者大多以此为据,评析廖平经学初变以前数年间治学与思想的变化。关于从笃嗜“唐宋人文”、用心宋学,到“博览考据诸书”、转治汉学的转变,廖平也有回忆:

丙子科试时,未见《说文》,正场题“狂”字。余文用“狾犬”之义,得弟一,乃购《说文》读之。逾四五日覆试,题“不以文害辞”,注云“文作《说文》之文解”。乃�摭拾《说文》《诗》句为之,大蒙矜赏,牌调尊经书院。文不足言,特由此得专心古学,其功有不可没者。②

廖平因应试偶用《说文》而大获学政张之洞赏识,由此得以调入尊经书院,“专心古学”,开始究心文字、训诂之业。廖平“聪明心思”的第一变及其变因,恰如其自陈,殆无疑义。备受关注的是廖平“心思聪明”的“又一变”。关于此次转变的契机、内容及对廖平日后学术生涯的影响等,学界屡有论及,但仍有必要重加探讨。

黄开国对廖平早年学思演变作过详尽研究,发表过《廖平经学第

① 廖平、吴之英《经学初程》,成都存古书局,1914年,第12页。此段文字,研究者大多转引自廖幼平《廖季平年谱》,但与《经学初程》原文比勘,文字有异。
② 廖平《经话甲编》卷一,李耀仙主编《廖平选集》上册,第449—450页。文中“乃摭拾《说文》《诗》句为之”,《廖季平年谱》引作“乃摭拾《说文》,诗句为之”,查检廖平文中屡引《诗经》,该文亦非以诗句作成,可知《廖季平年谱》点校有误,但迄今仍有不少研究者沿袭其讹。

一变的思想准备》(1985)、《王闿运与廖平的经学——清代今文经学发展的重要一环》(1989)、《廖平经学六变的变因》(1989)、《廖平早年思想变化及其对经学六变的意义》(1993)等论文,《廖平评传》(1993)第一章第二、三节也集中讨论此问题,关于廖平早年思想第二次转变的要点有二:其一,廖平从博览考据转为专求大义的契机与变因来自王闿运。他始终认为,"治《公羊春秋》,喜言公羊微言大义"的王闿运来主尊经讲席,引起书院学风大变,"这个变化反映在廖平身上,是从博览考据转入专求大义。1879 年,廖平经常向王闿运请教到深夜。在王的影响下,他开始钻研《公羊春秋》"①。他还非常明确地指出:"王闿运执教后,廖平勤于请业。他在老师的今文经学影响下,感到名物训诂的破碎,遂改而信从专讲微言大义的今文经学,《经学初程》说:'庚辰以后,厌弃破碎……。'从此,廖平的经学就沿着今文经学的方向发展了。"②其二,廖平此次思想转变的实质,是否定文字训诂的汉学,接受今文经学,探寻微言大义。对廖平所谓"厌弃破碎,专事求大义"云云,他作如下诠释:"廖平又受公羊学者王闿运之教,感到文字训诂只是经学的枝叶和糟粕,今文经学讲的微言大义才是经学的根本和精华,转而笃信今文经学,从而又深入地研讨了汉代的今文经学。"③黄开国进而提出,廖平在厌弃考据后,有一个"专求大义的时期",其思想"以探索《春秋》的微言大义为主"④。持论大体相同的还有不少人,如徐仁甫说:"廖平之变,与王壬秋有关。

① 黄开国《廖平经学第一变的思想准备》,《重庆师院学报》1985 年第 3 期。
② 黄开国《王闿运与廖平的经学——清代今文经学发展的重要一环》,《船山学报》1989 年第 2 期。
③ 黄开国《廖平经学六变的变因》,《中国哲学史研究》1989 年第 2 期。
④ 黄开国《廖平经学第一变的思想准备》,《重庆师院学报》1985 年第 3 期。按,关于廖平"探求大义"时期的具体起止年代,黄开国各处所说不同。

王、廖师弟,皆今文学家。他们厌弃名物训诂,专求大义微言。"①陈其泰认为,廖平"专事求大义"后阐发今文经学是受老师王闿运的影响,并论证说:"王闿运来蜀前一年,刚刚完成《公羊春秋笺》初稿,以后又在光绪九年、十年从事改定工作。故在主讲书院期间,《春秋公羊传》正是他头脑中的兴奋点。这就直接影响了廖平。据年谱记载,是时廖平与好友张祥龄均有志于《公羊春秋》,常就王闿运请业,每至深夜。"②陈文豪也根据同样的资料,得出相同结论③。此外,赵伯雄论及廖平时,也说王闿运在尊经书院提倡今文经学,使廖平思想发生变化,"廖平自述'庚辰以后,厌弃破碎,专事求大义',就是向今文经学的方向转化。此后他的思想虽然屡有变化,但基本上没有超越今文经学的范围"④。

　　然而揆诸史实,经学上兼采今、古的王闿运,在入川之前并未专门研治《公羊》微言大义之学,主讲尊经书院期间也没有专以今文经学诱启院生。所以,廖平因王闿运入主尊经讲席而厌弃考据、转而专求大义并走向今文经学的说法,实在不足凭信。

　　首先,证据虚空。

　　检视研究者所持证据,不过是《廖季平年谱》光绪五年条下所言二事:一是根据《湘绮楼日记》,谓"是时先生与张祥龄均有志于《公羊春秋》。先生初见王闿运,王询知有志习《春秋》";二是"三月一日,与张祥龄迁入内院,常就王闿运请业,每至深夜"⑤。查《湘绮楼日记》光绪五年二月十七日记载:"廖生登庭来,久坐,有志习《公羊

① 徐仁甫《廖季平经学思想的衍化》,《四川文史资料选辑》第35辑。
② 陈其泰《清代公羊学》,东方出版社,1997年,第273页。
③ 陈文豪《廖平经学思想研究》,台北文津出版社,1995年,第19页。
④ 赵伯雄《春秋学史》,山东教育出版社,2004年,第740页。
⑤ 廖幼平《廖季平年谱》,第20—21页。

春秋》，然拙于言，未知其学何如。"①王闿运此时虽已受聘任职，尚未入院施教，而廖平第一次来见即表示"有志习《公羊春秋》"，则他对《公羊春秋》的兴趣有可能是蓄志已久，无疑与王闿运入主尊经书院没有直接关系。也有可能廖平一时心血来潮，想引起王闿运的重视，但他"拙于言"，虽久坐而王闿运"未知其学何如"，当然也无法就研习《公羊春秋》一事给予任何具体指导。《廖季平年谱》记载他第二年起专治《穀梁春秋》，直到光绪十年始以余力撰成《公羊何氏解诂十论》，可见王、廖的第一次见面对于廖平走向今文经学的影响，实在难以确定。《湘绮楼日记》三月三日又说："张、廖二生于朔日已移入内院，同话诗文，至亥正散。"②《廖季平年谱》三月一日条下所云迁入内院及请业至夜深，与王闿运此条日记正相契合，"至亥正散"自属深夜，但师生所谈并非今文之学或《公羊》大义，而是"同话诗文"。有论者竟把《廖季平年谱》所载请业至深夜，转述成廖平"常就王闿运问《公羊》义，每至夜深"③，实属凿空。可见，研究者援引《廖季平年谱》所载两事，推证廖平"厌弃破碎，专事求大义"的契机发自王闿运入主尊经讲席，证据虚空，不足以立说④。另《湘绮楼日记》光绪五年三月二十三日写道："终日为诸生讲说，多发明《公羊春秋》之义例。张生子绂、廖生旭陔皆有志于《春秋》。子绂云欲移入院，并要张生监

① 王闿运《湘绮楼日记》，第 747 页。
② 王闿运《湘绮楼日记》，第 756 页。
③ 钟肇鹏《廖平》，张立文、蒙默编《中国近代著名哲学家评传》，齐鲁书社，1982年，第 409 页。陈其泰书中有相同的说法。
④ 黄开国除援引《廖季平年谱》所载两事外，另据同年八月廖平以优贡试文出质王闿运，被许为"文有师法"，评析说："讲求师法，是今文经学的原则，可见，廖平的专求大义在 1879 年已启端倪。"(《廖平评传》，百花洲文艺出版社，1993 年，第 30 页)诗文的师法或家数，与经学研究中的师法、家法并非一回事。王闿运虽教导门下士子作诗文应有"师法"，但此处所评廖平应试文"有师法"，绝非今文师法。

苏同来。此邦人欣欣向学,可喜也。"①这条记载似较前述两条更能说明王闿运在尊经书院宣讲《公羊》之学,却未见研究者引用。但细究王闿运所发明的"《公羊春秋》之义例",多指《公羊传》中的书法条例,与何休以来的"非常异义可怪之论"不是一回事,虽间及"张三世"之说,却很少发挥"通三统""素王改制"等微言大义,与常州公羊学派不可相提并论。

其次,错解原意。

对于廖平所说"庚辰以后,厌弃破碎",研究者大多解读成廖平从1880年开始厌弃文字训诂之学,批判乃至否定汉学考据,但事实是否如此呢?根据《廖季平年谱》等资料,廖平庚辰(1880)以后有以下数事值得注意:

1881年,作《释字小笺》,讨论《说文》虚字问题,"尽取《说文》虚字而求其本义,均作实字解,将近二三百字",后来还准备将其补缀成书,一为《六书说》,二为《四书分类》,三为《绪论》②。廖平又应尊经院课,"考酒齐所用,题最繁难,精思旬日,大得条理",王闿运阅卷后大加称赏,"以为勾心斗角,考出祭主仪节,足补《礼经》之阙";同时著成《转注说》,"旬月专精,五花八门,头头是道"③。

1881至1882年,"与华阳赵浚(孔昭)以小学相切磋"④。

1885年,为同学范熔《篆书说文》作跋⑤。

1886年,就《转注假借考》补成《六书旧义》一卷,与清儒成说人

---

① 王闿运《湘绮楼日记》,第751页。
② 廖幼平《廖季平年谱》,第23—24页。
③ 廖平《经话甲编》卷二,《廖平选集》上册,第474页。《廖季平年谱》载是年"冬著《转注假借考》",又《六书旧义》自序称"辛巳冬,作《转注假借考》",廖平所言应为一书,但名称有异。
④ 廖幼平《廖季平年谱》,第24页。
⑤ 廖幼平《廖季平年谱》,第32页。

异，两年后由尊经书局刊行。

《六书旧义》是廖平入读尊经书院以来研治小学的总结性著作。他在自序中回忆治《说文》的历程："予丙子为《说文》之学者数月，后遂泛滥无专功。辛巳冬，作《转注假借考》，颇与时论不同。丙戌春间，乃知形、事之分，援因旧藁，补为此编。"①显然，廖平虽称"庚辰以后，厌弃破碎"，但从 1881 年至 1886 年，他自 1876 以来一直大力从事的文字训诂和汉学考据之业，不仅没有中断，相反日益有成。

至于廖平对小学、训诂的批评，实际起始于 1883 年。他在会试后赴太原谒见张之洞，张之洞以"风疾马良"相诫，并以研治小学相勖，他意不苟同，"欲作《语上篇》，以矫时流株守小学之弊"②。廖平编撰《经话甲篇》时，存录同窗好友张祥龄责斥小学末流的一段话，指责"末流之弊，小学未通，年已衰晚，叩其经义，茫乎未闻"，并加注说："此为株守小学者发，切中时弊，故取之。癸丑在晋阳，欲作《语上篇》以矫其弊，匆匆未暇。此编所言，颇多曩旨。"③考察廖平 1881 至 1886 年间的小学研究，再寻绎"叩其经义，茫乎未闻"的沉痛之言，可知廖平斥责的"破碎支离，最为大害"，原是鉴于考据末流毕生株守小学、未能发明经义以归实用的弊端，要求以小学之功钻研经书义蕴，并非否定汉学考据。廖平 1886 年编撰《经学初程》指示治学途径时，相当重视小学，强调"夫治经之道，不能离声音、训诂。学虽二名，实本一事"，并盛赞《说文》"为古学之渊海，最为有用，其有功古学，不在贾、马之下"④。1896 年编撰《经话甲篇》，他仍告诫士子说："不通

音训,罔识古义,非也。"①在《知圣篇》中,廖平指责"近贤声训之学,迂曲不适用,究其所得,一知半解,无济实用,远不及西人之语言文字可俾实效。……如段氏《说文》、王氏《经传释辞》《经义述闻》,即使全通其说,不过资谈柄,绣鞶帨,与帖括之墨调滥套,实为鲁、卫之政,语之政事、经济,仍属茫昧",完全是从学以致用的角度立说,并非否定小学,因此同时声明:"非禁人治训诂文字,特不可淊没终身耳。"②廖平主张初学者对待小学、经学,应该是:"小学既通,则当习经。盖小学为经学梯航,自来治经家未有不通小学者,但声音、训诂,亦非旦夕可以毕功,若沉浸于中,则终身以小道自域,殊嫌狭隘。故经学自小学始,不当以小学止也。"③视文字训诂、名物考订为通经之具,借以探索、发明经书大义,以求通经可以致用。因此,若不明悉廖平此说,就会误解"厌弃破碎,专事求大义"的本意。

第三,违背史实。

对于廖平所谓的"专事求大义",论者认为他在1880年以后数年间,专门探索《春秋》微言大义。然而细加考究,事实并非如此。廖平自述"庚辰以后,厌弃破碎,专事求大义,以视考据诸书,则又以为糟粕而无精华,枝叶而非根本。取《庄子》《管》《列》《墨》读之,则乃喜其义实",可知他因考据书中缺乏精深之义,遂弃置不再殚精研读,但取而代之的并非蕴含微言大义的今文经典,而是诸子之书。从"喜其义实"一语,也可窥知廖平此时接受"非常异义可怪之论"的可能性不大。就当时的情形,廖平厌弃破碎、探求大义,是察觉到沉迷于小学、训诂的弊病,"终身以小道自域,殊嫌狭隘",因而跳出琐碎的名物考订,着力探索经典中蕴含的书例、义理或整体上的大义要旨,舍枝

---

① 廖平《经话甲编》卷一,《廖平选集》上册,第400页。
② 廖平《知圣篇》,《廖平选集》上册,第208页。
③ 廖平、吴之英《经学初程》,第4页。

叶而图其根本,弃糟粕而撷其精华,寻求"大道",由先前的学而少思变为深思会悟。这是廖平治学进入新境的开始,因此自称"心思聪明至此又一变"。"心思聪明"一语,正可见此次转变的实质是指治学精神与方法。《经学初程》原文在叙述"心思聪明至此又一变矣"之后,紧接着说:"初学看考据书,当以自验。倘未变移性情,其功犹甚浅也。"①这句话未被《廖季平年谱》转引,也未见有研究者引用,其实对于正确理解廖平叙述早年学思两变极为关键。将廖平所述作为一个整体来看,他此处陈述自己读书治学的变化和进步,乃是现身说法,启示学子应由小学入手治经,但不能终止于琐碎考据,应进而"变移性情",寻求大道。

考察廖平1880年以后的治学实践,可见他治经喜欢推寻条例、解证大义,以及先撰诸经凡例,再作经书研究。这些正是廖平"专事求大义"的具体表现。1881年他始注《榖梁传》,即从其遗说中"间就《传》例推比解之",1883年在赴京应试的舟车劳顿中,"冥心潜索,得素王、二伯诸大义"②。1884年他又提出"今者三传之学,唯求内理,不骛旁攻"③,强调《春秋》三传研究重在寻求各自的"内理",以求其会通,不能纠缠于枝叶细节而彼此攻击,当年所成《起起榖梁废疾》《释范》,正是通过"条例"何、郑、范三家之说,各加纠匡。1885年编定的《榖梁春秋内外编目录》中,就有《榖梁大义考证》《榖梁传例疏证》两种。1884至1886年间相继完成的《何氏公羊解诂三十论》,同样不专执于何休注解的繁文碎义,而是高屋建瓴,总括大纲,论述《公羊》学要义大旨,如"主素王不王鲁论""曲存时事论"

① 廖平、吴之英《经学初程》,第12页。
② 廖平《重订榖梁春秋经传古义疏自叙》,《榖梁古义疏》,中华书局,2012年,第5页。
③ 廖平《起起榖梁废疾序》,《廖平选集》下册,第90页。

"《王制》为《春秋》旧礼传论"等，均属精深之论。最为突出的事例，是他忽略经传文字少数细节性的差异，从《穀梁》《王制》的研读中，寻出"古与古同，今与今同"的规律，对数千年纠纷难解的今、古文经学，从礼制上加以判分。《今古学考》曾追述他因探求大义而豁然开悟的情形：

> 乙酉春，将《王制》分经传写钞，欲作《义证》，时不过引《穀梁》传文以相应证耳。偶抄《异义》今古学异同表，初以为十四博士必相参杂。乃古与古同，今与今同，虽小有不合，非其巨纲，然后恍然悟博士同为一家，古学又别为一家也。遍考诸书，历历不爽，始定今、古异同之论。久之，悟孔子作《春秋》、定《王制》为晚年说，弟子多主此义，推以遍说群经。汉初博士皆弟子之支派，故同主《王制》立说。乃定《王制》为今学之祖，立表说以明之。①

所谓"虽小有不合，非其巨纲，然后恍然悟博士同为一家，古学又别为一家"，就是舍弃枝叶，寻获今、古异制的根本所在，再执之"推以遍说群经"，使纷乱纠杂的今、古两家从此门户了然可睹。在《知圣篇》中，廖平还自述由训诂、考订转而探求经书纲要的觉悟过程：

> 阮刻《学海堂经解》，多嘉道以前之书，篇目虽重，精华甚少。一字之说，盈篇累牍；一句之义，众说纷纭。盖上半无经学，皆不急之考订；下半亦非经学，皆《经籍籑诂》之子孙。凡事有末有本。典章流别，本也；形声字体，末也。诸书循末忘本，纤细破碎，牛毛茧丝，棘猴楮叶，皆为小巧。……盖尝蹈没其中十数年，身受其困，备知其甘苦利害，以为此皆不急之辨、无用之学，故决然舍去，别求所以安身立命之术。积久而得《王制》，握纲领，考

---

① 廖平《今古学考》，《廖平选集》上册，第92—93页。

源流,无不迎刃而解,以之读群经,乃知康庄大道,都会名区,绝
无足音。……盖得其要领,则枝节自明,且悟其旨归,文字可以
出入。苟循枝委,则治丝而棼。予深入网罗,幸而佚出,举覆败
以为后来告,愿不似余之再入迷人也。①

此篇成稿于光绪十四年(1888),廖平所谓"尝蹈没其中十数
年",并特别指责《清经解》,正是对受张之洞影响嗜治文字、训诂以
来治学经历的反省。

论者还以为,廖平在"专求大义"时期通过先后研究《穀梁》《公
羊》,找到了借助发挥微言大义以建立其理论的今文经学形式,形成
以"素王改制"说为核心的尊孔崇经观念,因此"对廖平后来的经学
发展起着决定基本方向的作用"②。但事实是,廖平在经学一变之
前,无论研讨《穀梁》《公羊》,还是评析何休《公羊解诂》,虽一再论及
今文微言大义之学,甚至推证过"素王改制"之说,但其主观目的并非
宣扬公羊学的微言大义(《何氏公羊解诂三十论》还一再驳斥何休以
来的"非常异义可怪之论"),而是企图通过对古说遗义的探寻,找到
判分今、古家法的客观依据。他这一时期经学研究中最引人瞩目的
成果,是从《穀梁》《王制》与《五经异义》的比对中,发现"古与古同,
今与今同"的奥秘,再执以遍考群经,确立以《王制》统今学、以《周
礼》统古学的平分今、古之论。此外,廖平此时虽有"素王"诸论,但
实无尊今黜古的观念,直到经学二变才提出尊今抑古之说。因此,即
便承认廖平"专求大义"时期的思想以探索《春秋》微言大义为主,也
不能将他这一时期探索微言大义的行为,与他经学二变时期及其以
后利用这些微言大义宣扬尊今抑古、尊孔崇经同日而语。廖平经学

① 廖平《知圣篇》,《廖平选集》上册,第208—209页。
② 黄开国《廖平早年思想变化及其对经学六变的意义》,《天府新论》1993年第
　5期。

一变、二变时期的经学立场迥异,他本人对此有过清楚的说明,如《知圣续编自序》称"初用东汉旧法,作《今古学考》"①,《四益馆经学四变记自序》说:"初以《王制》《周礼》同治中国,分周、孔同异,袭用东汉法也。继以《周礼》与《王制》不两立,归狱歆、莽,用西汉法。"②既然廖平经学一变所用为"东汉旧法",直到经学二变才用"西汉法",那么他在所谓"专事求大义"时期的经学立场和治学方法,已是不言自喻。研究者指称廖平1880年就由汉学考据转向今文经学或公羊之学,显然与史实有违。

还应指出的是,廖平庚辰以后渐弃破碎之学,"专事求大义",由此进入一个新的学思境界,其实是他早年以来不喜记诵、独擅悟思的回返与发展。他回忆:"予素无记性,幼读五经未终,而皆不能记诵。每读生书,必以己意串讲一过,然后能记。……故予后专从思字用功,不以记诵为事。心既通其理,则文字皆可弃。"③通解其理意而文字皆可弃,与"厌弃破碎,专事求大义"正如出一辙。廖平日后还将此法教给尊经院生,《经学初程》开篇即指出:

> 经学须耐烦苦思,方能有得。若资性华而不实,脆而不坚,则但能略窥门户,不能深入妙境。④

> 经学要有内心,看考据书,一见能解,非解人也。必须沉静思索,推比考订,自然心中贯通。若徒口头记诵,道听涂说,小遇盘错,即便败绩。惟心知其意,则百变不穷。前人云读书贵沉思,不贵敏悟,信哉!⑤

---

① 廖平《知圣续篇自序》,《廖平选集》上册,第224页。
② 廖平《四益馆经学四变记自序》,《廖平选集》上册,第545页。
③ 廖幼平《廖季平年谱》,第7页。
④ 廖平、吴之英《经学初程》,第1页。
⑤ 廖平、吴之英《经学初程》,第1页。

　　廖平赞同前贤所说读书贵沉思而不贵敏悟,正可见他教人学思并重,由学致思,才能登堂入室,渐臻妙境。《经话甲编》卷一开篇所立治经规条,第一条"戒不得本原,务循支派",也是这种主张。他说:

> 　　凡经皆有大纲巨领,为其本根,而后支流余裔,因缘而生。立说须得大主脑,探骊得珠,以下迎刃而解。如不得要领,纵极寻枝节,终归无用。今之治经者,多沿细碎,不寻根原,所以破碎支离,少所成就。①

　　舍枝叶而取其本原,略琐碎而寻其纲领,廖平治经大有所成后总结的经验之谈,实是"厌弃破碎,专事求大义"的最佳注解。

　　综上所述,廖平所说"厌弃破碎,专事求大义",并非治学对象、经学立场的转移,如研究者所谓从古文经学转向今文经学,而是他学力日进后为学精神、治学方法的提升。他不再沉潜于经书中具体、细碎的名物考订②,由先前"泛滥于声音、训诂"的勤学③,变成"专事求大义"的重思④,通过苦思冥索,每多创获神解。而廖平治学在庚辰以后得入新境,既要归功于他对专治小学、训诂弊端的自我反省,也是他求学以来不喜记诵、长于悟思的个体特性自然发展的结果,与初到尊经书院的王闿运实无直接关系。不过有趣的是,廖平这一变化,在

---

① 廖平《经话甲编》卷一,《廖平选集》上册,第 399 页。
② 蒙文通《廖季平先生传》论及廖平研治小学诸事,认为他初嗜小学,"及既沉浸经术,专通大义,遂不乐为名物训诂之事","盖既识其大者,遂不复措意其小者"(《经学抉原》,上海人民出版社,2006 年,第 196 页)。
③ 柏毓东《六变记》,《廖平选集》上册,第 618 页。
④ 据说王闿运对于廖平,"初訾其深思而不好学,已而曰'博通《公》《穀》,交阐义旨,吾不如廖平也。'"(王森然《近代二十家评传》,杏岩书屋,1934 年,第 69 页)

时间上与王闿运入主尊经书院恰好合拍①，后人遂将二者牵扯到一起，误以为王闿运在尊经书院宣讲今文经学而直接促成廖平厌弃考据、改习今文。

① 李伏伽、廖幼平在《廖平先生简介》中，描述廖平入尊经书院后的学术变化说："开始时，从事文字、训诂之学……但是两年之后，就厌弃文字、训诂之学，以为小学不过是经学的梯航，治经须通小学，但若终身沉浸于其中，就没有多大意义了。于是转而致力于《穀梁》。恰在这时候，湘潭王闿运来川主持尊经讲席。"揆其文意，似以为廖平此变及转治《穀梁》与王闿运来主讲席没有直接关系，仅在时间上有巧合而已。可惜的是，文后紧带有一句"王是治《公羊》的，故先生治经亦谨守今文家法"（《四川文史资料选辑》第35辑），可见仍然受到王、廖之间有今文经学传承的成说影响。

皮锡瑞前期经学遗稿
《易林证文》述评

皮锡瑞（1850—1908）字鹿门，湖南善化人（今属长沙市区），曾自署所居曰"师伏堂"，后学尊称"师伏先生"。他在同治十二年（1873）膺选拔贡，光绪八年（1882）举顺天乡试，后来四次参加会试均名落孙山，于是绝意功名仕进，以讲学、著述终老。皮锡瑞一生以经学擅名，精究《尚书》，兼攻郑学，晚贯群经，著述众多，尤以《尚书大传疏证》《今文尚书考证》《孝经郑注疏》《郑志疏证》《驳五经异义疏证》《经学历史》《经学通论》《王制笺》等力作，赢得后世景仰，被杨树达誉为"经师人师"。学界对皮锡瑞经学成就的关注，集中在《尚书》学、《春秋》学和郑学三个领域①，对他初始治经的情况所知甚少。以下就皮锡瑞遗世的经学稿本《易林证文》略作述介，从中一窥他前期治经的成绩与特色。

一、《易林证文》的成稿问题

《易林证文》是皮锡瑞生前未及刊行的稿本之一。皮锡瑞之孙皮名振撰《皮鹿门先生著述总目》，在"未刊及已佚遗稿"类下，列有

① 潘斌《皮锡瑞经学研究综述》，《古籍整理研究学刊》2012年第5期；吴仰湘：《皮锡瑞的经学成就与经学思想》，湖南大学出版社，2012年，第1—18页。

"《易林证文》一卷,光绪二十六年庚子作"①。皮名振又在《皮鹿门年谱》光绪二十六年庚子条下说:"二月,治《易》,疏《焦氏易林》,《证文》粗成,送王阁学益吾校阅,今存手抄疏义一卷。"②据此,似乎皮锡瑞庚子年所撰《易林证文》只是初稿,仅有一卷存世。然而,翻检皮锡瑞的日记,庚子年二月并无撰作《易林证文》及送王先谦校阅的记载,仅廿七日有云:"祭酒以《焦氏易林》底稿送来,属撰成书,其中采予说多条,而予所撰二卷未见。予底稿已无有,仅一卷耳,当再询之。"③皮名振关于《易林证文》的说法,应与此条日记有关,尤其"《易林证文》一卷""今存手抄疏义一卷",显然源自"予底稿仅一卷"。但是,此条日记所说"《焦氏易林》底稿"并非皮锡瑞所作,因为根据下文"其中采予说多条",此底稿明显出自王先谦之手,稿中多处采纳皮锡瑞之说;"予所撰二卷未见"则表明,皮锡瑞另有关于《易林》的书稿二卷,王先谦所采皮锡瑞之说实源自此二卷书稿。王先谦之所以将其底稿送交皮锡瑞,原是"属撰成书",希望皮锡瑞在二人已有基础上,撰成疏证《焦氏易林》的专书④。但王先谦未将皮锡瑞原稿一并送来,而皮锡瑞手中仅有一卷底稿,因此说"当再询之",拟向王先谦索回书稿,推想已准备着手续撰。过了四天,皮锡瑞又在日记中写道:"回祭酒信。祭酒随着人送前稿二本来,略阅之,见所解已详,今即加功,恐亦不能多有增入。回忆十余年事,予所学无

---

① 皮名振《皮鹿门先生传略》,《皮鹿门年谱》,商务印书馆,1939 年,第 9 页。

② 皮名振《皮鹿门年谱》,第 75 页。

③ 皮锡瑞著、吴仰湘点校《皮锡瑞日记》,中华书局,2020 年,第 888 页。

④ 皮锡瑞己亥年八月初二日记载:"祭酒来拜,……谈及前作《焦氏易林疏证》,《易》一经予不敢自信,必欲穿凿,无不可也。"(《皮锡瑞日记》,第 828 页)此条日记应与庚子年二月廿七日的记载对读,从中可知王先谦确实撰有《焦氏易林疏证》底稿,可补其自撰年谱的阙略,皮锡瑞则经过王先谦一再鼓动,确有疏证《焦氏易林》穿凿成书的念头。

大进境,真可愧心,亦由迫于饥寒、纷于忧患之故也。"①王先谦派人送来的"前稿二本",即皮锡瑞前数日所谓"予所撰二卷",与他手中仅存一卷的底稿并非一书,当然不是皮名振所说"今存手抄疏义一卷"。皮锡瑞将此前稿略加翻阅,自感胜义已尽,同时感慨十余年间学无进境,决定不再续撰,可见皮锡瑞庚子年并未实际从事与《焦氏易林》相关的著述活动,《易林证文》应是庚子之前"十余年"的旧稿。

所幸《易林证文》书稿仍存留人间。执教于湖南师范学院的杨树达,在 1950 年 1 月 25 日的日记中留下一条记载:"在图书馆见皮鹿门先生未刊稿《易林证文》二册,多用虞翻逸象为说。"②2012 年,湖南师范大学图书馆因申报《国家珍贵古籍名录》,从馆藏中检出《易林证文》稿本,李鹏连随即撰文加以述介③。《易林证文》手稿分装两册,实际内容也分为两卷,从"乾之第一"至"离之第三十"为卷上,从"咸之第三十一"至"未济之第六十四"为卷下,均与皮锡瑞庚子年日记所说二本、二卷相符。最有价值的是,《易林证文》书稿前有一篇短序,末署"庚寅立秋日锡瑞自记",可知该稿成书最迟应在光绪十六年(1890),与皮锡瑞庚子年日记所说"十余年"正好相合。

在现存的皮锡瑞著述中,最早者为《师伏堂经说》稿本(1884 年前后完成),次即《易林证文》。这两种著述可为今天研究皮锡瑞前期经学提供宝贵材料,现已整理收入《皮锡瑞全集》中④。

---

① 皮锡瑞著、吴仰湘点校《皮锡瑞日记》,第 889 页。
② 杨树达《积微翁回忆录》,北京大学出版社,2007 年,第 210 页。
③ 李鹏连《皮锡瑞手稿本〈易林证文〉述略》,《文献》2013 年第 1 期。
④ 林庆彰《〈皮锡瑞全集〉所收经学稿本及其价值估略》对《易林证文》有简要评介(载《中国经学》第 21 辑,广西师范大学出版社,2018 年)。

二、《易林证文》的撰作旨趣

《易林证文》书稿前有序,全文如下:

> 《汉书·儒林传》:"京房受《易》梁人焦延寿。延寿云尝从孟喜问《易》,会喜死,房以为延寿《易》即孟氏学,翟牧、白生不肯,皆曰非也。至成帝时,刘向校书,考《易》说,以为诸《易》家说皆祖田何、杨叔元、丁将军,大谊略同,唯京氏为异,党焦延寿独得隐士之说,托之孟氏,不相与同。"案《艺文志》,《孟氏京房》十一篇,《灾异孟氏京房》六十六篇,孟、京合为一书,则京房以为延寿《易》即孟氏学,信有征矣。虞仲翔世传《孟氏易》,所列逸象,以《易林》证之,十得四五,尤足为孟、焦合一之征。《易林》引《诗》,与《齐诗》五际六情义合。兹据虞氏逸象、《齐诗》说,证明其义,已见于丁氏《释文》、陈氏《齐诗考》者概不列,疑者阙之,以俟考焉。①

此序虽短,却明确表达了皮锡瑞撰作《易林证文》的理据与旨趣:首先,他略述汉代易学从孟喜、焦延寿到京房的传授,判明焦延寿易学的来源与流传,论证"孟、焦合一",确定以虞氏逸象解说《焦氏易林》的合理性。《汉书》虽然记载京房的主张"以为延寿《易》即孟氏学",但又说"翟牧、白生不肯,皆曰非也",特别是引据刘向考校西汉诸《易》家说的结论,"唯京氏为异,党焦延寿独得隐士之说,托之孟氏,不相与同",可见并不认同京房之说,拒不承认孟喜、焦延寿的师承关系,将焦、京之学视为汉代易学的异类。此说影响后世甚

---

① 皮锡瑞《易林证文》,吴仰湘编《皮锡瑞全集》第 7 册,中华书局,2015 年,第 9 页。

大,惟朱彝尊略有所异,肯定孟、焦之间的师承与学脉,但四库馆臣并不以朱彝尊之说为然,极力标榜汉代易学有正传、有别传,将汉初田何一师至施、孟、梁丘三家代代相传的易学视为正传,而焦、京之学因专明阴阳术数,沦为《易》之别传。四库馆臣在评述《焦氏易林》时,更明确指出:"阴阳灾异之说,始于孟喜得别书而托之田王孙,焦延寿又别得书而托之孟喜,其源实不出于经师。朱彝尊《经义考》备列焦、京二家之书,盖欲备易学宗派,不得不尔,实则以《隋志》列五行家为允也。今退置术数类中,以存其真。"①孟、焦之学截然两途,使得焦延寿易学不受后人重视,难以进入两汉易学史的正脉。然而皮锡瑞仍上继朱彝尊,根据《汉志》所存《孟氏京房》《灾异孟氏京房》两种书目,认为两家同书,则必同学,因此对京房自明师承加以采信,提出"孟、京合一书,则京房以为延寿《易》即孟氏学,信有征矣"。皮锡瑞更大的发明,则在以《焦氏易林》证明孟、焦合一。东汉易学大师虞翻自称五世传孟氏《易》,而虞翻易说曾被唐代李鼎祚《周易集解》大量采集,清儒惠栋、张惠言、刘逢禄等相继加以推阐。虞氏易学复明于世,无疑为探究汉代易学提供了条件,正如皮锡瑞所说:"此则孟氏之学支与流裔犹有存者,而汉儒易学幸得存什一于千百也。"②皮锡瑞即根据张惠言等人整理的虞氏逸象,"以《易林》证之,十得四五",发现二者竟有半数相合,"尤足为孟、焦合一之征",力证孟、焦之学一脉相承。皮锡瑞依据虞氏逸象,从卦象角度疏释《焦氏易林》,其学理根据即在此。

　　其次,皮锡瑞从《焦氏易林》引《诗》问题入手,讨论汉代经学今古文的异同,透露出他前期经学的今文趣向。《焦氏易林》引《诗》属于《齐诗》,前人早有定说。如嘉道学者陈庆镛曾撰《易林引诗考》,

---

① 纪昀等《武英殿本四库全书总目》第 30 册,第 95—96 页。
② 皮锡瑞著、吴仰湘点校《经学通论》,中华书局,2018 年,第 22 页。

明言《易林》所引《诗》"与《齐诗》多发明,盖《齐诗》参纬数,而赣善阴阳,故言《齐诗》必征之"①。稽考汉代今文《诗》说的陈乔枞,更在《齐诗遗说考》中大量采用《易林》资料,据以分析齐、毛之异。皮锡瑞则特别主张"《易林》引《诗》,与《齐诗》五际六情义合",因此注意发掘《易林》中关涉《齐诗》五际六情的材料,互相证发,同时就陈乔枞《齐诗遗说考》对于《易林》某些林词遗漏未引、推阐欠精之处加以纠补。此外,皮锡瑞还根据《易林》所存《诗经》文句、义旨,分辨今古文《诗》说的异同,抉发《易林》齐学今文之义。这些做法,无不透露出皮锡瑞前期治经时蕴含的今文学趣向。

三、《易林证文》的主要内容

《易林证文》分为两卷,全稿有5万余字。皮锡瑞的做法,是先摘录《易林》林词,然后退两格写录疏证文字。从皮锡瑞疏证的表现形式看,有三种情形:

其一,象解,即根据虞氏逸象,一一指明林词之象。例如:

乾之坤:害我邦国。
证文:虞氏逸象坤为害、为邦、为国。②

乾之师:宜种黍稷,年丰岁熟,民人安息。
证文:三至五互震,逸象为百谷。坤逸象为年、为民、为安。③

其二,注解,包括对林词文字的校订、训释和人物、史事、礼制、星

---

① 陈庆镛《易林引诗考》,《籀经堂类稿》卷四,光绪九年刻本,第16页。
② 皮锡瑞《易林证文》卷上,第11页。
③ 皮锡瑞《易林证文》卷上,第11页。

相等的考索与解释。例如：

> 小畜之坤：子鉏获麟，庶士开元。豪雄争名，都邑倍游。
>
> 证文：《春秋》"西狩获麟"，何劭公以薪采者为庶人。庶人获麟为庶人将王之兆，夫子知有六国争强、纵横相灭之败，秦项驱除、积骨流血之虞，然后刘氏乃帝，故豫泣民之离害。此云"庶士开元"，即庶人将王之义，与何义合，是劭公亦本西汉古说也。①

其三，兼有象解与注解。例如：

> 乾之豫：禹凿龙门，通利水源，东注沧海，民得安存。
>
> 证文：二至四互艮为门，三至五互坎为水、为通。震东方。坤逸象为民、为安。《吕氏春秋》曰："禹立，勤劳天下，日夜不解，通大川，决壅塞，凿龙门，降通漻水以道河，疏三江五湖，注之东海，以利黔首。"②

> 坤之震：三年生狗，以戌为母。荆夷上侵，姬伯出走。
>
> 证文：二至四互艮为狗。《论衡·物势》篇曰："戌，土也；其禽，犬也。"故曰"以戌为母"。"姬伯出走"，或引郑伯牵羊以逆事。③

经统计，全稿作象解、注解的条目分别如下：

卦次	象解	注解	象解兼注解	小计
乾之第一	18	0	3	21

① 皮锡瑞《易林证文》卷上，第35页。
② 皮锡瑞《易林证文》卷上，第12页。
③ 皮锡瑞《易林证文》卷上，第16页。

续表

卦次	象解	注解	象解兼注解	小计
坤之第二	10	0	4	14
屯之第三	11	1	2	14
蒙之第四	11	2	4	17
需之第五	10	1	3	14
讼之第六	12	0	2	14
师之第七	9	0	3	12
比之第八	15	0	6	21
小畜之第九	11	3	8	22
履之第十	15	2	2	19
泰之第十一	17	2	1	20
否之第十二	18	2	1	21
同人之第十三	14	0	0	14
大有之第十四	12	1	1	14
谦之第十五	12	2	2	16
豫之第十六	15	4	6	25
随之第十七	13	1	3	17
蛊之第十八	15	3	3	21
临之第十九	13	0	1	14
观之第二十	9	0	2	11
噬嗑之第二十一	18	1	0	19
贲之第二十二	15	1	1	17
剥之第二十三	14	0	1	15
复之第二十四	19	1	0	20
无妄之第二十五	14	3	6	23

续表

卦次	象解	注解	象解兼注解	小计
大畜之第二十六	13	1	3	17
颐之第二十七	15	0	4	19
大过之第二十八	12	1	1	14
坎之第二十九	20	1	2	23
离之第三十	18	2	1	21
咸之第三十一	13	0	10	23
恒之第三十二	8	0	3	11
遁之第三十三	12	4	6	22
大壮之第三十四	6	1	4	11
晋之第三十五	7	3	4	14
明夷之第三十六	13	1	1	15
家人之第三十七	14	1	3	18
睽之第三十八	8	1	3	12
蹇之第三十九	12	1	4	17
解之第四十	8	0	3	11
损之第四十一	12	0	0	12
益之第四十二	12	0	1	13
夬之第四十三	2	4	4	10
姤之第四十四	13	2	1	16
萃之第四十五	14	1	7	22
升之第四十六	8	4	4	16
困之第四十七	16	2	6	24
井之第四十八	18	0	1	19
革之第四十九	16	1	1	18

续表

卦次	象解	注解	象解兼注解	小计
鼎之第五十	17	6	0	23
震之第五十一	11	3	4	18
艮之第五十二	11	1	1	13
渐之第五十三	10	3	4	17
归妹之第五十四	8	1	0	9
丰之第五十五	7	0	4	11
旅之第五十六	10	1	3	14
巽之第五十七	9	0	2	11
兑之第五十八	8	1	1	10
涣之第五十九	9	0	0	9
节之第六十	9	2	0	11
中孚之第六十一	8	1	1	10
小过之第六十二	6	1	2	9
既济之第六十三	14	0	1	15
未济之第六十四	12	1	2	15
总计	779	82	167	1028

　　第一类纯作象解,第三类兼作象解,二者所涉共有946林,可见《易林证文》的重心和主要内容都是对林词作象解,这与以往的《易林》注解迥然不同,为窥探《易林》奥蕴辟出一条新径。

　　再从皮锡瑞疏证的具体内容来看,可分以下三类:

　　其一,指明卦象

　　综观《易林证文》全稿,皮锡瑞主要依据虞氏逸象和《说卦》,偶用先天、后天说,指明林词象义之所从出。以下试举数例。

　　(1)艮之屯"蹇牛折角,不能载粟。灾害不避,年岁无谷",皮锡瑞释曰:"坎逸象为灾、为岁。震逸象为百谷。二互四互坤为牛,逸象为害、为年。"①艮之屯上卦为坎,下卦为震,二至四互卦为坤,皮锡瑞依据虞氏逸象中坎、震二卦所对之象和《说卦》"坤为牛"之说,指明"牛""灾害""年岁""谷"等关键林词的卦象。

(2)兑之豫"东行求玉,反得弊石。名曰无直,字曰丑恶,众所贱薄",皮锡瑞释曰:"震东方,逸象为行。坤为众,逸象为丑恶。二至四互艮为小石。"②兑之豫上卦为震,下卦为坤,二至四互卦为艮。皮锡瑞说"震东方"是据后天位说,"坤为众""艮为小石"是据《说卦》,再据虞氏逸象释"行""丑恶",将林词所涉卦象基本道出(艮逸象为求,皮锡瑞遗漏)。

皮锡瑞以卦象释《易林》的工作,有些相当出色,堪与民国学者尚秉和的《焦氏易林注》相提并论。例如,归妹之无妄"鸡方啄粟,为狐所逐。走不得食,惶惧喘息",皮锡瑞就前二句作释:"震逸象为百谷、为逐。三至五互巽为鸡。二至四互艮,逸象为狐。"③归妹之无妄下卦为震,二至四互卦为艮,三至五互卦为巽,皮锡瑞依据虞氏逸象和《说卦》"巽为鸡",指明"鸡"、"粟"、"狐"、"逐"的卦象。后来尚秉和解注全林,说"巽为鸡。震为粟,为逐。艮为狐。乾惕,故曰惶惧"④,增加上卦乾的象解,其余与皮锡瑞全同。再如,旅之蒙"封豕沟渎,灌溃国邑。火宿口中,民多疾病",皮锡瑞释曰:"坎为豕、为沟渎、为心病。三至五互坤,逸象为国邑、为民。"⑤旅之蒙下卦为坎,皮锡瑞据《说卦》,指出其象"为豕、为沟渎、为心病",又三至五互卦为坤,据虞氏逸象为国、为邑、为民,指明了林词中的重要卦象。后来尚秉和解

① 皮锡瑞《易林证文》卷下,第163页。
② 皮锡瑞《易林证文》卷下,第176页。
③ 皮锡瑞《易林证文》卷下,第169页。
④ 尚秉和《焦氏易林注》卷十四,中国大百科全书出版社,2005年,第960页。
⑤ 皮锡瑞《易林证文》卷下,第172页。

全林之象说："坎为豕，为沟渎。坤为国邑。……艮为火，震为口，艮止，故曰火宿口中。坤为民。坎为疾病。"①两相比较，尚秉和根据《杂卦》和纳甲说，增加对"火宿口中"的解说，其余均同皮锡瑞。

其二，注解典故

《易林》不仅用语考究，文字精悍，而且大量采用或化用先秦、汉代各种典籍所载人物、史事、礼制、地理、风俗、星相乃至神怪故事，因此林词指涉广泛，意蕴丰富，索解甚非易事。自元代以来，编刊《易林》者间加注解，如《四部丛刊》影元写本即有佚名氏旧注，数量不多，往往略注人物、史事，或指明经史出处。翟云升《焦氏易林校略》在校订中，也偶尔附注故实，一般点到即止。丁晏《易林释文》仍以校勘为主，也能尽力于注解，"其有音义不明，证之故书雅记，疏其隐滞"②，对某些文义艰深、典故鲜僻者，时时详引细释。皮锡瑞继丁晏之后，不仅增加了注解的数量，还针对丁晏注解失误加以纠改，有些与尚秉和不约而同，可以互相媲美。举例如下：

（1）旅之兑"秦晋大国，更相克贼。获惠质圉，郑被其咎"，皮锡瑞引据《左传》，注明其事：僖公十五年秦、晋韩之战，庆郑不救晋惠公，"秦获晋侯以归"，后来惠公被释归国，"杀庆郑而后入"，至十七年，"晋太子圉为质于秦"③。今作比较，可见元本旧注、尚秉和注均同。

（2）中孚之大有"代戍失期，患生无聊。惧以发难，为我开基"，皮锡瑞注曰：

> 《史记·陈涉世家》曰："二世元年，发闾左適戍渔阳九百人，屯大泽乡。陈胜、吴广皆次当行，为屯长。会天大雨，道不

---

① 尚秉和《焦氏易林注》卷十四，第 987 页。
② 丁晏《易林释文叙》，光绪十四年《南菁书院丛书》本，卷首第 2 页。
③ 皮锡瑞《易林证文》卷下，第 174 页。

通,度已失期,法当斩。陈胜、吴广乃谋曰:'今亡亦死,举大计亦死,等死,死国可也。'"是因失期而无聊发难之事。陈胜为汉高驱除,故曰"为我开基"。①

按,此林元本旧注援引《左传》庄八年记载:"齐连称、管至父瓜成弗代,谋作乱。"②尚秉和沿用其说,并补充连称、管至父是与公孙无知作乱,以傅合林词"患生无知"③。"患生无聊"句,各本均同,惟光绪元年湖北书局刻本有异,尚秉和坚持认为"惟局本作'无知',不惟协韵事当,并于象恰合"④。其实,连称、管至父因瓜成过期弗代,以襄公失信而生出怨愤,图谋作乱,与林词"失期"、"惧以发难"并不甚合,与"为我开基"更不相关。而陈胜、吴广等戍卒因失期当斩,恐惧、无奈之下揭竿反秦,终至汉定天下,《易林》作者在汉言汉,说"为我开基",与林词一一吻合,皮锡瑞之注可谓确解。

(3)小过之坎"虞君好神,惠我老亲。恭承宗庙,虽愠不去",元本旧注说:"《虞书·舜典》:'命伯夷典三礼,作秩宗。'三礼,祀天神、享人鬼、祭地祇之礼。秩宗,次百神之官,以宗庙为主也。"⑤将林词"虞君"释为虞舜,显然不合原文之意,又解三礼、秩宗,更与林词无涉。皮锡瑞释曰:"三至五互艮,逸象为宗庙。'虞君好神'事见《左》僖五年传:'公曰:吾享祀丰洁,神必据我。'"⑥先从《易》象解释"宗庙",再以史实解说"虞君好神",对林词中两个紧要处加以落实。后来尚秉和作注:"《左传》僖五年虞公曰:'吾享祀丰洁,神必据我。'故

① 皮锡瑞《易林证文》卷下,第 182 页。
② 佚名注《易林》卷十六,《四部丛刊》影印本,第 5 页。
③ 尚秉和《焦氏易林注》卷十六,第 1070 页。
④ 尚秉和《焦氏易林注》卷二,第 148 页。按,徐传武、胡真《易林汇校集注》指出尚秉和有误(上海古籍出版社,2012 年,第 328 页)。
⑤ 佚名注《易林》卷十六,第 27 页。
⑥ 皮锡瑞《易林证文》卷下,第 184 页。

曰好神。互震为神,艮为宗庙,坎为愠。"①尚秉和所说,与皮锡瑞大体相同,仅增"神"、"愠"之象解。

其三,校订文字

《易林》因内容晦解,各家在传抄、刊刻中往往凭臆私改,使得各林文字歧互错讹者比比皆是。明清以来,各家重新刊印《易林》,有意加以校订,特别是嘉庆年间,黄丕烈搜到陆敕先传抄宋本,委托顾千里校勘,成士礼居刻本,一时称为善本,但翟云升认为传世宋本并非完全可靠,"盖传写、传刻,为后人改窜、颠倒、割裂,久失真矣"②,丁晏则指责黄、顾"以影钞、临写之本,轻改古书,字句差互,其可据乎"③。因此,牟庭、翟云升、丁晏先后相继,藉助明刻旧本再加校勘,纠正黄氏刻本肆意窜改之失,"勘以各本,证以诸书,参以它说而是正之"④,"燖绎旧文,用相雠校,择善而从,无所偏主"⑤,完成《焦氏易林校略》、《易林释文》,对于《易林》文字校订可谓有功。皮锡瑞同样重视林词校订,还特意对翟、丁校勘之失加以纠补。以下试举数例。

(1)蒙之井"夏姒亲附,心听悦喜",黄氏士礼居本改作"夏姬",丁晏据毛氏汲古阁本作"夏姒",以为黄氏过佞宋本而妄改原书,称"宋本作'夏姬',非"⑥。皮锡瑞认为丁晏纠之不当,加以补正:

---

① 尚秉和《焦氏易林注》卷十六,第1090页。
② 翟云升《焦氏易林校略序》,道光年间翟氏五经岁遍斋校书本,卷首第1页。
③ 丁晏《易林释文后序》,卷末第1页。
④ 翟云升《焦氏易林校略序》,第1页。按,丁晏《易林释文后序》明言:"《易林释文》何为而作也?因黄氏校刻宋本多所窜改而作也。"同时在《书翟氏牟氏易林校略后》中,既誉二人校注之功,"注义简质,校正详慎,颇具苦心,视黄本为善矣",又憾其仍旧随意刊改字句,"并承黄本之讹,其臆改之失亦如黄氏"。
⑤ 丁晏《易林释文叙》,卷首第2页。
⑥ 丁晏《易林释文》卷一,第12页。

案：作"夏姬"是也。《易林》屡言夏姬之事，如"君臣淫游，夏氏失身"，"平国不君，夏氏作乱"，皆是。而随之履云"目倾心惑，夏姬在侧"，与此云"心听悦喜"其义正同。误作"夏姒"，则不可解矣。[1]

夏姒，史无其人。夏姬则以淫乱著称，见于《左传》等记载，《焦氏易林》屡有言及，随之履"目倾心惑，夏姬在侧。申公颠倒，巫臣乱国"叙事尤明，皮锡瑞援以为证，十分有力。兑之益与蒙之井林词相同，各种刻本均作"夏姬"，亦可证皮锡瑞之说有据，丁晏纠黄丕烈而失之意气。

（2）蛊之旅"南山黄竹，三身六目。出入制命，东皇宣政。主尊君安，郑国无患"，丁晏作注说："《穆天子传》：天子命歌南山……天子筮猎萍泽，作诗三章，曰'我徂黄竹'。天子曰：'予归东土，和治诸夏。'东皇盖指此也。又：'吉日丁亥，天子入于南郑。'郭注：'今京兆郑县也。'穆王元年，筑祇宫于郑国，所谓'郑国无患'也。"[2]丁晏见《穆天子传》中有"南山"、"黄竹"等字眼，又有穆王筑宫于郑国之事，因此用作注解，皮锡瑞对此很不认同，另作疏解：

案：离之损曰："南山大竹，文身六目。制命出入，东里宣敷。尊主安君，郑国无患。"其文与此大同。此云"东皇"，乃"东里"之误。皆用郑子产事。其上云"南山黄竹"，二句别为一义，不与下文相属。《易林》此例甚多。丁氏据《穆天子传》有"南山"、"黄竹"之文，并以"东皇"、"郑国"皆为穆王事，失之。[3]

皮锡瑞既据离之损"东里"以证蛊之旅"东皇"之误，又指出林词

---

① 皮锡瑞《易林证文》卷上，第23页。
② 丁晏《易林释文》卷一，第28—29页。
③ 皮锡瑞《易林证文》卷上，第69页。

实用郑国子产之事,东里正是子产所居之地,证据确凿。翟云升校本正作"东里"①,但未作说明,《四部丛刊》影元写本则早有校注:"皇,当作里。东里,子产所居也。子产为政,则郑国是恩。"皮锡瑞见过翟云升校本,未见影元写本,可谓冥合,能纠丁晏附会之弊。后来尚秉和引用丁晏注解,认为"《易林》全用其意",却依据影元写本对"东皇"作了校改,指出:"东里,从元本。以下三句似指郑子产事,而宋本、汲古皆作'东皇',与《穆天子传》'予归东土,和治诸夏'语偶合,然下曰'郑国',则'皇'似为讹字也。观下离之损词同,而'黄竹'作'大木','三'作'文',是其证。丁诂未必然。"②其实,丁晏于离之损林词亦作"东里",并注曰"东里,谓郑子产"③,可见他于蛊之旅失于校勘,以至前后抵触。

(3)渐之比"文山鸿豹,肥腯多脂。王孙获愿,载福巍巍",各家把重点放在"鸿豹"的解说上,翟云升根据《格致镜原》引《庶物异名疏》"鸮一名鸿豹,谓鸮能食鸿也"④,丁晏先引《白孔六帖》、陆佃《埤雅》,认为鸮一名独豹,再引罗愿《尔雅翼》说:"鸮,今之独豹也。以鸮为豹,声之误也。"⑤皮锡瑞却别有所见:

> 案:豫之旅上句作"文山蹲鸱",下同。《史记·货殖列传》:"卓氏曰:'吾闻汶山之下沃野,下有蹲鸱,至死不饥。'乃求远迁。致之临邛,至僮百人。"卓即卓王孙,所谓"王孙获愿"也。此云"鸿豹",乃"蹲鸱"之误。丁于豫卦亦引《货殖传》,于此解为"鸿鸮",失之。⑥

---

① 翟云升《焦氏易林校略》卷五,第11页。
② 尚秉和《焦氏易林注》卷五,第329页。
③ 丁晏《易林释文》卷二,第7页。
④ 翟云升《焦氏易林校略》卷十四,第1页。
⑤ 丁晏《易林释文》卷二,第27页。
⑥ 皮锡瑞《易林证文》卷下,第165—166页。

　　皮锡瑞既据豫之旅中相同林词为参照,又从《史记·货殖列传》中寻出渐之比全林的来源,提出"鸿豹"二字有误,应当校正作"蹲鸱",可谓深有见地。丁晏在豫之旅下引《史记·货殖列传》解"蹲鸱",刘毓崧续作补充①,已得正解,可惜在注解渐之比时失察,以至前后不一。

　　(4)归妹之讼"右抚琴头,左手援带",翟云升依据泰之遁,校改作"右抚剑佩,左援钩带"②,皮锡瑞则认为林词是引据《左传》襄公二十三年范鞅"右抚剑,左援带"之事,提出"琴"有误,当校正作"剑"③,比翟云升增加更有力的证据。

　　特别值得指出的是,皮锡瑞在注解中提出"泛言"说,改变以往注家拘泥某人某事解说林词的牵强附会。以下姑举三例。

　　(1)渐之谦"蟠梅折枝,与母别离,绝不相知",丁晏注引《说苑·奉使篇》越使诸发执一枝梅遗梁王、梁王逐其臣韩子的故事,"谓梁臣见逐,故云别离也"④,不但越使遗梅与"蟠梅折枝"不可相提并论,梁臣被逐和"与母别离"也显然不合。皮锡瑞指出:"《易林》师之比云'削木无枝',又讼之谦、大有之坤云'蟠木折枝',下二句皆与此略同,盖亦泛言。丁引《说苑》越使遗梅证之,恐非是。"⑤除皮锡瑞所举师之比、讼之谦、大有之坤略同外,旅之大过、未济之困更与渐之谦完全一样,描述梅枝与其母干分离的自然现象,不必指实为某人某事,皮锡瑞通过归纳法,总结"泛言"说,颇能探得《易林》之蕴。后来尚秉和据讼之谦,将"蟠梅"校正为"播梅",作注说:"播,种也,言折枝种于他处。与母别离者,言此枝与母树分离也。……丁晏《释文》引

---

① 丁晏《易林释文》卷一,第26页。
② 翟云升《焦氏易林校略》卷十四,第7页。
③ 皮锡瑞《易林证文》卷下,第168页。
④ 丁晏《易林释文》卷二,第27—28页。
⑤ 皮锡瑞《易林证文》卷下,第166页。

《说苑》，执一枝梅事为解，皆由'播'讹为'蟠'之误也。"①尚秉和注解更为明晰，可使皮锡瑞"泛言"说更易理解。

（2）渐之随"闻虎入邑，必欲逃匿。走据阳德，不见霍叔，终无忧慝"，丁晏引《史记·郑世家》霍人解扬诳楚之事，作注说："闻虎入邑，谓得子虎于霍邑；走据阳德，古阳、扬通用，谓解扬为楚所报，终以赦归，故云'不见霍叔，终无忧慝'也。"②《史记》言晋景公"求壮士，得霍人解扬字子虎"，丁晏即对应以"闻虎入邑"，将句中"虎"指为解扬之字子虎，将"邑"落实为解扬所属霍地，十分生硬；他又提出以"阳"通"扬"，以解扬赦归封爵及《说苑》增记"故后世言霍虎"，解说"不见霍叔，终无忧慝"，将"霍虎"直指为"霍叔"，转辗求通，极为穿凿。皮锡瑞另作疏证说："《易林》屡云'群虎入邑'，则此亦泛言耳。丁引《史记》霍人解扬字子虎证之，其说甚凿，非是。"③后来尚秉和也批评丁晏说："《战国策》：'夫市无虎明矣，然而三人言而市虎也。'丁晏所释至为牵强，不可从，阙疑可也。"④尚秉和以阙疑处之固为矜慎，却不如皮锡瑞"泛言"说可为《易林》屡言"群虎入邑"增一解，徐芹庭译此林大意说"闻虎入城必避藏，有德无贫终无殃"⑤，更可为皮锡瑞佐证。

（3）渐之大壮"节度之德，不涉乱国。虽昧无光，后大受庆"，翟云升校本附注称"未详，或曰言伯夷也"，以伯夷避纣逃居北海解"不涉乱国"，但与下二句不相联贯；丁晏另指为季札，引据《史记·吴泰

---

① 尚秉和《焦氏易林注》卷十四，第941页。按，徐芹庭《焦氏易林新注》对此林作义译说"接枝盘梅成新果，与母分离另成枝"（中国书店出版社，2010年，第482页），与尚秉和之说意同。

② 丁晏《易林释文》卷二，第28页。

③ 皮锡瑞《易林证文》卷下，第166页。

④ 尚秉和《焦氏易林注》卷十四，第942页。

⑤ 徐芹庭《焦氏易林新注》，第483页。

伯世家》吴王余眜传位、季札让国及公子光弑僚自立,"言季子之节,洁身避乱,虽有眜之授札,若无光之弑僚,则后人犹得蒙庆也",谓季札预见吴国有乱,显违其让国本意,至于解"虽眜无光",更是穿凿。皮锡瑞仍据林词本义,指出:"此亦泛言耳。丁以'眜'为夷眜、'光'为公子光,其说甚凿,非是。"①徐芹庭译此林大意说"不涉乱国慎节度,虽眜无荣终吉庆"②,以"眜"为沉潜山野、"光"为仕宦荣显,同样可为皮锡瑞"泛言"说作注脚。

四、《易林证文》的三点缺失

皮锡瑞对《焦氏易林》的研究既有开创性,同时也有明显的不足,可概括为以下三点:

其一,以卦象释林词过少

皮锡瑞仅考察本卦和互卦,取象主要依据虞氏逸象和《说卦》,偶尔取资于先天、后天说,因此解析卦象十分有限。《易林》共 4096 林,皮锡瑞所释仅及四分之一,并且大多只对一二句林词作解,不仅留下大量未解之词,而且所解之象彼此孤立,无法串起全林之义。因此,若与后来尚秉和《焦氏易林注》相较,可谓小巫见大巫。例如,震之豫"两虎相拒",皮锡瑞释曰:"坤逸象为虎。二至四互艮,逸象亦为虎。故云'两虎相拒'。"③据卦爻排列,下卦坤与互卦艮实相重合,与相拒之义不符。尚秉和注称"艮为虎。'两虎相拒'者,言正反艮相背也"④,互卦艮与上卦震之覆卦艮恰相背,较皮锡瑞说更为精当。又

---

① 皮锡瑞《易林证文》卷下,第 167 页。
② 徐芹庭《焦氏易林新注》,第 484 页。
③ 皮锡瑞《易林证文》卷下,第 161 页。
④ 尚秉和《焦氏易林注》卷十三,第 904 页。

如震之艮"玄黄虺隤,行者劳罢",皮锡瑞作象解说:"三至五互震,逸象为玄黄、为行人。"①而据互卦之法,二至四互坎,其逸象为劳、为疾,可释林词"劳罢",皮锡瑞居然轻忽,略有所憾。再如渐之晋"狼惊我马,虎盗我子",皮锡瑞解曰:"二至四互艮,逸象为狼、为虎。坤逸象亦为虎。"②据互卦艮和下卦坤的逸象,解出"狼"、"虎"两象。其实,根据互卦之法,三至五互坎,其逸象为寇盗、为马,皮锡瑞可谓失之眉睫③。

此外,皮锡瑞在解卦释象时,也偶有失检致误者。如中孚之节"买羊逸亡,取物逃走。空手握拳,坐恨相咎",皮锡瑞释称"兑为羊、为手"④,后一说明显有误,应改为"三至五互艮,逸象为手"。

其二,注解史事过于拘牵

皮锡瑞本来强调《易林》多泛言,反对将某些林词落实到某人某事,但在实际注解中,却竭力要将林词所涉人物、史事等一一指实,结果难脱前人窠臼,拘牵于某人某事而失之穿凿附会。例如,关于鼎之归妹"俟叔兴起,季子富有,照临楚国,蛮荆是安"中的俟叔、季子,历来有不同的说法,丁晏提出"俟叔谓楚申叔时,季子谓太子箴也",以《国语》所载申叔时论以《春秋》傅教太子之事当之⑤,与林词绝不相涉,皮锡瑞纠正说:

> 《史记·楚世家》曰:"熊霜六年,卒,三弟争立。仲雪死,叔堪亡,避难于濮,而少弟季徇立,是为熊徇。"又曰:"熊通乃自立为武王,于是始开濮地而有之。"是楚之开濮始由叔堪,故曰"俟

---

① 皮锡瑞《易林证文》卷下,第 162 页。
② 皮锡瑞《易林证文》卷下,第 167 页。
③ 尚秉和注:"艮为虎狼,坎为马、为盗,震为子,二至四震覆,故子为虎、盗。"(《焦氏易林注》卷十四,第 946 页)进一步用覆象说,增释"子"字。
④ 皮锡瑞《易林证文》卷下,第 183 页。
⑤ 丁晏《易林释文》卷二,第 26 页。

叔兴起"。季徇得楚国,故曰"季子富有"。叔向云"芈姓有乱,必季实立",是也。丁氏以为申叔时,非是。①

丁晏固失,皮锡瑞之说亦未安。据《史记·楚世家》,从叔堪逃亡、季徇继立到熊通称王、开辟濮地,前后相距一百余年,皮锡瑞硬说"俟叔兴起",失之牵强,而以季徇当国为"季子富有",亦不免于拘。后来尚秉和作注说:"《左传》文元年楚成王欲立商臣为太子,令尹子上曰'楚国之举,恒在少者',言楚君恒为少子也。又昭十三年叔向曰:弃疾必有楚国,'芈姓有乱,必季实立,楚之常也'。首二句言楚之兴起,富有者恒在叔、季之子,与子上、叔向语同也。"②尚秉和由此总结出楚国王位继承制的一大特点,不再落实在具体人物、史事上,较之皮锡瑞更为圆通。

其三,校订文字部分重复

皮锡瑞在疏证过程中,较为重视林词的文字校订工作,但主要运用他校与理校之法,鲜见版本校勘。就皮锡瑞所校文字来看,有些是前人已经指出,他加以佐证,也有些是前人已经校正,他实际在做重复工作。如鼎之兑"成王多宠,商人悼恐,生其祸心,使君危殆",皮锡瑞校正说:"商人,当作'商臣',事见《左氏》文元年传。"③其实,牟庭早已提出"人,当作臣",翟云升又补证说:"商臣,楚穆王名,事见《左传》文元年。"④又如渐之需"追我济西,敌人破阵",翟云升已明确提出:"我,当作'戎'。《春秋》庄十八:'公追戎于济西。'"⑤皮锡瑞

① 皮锡瑞《易林证文》卷下,第 159 页。
② 尚秉和《焦氏易林注》卷十三,第 895 页。关于楚国的继承制,可参考王恩田《"楚国之举恒在少者"——楚国幼子继承制答疑》,《中国史研究》2014 年第 1 期。
③ 皮锡瑞《易林证文》卷下,第 159 页。
④ 翟云升《焦氏易林校略》卷十三,第 11 页。
⑤ 翟云升《焦氏易林校略》卷十四,第 1 页。

见过翟云升校本,仍引据《春秋》此文加以校正①,实属重复,如果确需校正底本之误,则可径据翟云升校本。再如渐之睽"设罟捕鱼,反得居诸",皮锡瑞提出"居诸,疑'詹诸'之误。詹诸,蟾蜍也。'居'与'詹'相似致讹"②,仍与牟庭、翟云升所校重复③。

五、以卦象释《易林》之第一人

民国年间,尚秉和及其弟子黄寿祺、友人仵墉相继回顾《焦氏易林》的研究历程,认为前人注解过于简略失当,尤其是不知以卦象释林词。如黄寿祺说:"《焦氏易林》,自唐王俞、宋黄伯思、晁公武、程迥诸人,皆不能通其义。……及宋元之间,有注其故实者,寥寥无几事。后翟云升、牟庭、丁晏、刘毓崧之徒,均酷爱其辞,竭生平之力而考订其名物故实,然仍十不得其二三。至于《易林》繇词,无一字不从象生,不从数出,且对象、覆象、大象、半象,往来杂用,妙义环生,与《周易》之彖辞、爻辞合若符契,则二千年来无一人能察见也。"④仵墉继而说:"盖《易林》一书,二千年来无有通其义者,今所传元刊旧注,及陆敕先、顾千里、黄荛圃所考订,丁晏《易林释文》,翟云升、牟庭等之《易林校略》,统所释只二三百条,且只人物故事及字句之讹误,至于考及易象者,千余年来无一人也。"⑤两家所说,均在突出尚秉和为二千年来以卦象释《易林》的第一人。而根据本文所述,皮锡瑞在《焦氏易林》研究史上,本应享有重要的席位。他既承顾广圻、牟庭、

① 皮锡瑞《易林证文》卷下,第165页。
② 皮锡瑞《易林证文》卷下,第167页。
③ 翟云升《焦氏易林校略》卷十四,第4页。
④ 黄寿祺《焦氏易诂叙》,尚秉和《焦氏易诂》,北京,中国大百科全书出版社,2005年,卷首第3页。
⑤ 仵墉《焦氏易林注叙》,尚秉和《焦氏易林注》,卷首第1页。

翟云升、丁晏诸人之绪,继续从事林词文字的校订、训释与史事典故、名物礼制、天文星相的考证、解析,更能开辟新径,从孟、焦合一的认识出发,大胆尝试以虞氏逸象解说《焦氏易林》,指明诸多林词卦象,实是以卦象释《易林》的第一人。当然,由于皮锡瑞《易林证文》过去仅以稿本传世,除杨树达外,学界无缘识其面目,论其得失。尚秉和曾广搜前人解注《易林》的各种著述,并不知晓皮锡瑞有此手稿遗存人世,因此作出"以卦象释《易林》文者,迄无一人"的判断①,实在不足为怪。今天从学术史上重新梳理《易林》研究史,就不能再忽略皮锡瑞《易林证文》的贡献了。

此外,自《汉书》强化"京氏异学",否认孟、焦师传以来,孟、焦之学一直被认为是截然两途,使得焦氏易学不受后人重视,难以进入两汉易学史的正脉。皮锡瑞通过《易林证文》,将"孟、焦合一"的判断加以证实,无疑强化了两汉孟、焦、京、虞一脉相承的学术史实,因而有助于彰显《焦氏易林》在两汉易学史上的地位。

---

① 尚秉和《焦氏易林注例言》,《焦氏易林注》,卷首第 3 页。

南学会史实考辨三则

在戊戌湖南维新运动中成立的南学会,主要以公开讲学的方式开展思想启蒙、宣扬维新变法,被梁启超誉作湖南"全省新政之命脉"①,因而历来很受研究者重视。凡研究戊戌变法(尤其湖南维新运动)或维新时期学会组织的著述,或多或少要提及南学会。关于南学会的专篇论文,有王尔敏《南学会》、汤志钧《论南学会》、卢智《戊戌维新时期的南学会》等②。然而,学界迄今对南学会一些基本史实仍认识不清,乃至以讹传讹。以下依据皮锡瑞《师伏堂日记》、《湘报》等原始资料,就南学会三则史实加以考辨。

一、讲学之人次

集会讲学为南学会主要活动,《南学会大概章程》规定:"讲论会友拟公举学问深邃、长于辩说者,请其讲论。讲期每月四次,遇房、虚、昴、星之日,即为讲论之期。"③南学会自 1898 年 2 月 21 日开讲,至 6 月 18 日最后一场,近 4 个月内,究竟讲学几场? 又延请多少人

---

① 梁启超《戊戌政变记》,《饮冰室专集》之一,中华书局,1989 年,第 137 页。
② 王尔敏《南学会》,《大陆杂志》第 23 卷第 5、6 期;汤志钧《论南学会》,《湖南师院学报》1982 年第 2 期;卢智《戊戌维新时期的南学会》,《求索》1987 年第 2 期。
③ 《南学会大概章程》,《湘报》第 34 号。

来会中讲学？因南学会实际并未定期讲学，原始资料亦没有明确记载，迄今流传着不同的说法。

汤志钧认为南学会共讲学 13 场，并详列如下：第一场，由皮锡瑞主讲"论立学会讲学宗旨"，黄遵宪主讲"论政体公私必自任其事"，谭嗣同主讲"论中国情形危急"，乔树楠主讲"论公利私利之分"，陈宝箴主讲"论为学必先立志"；第二场，由皮锡瑞主讲"论讲学之益"，谭嗣同主讲"论今日西学皆中国古学派所有"，邹代钧主讲"论舆地经纬度之理"，黄遵宪续讲前次题目；第三场，由皮锡瑞主讲"论朱陆异同归于分别义利"；第四场，由皮锡瑞主讲"论学者不可诟病道学"，欧阳中鹄主讲"论辨义利始可有耻"；第五场，由皮锡瑞主讲"论交涉公理"，谭嗣同主讲"论学不当骄人"，李维格主讲"论译书宜除四病"；第六场，由皮锡瑞主讲"论保种保教均必先开民智"；第七场，由皮锡瑞主讲"申辨孔门四科之旨"，陈宝箴主讲"论不必攻耶教兼及周汉事"；第八场，由皮锡瑞主讲"论孔子创教有改制之事"，谭嗣同主讲"论全体学"；第九至十二场，均由皮锡瑞分别讲"论不变者道必变者法"、"论盛朝昭代之兴亡原因"、"论变法为天地之气运使然"、"论洋人来华通商传教当暗求抵制之法"；第十三场，由曾广钧主讲"论开矿当不惜工本"①。林能士谓南学会共演讲 12 场，讲学人次为：皮锡瑞 12 次，谭嗣同 4 次，陈宝箴 2 次，黄遵宪、邹代钧各 1 次，另由名士硕儒充任者 5 次②。李喜所认为南学会的集会演说共有 14 场，除最后两场外，前 12 场《湘报》都有明确记录，谭嗣同讲演过 4 次③。刘泱泱则说："查阅《湘报》上有关南学会的讲学记录，总共是

---

① 汤志钧《论南学会》，《湖南师院学报》1982 年第 2 期；汤志钧《戊戌变法史》，人民出版社，1984 年，第 280—282 页。后来各种著述持论大多类此。
② 林能士《清季湖南的新政运动》，台湾大学文学院文史丛刊，1972 年，第 53 页。
③ 李喜所《谭嗣同评传》，河南教育出版社，1986 年，第 222 页。

13 场 25 人次,其中皮锡瑞讲学次数最多,达 12 次;其次为谭嗣同,共 4 次;再以下依次为陈宝箴、黄遵宪,各 2 次;乔树楠、邹代钧、欧阳中鹄、李维格、曾广钧,各 1 次。"①丁平一也说:"据《湘报》所载有关南学会的讲学记录,总共讲有 13 次,演讲者达 25 人。"②上述各种说法,汤志钧、刘泱泱、丁平一等是根据《湘报》所载南学会讲义作统计,林能士则是根据《湘报类纂》乙集《讲义》,虽然讲学场数有 12 与 13 之异,但总计同为 25 人次。其实,各家对南学会讲学人次的统计,遗漏甚多。

凡在南学会讲学者,作为学长的皮锡瑞在当天日记中都有记载(仅遗漏谭嗣同讲"论全体学")。根据皮锡瑞的日记,除上述汤志钧所列举之外,各次讲学者还有以下人员:

第二场,"杨葵生(自超)讲天文";

第三场,"予说后,徐(仁铸)、黄(遵宪)二公各演一段。黄说知觉不在心而在脑";

第四场,"节吾(欧阳中鹄)、秉三(熊希龄),予讲后各讲一遍。秉三说时事,洋人不可与之开衅。中丞(陈宝箴)曲为譬喻,属湖南莫打洋人";

第五场,"复生、李一琴(维格)各说一遍。廉访(黄遵宪)至,说日本、台湾、印度,极透彻痛切,云法人又有邀索两广利益、云南铁路之事";

第六场,"廉访说教旨,略异。一琴说波兰事,娓娓可听";

第七场,"廉访说天主教必无剖心、挖眼睛事";

第八场,"宣翘(戴德诚)与秉三说保卫、团练事";

第九场,"李一琴讲通商事……谭复生(嗣同)讲治兵,亦切实";

① 刘泱泱主编《湖南通史·近代卷》,湖南出版社,1994 年,第 410 页。
② 丁平一《湖湘文化传统与湖南维新运动》,湖南人民出版社,1998 年,第 347 页。

第十场,"右帅(陈宝箴)来讲学,云香帅约共奏改科举……右帅以予所讲为善,予甚服戴君说中西教之精";

第十一场,"予与廉访讲毕,曾某(广钧)接讲保种、保教";

第十二场,"两点钟登堂,讲毕,秉三接讲一段"①。

另外,皮锡瑞离湘后,南学会又讲过一场,主讲为谭嗣同和曾广钧。虽然有关谭嗣同此次讲学事及讲义均无明确记载,但曾广钧讲义开篇说:"顷谭佛生言新学益处及吾人当遵奉谕旨力振新学等语,至为剀切。据仆所见,指出新学不满于人之故,乃愈足坚开新党之心,而启守旧者之智,试申论之。"②由于此前所有南学会讲学记录中,均未见谭嗣同讲"新学益处及吾人当遵奉谕旨力振新学",可以推断谭嗣同应为南学会本次讲学的主讲之一。

因此,南学会自2月21日至6月18日,共讲学13场,演讲者总计44人次,分别是:皮锡瑞12次、黄遵宪7次、谭嗣同6次、陈宝箴4次、熊希龄、李维格各3次、戴德诚、曾广钧各2次、邹代钧、乔树楠、杨自超、欧阳中鹄、徐仁铸各1次③。

---

① 《皮锡瑞日记》,光绪二十四年二月初七、十四、廿一、廿八日,三月初六、十三、二十日,闰三月初四、十一、廿五日,四月初十日。按,本文原先引用《湖南历史资料》所载《师伏堂未刊日记》,现据中华书局2020版《皮锡瑞日记》加以核校,改正数处误字。

② 《曾重伯太史南学会第十四次讲义》,《湘报》第92号。

③ 李玉《长沙近代化的启动》也对南学会讲学人次作过考证,统计为44人次,其中皮锡瑞12次,黄遵宪8次,陈宝箴、谭嗣同各4次,李维格、熊希龄各3次,曾广钧、戴德诚各2次,邹沅帆、欧阳节吾、左子异、乔茂萱、杨葵园、徐仁铸各1次(湖南教育出版社,2000年,第59—60页)。按,本文1999年成稿,刊《近代史研究》2001年第2期,当时尚未读到李玉的研究成果。彭平一《戊戌南学会集会讲论活动若干史实的补正》(《中南大学学报》2011年第4期)指出黄遵宪在南学会讲学实为7次,纠正本文原作8次之失,特此补记。

二、最后两次讲学之日期

自光绪二十四年二月初至四月底,南学会共讲学 13 场。前 11 场讲学的时间,现有论著与皮名振撰《皮鹿门年谱》、皮锡瑞《师伏堂日记》及《湘报》等所载都相一致,惟对最后两次讲学的日期有不同说法。《皮鹿门年谱》定南学会第 12 场讲学为四月初三①,后人遂引以为据,如汤志钧《论南学会》定于 5 月 22 日,《戊戌变法人物传稿》系于农历四月初三,《戊戌变法史》则标明为 5 月 22 日(四月初三日)。李喜所、丁平一等也以为是 5 月 22 日。至于最后一场讲学,汤志钧、丁平一等以为日期不详②。

然而,关于南学会第 12 场讲学的时间,《皮鹿门年谱》所说有误。《师伏堂日记》闰三月廿九日载"拟作初三讲义"及讲义全文,《皮鹿门年谱》可能以此为据,将皮锡瑞在南学会最后一讲定为四月初三日。但事实是四月初三日未按预期讲学,而是改为别的活动,"夜演光学"。皮锡瑞四月初十日才在日记中明载讲学之事:"两点钟登堂,讲毕,秉三接讲一段。"皮锡瑞所讲内容,即闰三月廿九日所拟"论洋人来华通商传教当暗求抵制之法"。他在四月十八日的日记中又载"初十讲义已刻",查是日所出《湘报》第 79 号,刊有《皮鹿门学长南学会第十二次讲义》。可见,南学会第十二场讲学应为 5 月 29 日,即农历四月初十日。

至于南学会最后一场讲学,根据《湘报》也能确定日期。《湘报》

---

① 皮名振《皮鹿门年谱》,第 60 页。
② 汤志钧《论南学会》,《湖南师院学报》1982 年第 2 期;汤志钧《戊戌变法人物传稿》,中华书局,1982 年,第 455 页;汤志钧《戊戌变法史》,第 282 页;李喜所《谭嗣同评传》,第 222 页;丁平一《湖湘文化传统与湖南维新运动》,第 347 页。

第 88 号(四月廿八日出版)刊有"南学会告白",云"本学会定于本月三十日宣讲"。四月三十日,讲学按期举行,主讲人为谭嗣同、曾广钧,《湘报》第 92 号刊有曾广钧讲义①。因此南学会第十三场讲学当在 6 月 18 日,即农历四月三十日。

三、所谓"停讲"之真相

皮锡瑞四月二十日离开长沙,前往南昌经训书院。《皮鹿门年谱》就此记载:"公既往赣,学会停讲,浮言更甚。"②因此前叶德辉三次移书訾议,讽激皮锡瑞离开湖南,现有论著大多以为他是受叶德辉等人攻击而赴赣,又以为皮锡瑞被迫离湘后,南学会从此停讲。如汤志钧说:"南学会的辍讲,和皮锡瑞的离湘有关,而皮的离湘,亦由于旧派环伺,叶德辉即以'联语丑诋',皮锡瑞终于被迫赴赣。"③刘泱泱也认为:"皮锡瑞最后不能忍受太多的谣言而被迫离湘赴赣,致使有声有色的南学会讲演中途夭折。"④然而细检有关资料,可知南学会"停讲"论有悖史实。

① 《曾重伯太史南学会第十四次讲义》,《湘报》第 92 号。按,四月初十日是第12 场讲学,此后学会休讲,四月三十日所讲当为第 13 场,《湘报》误为第14 场。

② 皮名振《皮鹿门年谱》,第 61 页。

③ 汤志钧《论南学会》,《湖南师院学报》1982 年第 2 期;《戊戌变法史》,第 291 页。

④ 刘泱泱主编《湖南通史·近代卷》,第 425 页。认为皮锡瑞受逼迫离湘甚至遭到守旧派"驱逐"的论著,尚有王尔敏《南学会》,《大陆杂志》第 23 卷第 5、6 期;王栻《维新运动》,上海人民出版社,1986 年,第 168 页;范文澜《中国近代史》,人民出版社,1955 年,第 302 页;李侃等编《中国近代史》,中华书局,1994 年,第 254 页;邓潭洲《为改革而献身的谭嗣同》,岳麓书社,1998 年,第170—171 页;宋卫忠《皮锡瑞的变法思想浅论》,《湘潭师范学院学报》1996年第 4 期。

　　首先,皮锡瑞离湘并非受人逼迫,而是依聘约到经训书院"终局"。

　　皮锡瑞自1892年以来,一直受聘主讲经训书院,每年春往秋归,习以为常。1897年秋,皮锡瑞回到长沙后,与梁启超、黄遵宪、谭嗣同、熊希龄等交游往还,渐被诸多维新官绅引为同调,又因学识渊博,议论通达,善于言谈,熊希龄等人在筹创南学会时,即拟延聘他担任学长。皮锡瑞此前已接受经训书院续聘,但内心早已"不安于位"。他一再指出,江西"风气未开",兴办学堂之事难成,维新事业无望,加上"官不尊师,绅谋盘踞",对他早有排挤之心,所以他不太愿意再去江西;湖南则有一批志同道合的官绅,思想开通,锐意革新,又十分器重他的才学,对他倍加尊重,所以很想留湘应聘①。然而,南学会要延聘皮锡瑞,先须湘抚陈宝箴批准,而皮锡瑞要辞退经训书院讲席,也得陈宝箴同意。因皮锡瑞长期主讲经训书院,江西乡试所举士子,以该书院所出人才为多。如1893年乡试,经训书院有13人中举,"一时皆庆得人";1897年乡试,经训书院中式举人、获选拔贡和优贡者多达32人,且乡试前列十名皆出自经训书院,"一时称盛"②。身为江西人的陈宝箴,因此极重皮锡瑞,屡向江西抚署、学政荐举。1897年乡试揭晓后,陈三立"极称江西闱墨当为今年各省之最,谓非予之力不及此"③。所以皮锡瑞提出要辞退经训馆事,根本得不到陈氏父子同意④。这样,一边是黄遵宪、熊希龄等力请皮锡瑞主讲南学

---

① 《皮锡瑞日记》,光绪二十三年十月廿四日,十一月十四、廿一、廿四日,二十四年一月初二、十二、十八日。

② 皮名振《皮鹿门年谱》,第26页,第53—54页;《皮锡瑞日记》,光绪二十三年九月廿五日。

③ 《皮锡瑞日记》,光绪二十三年十月廿四日。

④ 《皮锡瑞日记》光绪二十三年十一月十四日记载:"我明年亦决意辞馆,伯严云明年总须留住,再行设法。"廿四日又记:"祭酒(王先谦)云湘中官绅议留我在湘,恐右帅不允。……予云江西我亦不愿去,惟明年已接关,伯严云明年必须一往。"

会,另一边陈宝箴父子坚决不答应,正如皮锡瑞在日记中所说:"公度欲留我在湖南,右帅乔梓必欲我在江右,我反为此所误","秉三云右帅总不允,有留我恐江西人骂之语"①。皮锡瑞身不由己,虽然想留湘任事,却碍于情面(陈宝箴的荐举,使皮锡瑞得以长期坐馆经训,纾解家计之忧),不好坚辞江西馆事,只好转托汪诒书、熊希龄、邹代钧等,请求黄遵宪出面商请陈宝箴父子同意。梁启超、黄遵宪、熊希龄等人极力说服陈宝箴,黄遵宪更是态度坚决②。最后,汪诒书等提出的折衷方案得到陈宝箴允准,即皮锡瑞不辞经训馆事,暂在学会主讲,过后再到江西"终局"。皮锡瑞还想荐贤以代江西馆席,但无法再获陈宝箴同意,只得将就③。皮锡瑞后来在答叶德辉信中,叙述受聘南学会始末:"湖南官绅立南学会,留弟讲学。既应湖南之请,当却江西之聘。而学会本中丞主议,中丞是江西人,欲弟在彼造就人才,劝勿他适。伯严同年至好,谆谆以江东子弟见属。将欲却聘,不能不告中丞,告中丞而不允,学会诸君乃为调停,有先开讲、后到馆之议。弟之迁就,势非获己。"④可见,皮锡瑞担任南学会学长,聘用时即已确定不是长久之局,终归要去江西了结经训馆事。

　　根据《师伏堂日记》,皮锡瑞实有明确的赴赣行期。早在三月十一日,陈三立就建议皮锡瑞"可俟端节去,秋节归"。三月十九日,皮锡瑞答复叶德辉,即提到自己"再讲数次,当往江西"。闰三月初三日,皮家仆人来南学会询问行期,他告以"总在四月"。闰三月廿六日,皮锡瑞收到江西挚友来信,"云天热,劝四月起程",他甚以为然,

①《皮锡瑞日记》,光绪二十三年十一月十四日,二十四年一月十一日。

②《皮锡瑞日记》光绪二十四年一月十三日记载汪诒书转述黄遵宪语:"云右帅不允,即作我黄公度请。"十五日又记:"公度言已属沅帆等与伯严说明,可以不到江西,尽可退关,如右帅以留我为嫌,即作我公度聘请。"

③《皮锡瑞日记》,光绪二十四年一月十八、十九、廿二日。

④《皮锡瑞日记》,光绪二十四年四月初七日。

两天后在日记中写道："天时渐热,予将有江右之行,俟月初得吉儿到京电报、祥女分娩喜信,乃放心起程耳。"这时皮锡瑞、南学会尚未遭到叶德辉等猛烈攻击,而皮锡瑞已决定四月初起程赴赣。另外,皮锡瑞每次在南学会讲学都提前数天准备讲义,可是闰三月廿九日"拟作初三讲义"后,再也没有拟写新讲义,正因预计四月初旬即须赴赣。当叶德辉第二次致信皮锡瑞,明言"欲公之去",他在四月初二日答以"弟即日往江右,此间讲学之事,属之戴君宣翘",已对南学会事务做出相应安排。四月初七日,皮锡瑞再答叶德辉,在辨解自己受聘南学会始末后,以更加激烈的语气反驳:"公闻浮言,欲弟速去,自属见爱之甚。然江西既未却聘,自当到彼终局,行计早决,不待公之激也。"数天后,皮锡瑞牵挂的子女之事各得音讯,初十日讲学,次日即将行李从南学会搬回,在家检点行装,并往各处辞行,凡事从容不迫,根本不像受"逼迫"或被"驱逐"离湘。

本来黄遵宪还想盛情挽留皮锡瑞在湘襄赞新政,他本人也有缓行之意,相继在日记中说:"公度见面即云有事奉商,课吏堂五月开,乔茂萱回电不来,欲留我在此,勿往江西。我云已到右帅处辞行,江西不能不去。彼云将自往见右帅,看说得通否,劝再等两日。课吏事,予固不敢应……江西此刻必须一往,有事早回尚可。右帅必不允我留湖南,恐公度亦安头人情。日内须等轮船,看彼如何说法。"正如皮锡瑞所料,陈宝箴已不允许他再留湘中,黄遵宪只好约他早归:"公度廉访约学会一叙,饭后到学会。公度旋来,云课吏事找得一同乡,暂开办,约我早归,以三个月为期,此刻不便强留,闻江西有信催去,中丞亦不允也。"既有江西方面的催促,陈宝箴也已安排好轮船,四月二十日专程送皮锡瑞经汉口赴南昌①。

其次,皮锡瑞离湘后,南学会并未"停讲",而是因"天热"休讲。

---

① 《皮锡瑞日记》,光绪二十四年四月十二、十五、十七、十九日。

　　现有论著多认为学长皮锡瑞被迫离湘后,南学会即"停讲",但事实并非如此。《湘报》第 75 号所刊《南学会申订章程》第一条就说:"天时渐热,人多气郁,难以宣讲。本学会议暂停止,俟有阴雨凉爽时,或所得新理及新闻时事须集会友讲听者,当择期预行刊报布告。"声明南学会仅因天气太热而决议"暂停止",一旦天气转凉,或有"新理"等就会复讲。过了半月,即四月廿八日,《湘报》第 88 号刊出一则"南学会告白"说:"现在天气凉爽,本学会定于本月三十日宣讲,愿来听者请先期领取凭单。"四月三十日,讲学果然按期举行(见前文)。可见,皮锡瑞离湘前,南学会议事会友作出的确是"休讲"决定,皮锡瑞离湘后 10 天,南学会就恢复了讲学活动。

　　对南学会因"天热"休讲,有研究者不以为然:"据《湘报》载,南学会是因'天时渐热,人多气郁,难以宣讲',从而辍讲的。但最后一讲也只五月,还不炎热,不能成为理由,它的辍讲,实遭封建势力所破坏。"[1]此论也值得商榷。

　　根据皮锡瑞日记所载,1897 年冬季湖南气候反常,可以说是"暖冬",他称为"冬行春令",以为不祥。1898 年除二月中、下旬因降雨、下雪一度寒冷,进入三月,天气迅速转热,如初五日"天气甚热,恐将变",初八日"(下乡扫墓)午后始到,往墓上,大热不可当",十一日"夜颇热",廿一日"晴,颇热,使人归取夹衣",廿三日"街中热气蒸人",廿七日"连日大热不可当",廿八日"夜极热,不可当",明显是暑热提前。闰三月以来,更是酷热难挡,遇雷雨才稍凉,如初一日"闻以求雨禁屠……午后雷雨……夜风甚凉",廿六日"予见日昃稍凉,往报馆……夜大热,忽风雨,又凉",四月初一日"天雨,有凉意",初十日"(下午两点讲学)天热,人气薰蒸,殊不可耐……(夜)雷雨,颇凉",

---

① 汤志钧《论南学会》,《湖南师院学报》1982 年第 2 期;汤志钧《戊戌变法史》,第 291 页。

十四日"天气大热,俄大雨如注,一洗炎歊"①。又据王闿运《湘绮楼日记》,三月下旬湘潭皆为晴天,如廿五日"晴,煊,可单衣。筑墙人挥汗荫喝,如五六月也",廿六日"晴,热……内外僮奴曝衣",廿七日"晴,热,将雨矣,风暖似暑";闰三月十五日立夏后,有7天为大雨或阴凉,余7天多为晴热,如十六日"大晴,甚热,始簟",廿五日"晴,煊,南风似夏,烈日灼人",廿六日"大热,单衣犹汗",明显已是酷暑天气;四月间衡阳晴热天气将近两旬,极热之天如初四日"晴,热,南风似伏日",初八日"晴,日烈如火,墙壁皆烧",十二日"晴,复热,方欲入乡,畏日颇沮",十四日"酒罢已夜,坐学坪纳凉,还正二鼓,热不可睡",廿二日"(夜)摸雀四圈,热甚,各散"②。此外,《湘报》第134号"示期开馆"告示说:"时务学堂前因天气炎热,所有各班学生自五月十八、二十等日起,分别放假各五十日。"《湘报》第150号"藩宪牌示"又谓:"照得本学堂定章,暑假原只半月,前因本年异常酷热,特宽假至五十日之久。"

　　由上可知,从三月中下旬以来,湖南天气非常炎热。皮锡瑞决定赴赣行程、南学会商议休讲,均在三月下旬至四月上旬,正是酷热难耐之时。早在三月十一日,陈三立就预料"此间热天亦须停讲",建议皮锡瑞端午节后去经训书院。三月廿七日,因"连日大热不可当",南学会晚七点放映"光学"(幻灯片),因人多拥挤,"人气殊不可当"。三天后,皮锡瑞在日记中提到:"吴季泽至,云初十内外北上(赴拔贡朝考),约吉儿同行,迟恐太热,来月当启程矣。"至四月初三日,"学会拟改章不讲,以天热为辞",所改之章即《南学会申订章程》。初九

----

① 因《湖南历史资料》所登《师伏堂未刊日记》属摘录性质,有关天气的记载被删,研究者要是不睹日记原稿,又坚持认为皮锡瑞是被逼离湘,自然会推断"最后一讲也只五月,还不炎热"。
② 王闿运《湘绮楼日记》,第2137、2141—2152页。

日,皮锡瑞又记载:"讲义删改一过,如此天热,何以堪之?"他以天气太热,估计听众难以长时间听讲,特意将原拟讲义加以压缩。果然第二天宣讲时,"天热,人气薰蒸,殊不可耐,三点钟止。听者亦有二百余人"①。因人员多而场地小,讲者、听者都受不了"薰蒸",故讲学较往常缩短一点钟。可见,南学会议事会友在四月初作出休讲决定,原因确是异常"天热",与省城新旧之争没有直接关系。

事实上,南学会休讲后仍积极开展活动,皮锡瑞也一直期盼重返南学会讲学。

南学会因天热不便集会讲学,就将学会活动作了如下一些调整:

其一,添设月课。其对象为加入南学会的时务学堂学生。《南学会申订章程》第二条说:"时务学堂学生额数至百名之多,功课极繁,现议将该学堂季课,改为南学会月课,自五月初一日起,由学长命题、校定、核示,择尤赠以奖资,但须会中之人得应此课。"《湘报》第95号(五月初八日出版)刊出南学会课题七道,并说:"以一艺为完卷,能多作者听,约十日缴卷。"后来《湘报》第149、151、153号刊出南学会课取的第一、二、三名试卷②。从缴卷到阅卷、评定等次,需要一段时间,可见南学会自五月至七月,一直在做月课的事。

其二,借观科学仪器。南学会前期放过几次幻灯片,宣扬科学知识。改章之后,又特向时务学堂借来各种科学仪器,供会友观测。《南学会申订章程》第三条说:"时务学堂购到各种图器,有大天文镜可以测行星,大显微镜可以查微物。兹逢金星(傍晚时出)、土星(每晚十点钟时出)出现之时,本学会已向学堂借观。各会友愿阅者,请

---

① 《皮锡瑞日记》,戊戌年三月十一、廿七日,四月初三、初九、初十日。

② 分别为许崇勋"论希与土战为救革雷得、美与西战为救古巴、皆为今日之义战",江跃龙"论湖南遵旨设立商务局、宜先振兴农工之学"及杨昌济同名文章。

先期遣人持入会凭单挂号,以便订期约观。"章程刊出后不到半月,《湘报》第 84 号登出"南学会告白"说:"南学会定期于本月二十五日戌刻看天文镜,二十六日未刻看显微镜,各会友愿看者,祈即遣人持入会凭单挂号。"可知这项新活动也举行过。

其三,添置书报。《南学会申订章程》第四条说:"本学会所藏书籍,准人领取阅书凭单入内流览。现计每日有数十人之多。兹将添购各种新闻报章,自本月十五日起,愿阅报者,照章领凭择观。"并附列各种报刊名目及份数,除《湘报》《湘学新报》各 10 份外,计有《时务报》《申报》《万国公报》《知新报》《苏报》《国闻报》《大公报》等外埠报刊 22 种 58 份。

此外,五月以后,《湘报》还陆续刊有"南学会问答"、"南学会捐助书籍题名录"、"南学会捐赀题名录",以及《巴陵县周馨之明府至德在奎光阁开南学分会讲义》《沅州设立南学分会公启》《向味秋院长上文在沅州府南学会分会讲义》,这些无不向省内外表明,南学会仍在正常开展各项活动。

皮锡瑞赴赣之初,本想积极参与江西新政,尤其是推进经训书院等改办学堂诸事,然而江西守旧排外,他自感处处受掣,不免灰心,于是特别关心湖南维新之事,多方获取湘中新政消息,并多次表示不想郁郁久居南昌,极愿回湘继续讲学。五月初三日皮锡瑞致信即将离任的黄遵宪说:"公去后,无人护法,中丞不能常至,讲学一事,未知能否复行?"六月廿一日致陈三立信中史详述:"培植人才一事,此间官绅不大理会。略晓时务者,惟经训十数人,皆人微言轻,上无主持,下多阻挠,何能径行其志?诸生议开学会、报馆,事或有成。弟依人作客,不便干预,一切情形,去冬已为阁下言之。非但弟不欲郁郁久居,即江太史来,亦恐难安其位。"他还通过陈三立向陈宝箴等维新官绅提出归省续讲南学会:"课毕当在暮秋,南学会犹讲学否?若须弟早归,即提一课,重阳后可归。"七月初五日,皮锡瑞接到黄膺来信,方知湘中新政大受阻挠,"学会将散,孝廉已盘踞。仙乔(戴德诚)已去,伊亦将辞。脩金不能全送,予亦听之",可知南学会在守旧势力打击下,此时才真有生死之忧。另由"脩金不能全送",可见皮锡瑞虽然离湘,仍兼学长之职。七月廿四日黄膺续寄一信,报告光绪帝谕旨嘉奖陈宝箴之后湘省近况,皮锡瑞八月初十日摘记:"云朝政维新,新党之气大伸,旧党已如爝火。闻中丞、学使有合参叶之说……学堂总办属颂年(汪诒书),教习请沈子培(沈曾植)。学会仍请我宣讲,劝我于中秋前赶到。"①可见湘中仍在努力维持时务学堂、南学会,并想利用北京维新之机,再次大干一场。

可惜的是,八月初六日北京发生政变,维新变法宣告失败。因御史接连参奏陈宝箴、黄遵宪、陈三立、熊希龄等湘省维新官绅,清廷下旨严厉查禁湖南各项新政。八月下旬,南学会以"迹近植党",由湖广总督张之洞奉旨查封②。

---

① 《皮锡瑞日记》,光绪二十四年五月初三、六月廿一、七月初五、八月初十日。
② 清华大学历史系编《戊戌变法文献资料系日》,上海书店出版社,1998 年,第 1139、1159 页。

《翼教丛编》版本考略

"戊戌政变"后迅速在长沙问世的《翼教丛编》,曾经风行一时,影响极大,是中国近代史上的重要文献。学界一直将《翼教丛编》视作研究戊戌维新运动和晚清思想文化等重大问题的基本史料加以援引,却对该书的版本、编者等基本问题不太措意。以下就《翼教丛编》的初刻本、重刻本和翻刻本及其源流作一探讨,并藉以略窥"戊戌政变"后康学遭受广泛而持续批驳的情况。

一、关于《翼教丛编》版本的既有认识

《翼教丛编》作为晚清文献,又出自湖南"旧党"之手,其版本情况长期乏人问津。直到 1996 年曹立前发表短文《苏舆与〈翼教丛编〉》,才指出该书先后有光绪二十四年(1898)湖南初刊本、上海点石斋石印本、武昌重刊本三个版本,并说"湖南初刊本曾有附录一卷,收录梁启超等人书信,同年上海黄协勋再版,首刊惩治康有为等人谕旨,删去原本附录,另附黄氏论说四篇"①,略及湖南初刊本与点石斋本的差异,未言及湖南初刊本与武昌重刊本的同异。2002 年上海出版《翼教丛编》第一个整理本(收入"近代文献丛刊"),点校者仅称

---

① 曹立前《苏舆与〈翼教丛编〉》,《历史教学》1996 年第 2 期。按,文中"黄协勋"应正作"黄协埙"。

"以通行本为底本",未依文献整理惯例介绍版本情况①。

2005年台北出版《翼教丛编》新的整理本,点校者杨菁在导言中认为,《翼教丛编》当年广为流传,应有多种刻本,"依所知见的各本异同,暂归纳为四种版本":一是光绪二十四年初刻本,共六卷,另收附编一卷,1960年台联国风出版社、1971年文海出版社"近代中国史料丛刊"和1998年北京出版社"四库未收书辑刊"均据此初刻本影印;二是光绪二十四年上海点石斋石印本,黄协埙再版;三是光绪二十四年八月武昌重刻本,共六卷,无附编;四是光绪二十五年仲春上海书局石印本,题为《增广翼教丛编》,卷三收《非弭兵》,卷尾增附"来书"三篇,系康有为致朱一新书信。杨菁同时还比较各本差异,指出:点石斋本首刊惩治康有为等人谕旨,删去初刻本附录,另附黄氏论说四篇(采曹立前之说);武昌重刻本较初刻本增加两篇,即卷二增入《孙协揆议陈中丞宝箴折说帖》,卷三增入《张尚书非弭兵》;至于上海书局石印本与武昌重刻本相较,更有四点差异:"一、武昌本卷二所收《安侍御维峻请毁禁〈新学伪经考〉片》,在石印本中有目无文;二、武昌本卷二《孙协揆议陈中丞宝箴折说帖》,在石印本中无目无文;三、武昌本卷末无附篇,石印本亦无附篇,然增附'来书'三篇;四、武昌本分为六卷,石印本虽题为'增广',并分为七卷,实则除了增加三篇'来书'外,内容反而有减无增,且讹字甚多。"②这些足以引起人们对不同版本《翼教丛编》的关注。

此外,也有研究者在对《翼教丛编》的引述中,发现某些篇目、文句存在显著差异,推断《翼教丛编》应有不同刻本,如桑兵就敏锐地指出"《翼教丛编》最早的湘刻本与后来的增补本篇幅不同",认为湘刻本在"戊戌

---

① 苏舆编,陈同、宋钻友、承载标点《翼教丛编》,上海书店出版社,2002年。
② 苏舆编、杨菁点校《翼教丛编》,台北"中央研究院"中国文哲研究所,2005年,"导言"第5—7页。

政变"后内容上有增补,上海"近代文献丛刊"本所据即为增补本,而台北文海出版社的"近代中国史料丛刊"本,"即为据湘刻本的再版本"①。

可见,关于《翼教丛编》的版本,近些年来不仅数量有所增加,对各个版本间的源流及变化也有所揭示,可惜各家所说或失之笼统,或仍有失误。笔者经十余年寻访与查阅,发现《翼教丛编》的版本并不止以上四种,各版本间的异同及其源流关系也较上述说法更为复杂。

二、长沙初刻本、武昌重刻本及其印本

研究者利用《翼教丛编》时,一般都知道有长沙初刻本和武昌重刻本,并注意到这两种版本在内容和文字上存在差异。其实,长沙初刻本、武昌重刻本内部不同印本之间,也有一些重要变化。桑兵已提出长沙初刻本后来有过增补、再版,准确地说则是在长沙初刻本行世后,又有两个新的印本,即在原有板片上对个别字句加以剜改、添补,或增加板片以容纳新篇目。据笔者考察,《翼教丛编》长沙初刻本、武昌重刻本及其不同印本之间的差异,主要体现在内封、序目及其识语、正文卷二与卷三个别文篇、附录,以及少数文字的改动,根据这些变动,可以判断长沙初刻本、武昌重刻本各有至少三个印本。以下分别说明。

(一)内封:长沙本内封书名"翼教丛编"为篆体;初印本、二印本内封左下角钤有"湖南思贤//书局发售"朱文印章,三印本则未见此章。武昌本内封书名"翼教丛编"为楷体,并署"梁鼎芬题";左下角有牌记"光绪二十四年八月武昌重刻本"。

(二)序目:两种刻本及其不同印本在序目部分的差异,主要体现

---

① 桑兵《康梁并称的缘起与流变》,《近代史研究》2013 年第 2 期。按,该文第 47 页讨论《翼教丛编》刊行年月问题时,顺带指出《翼教丛编》湘刻本有增补、再版的现象。

在卷二、卷三和序目识语末尾三个地方：

（1）卷二首篇"安侍御（维峻）请毁禁《新学伪经考》折"，各本均有此篇题，但略有不同：长沙初印本在目录后附"补刻"二字，二印本、三印本则均将"折"改作"片"，无"补刻"二字。武昌初印本、二印本全同长沙初印本作"安侍御（维峻）请毁禁《新学伪经考》折（补刻）"，三印本则无"补刻"二字。

（2）卷二末篇，长沙本三个印本均为"孙尚书（家鼐）奏覆筹办大学堂折"，即卷二下收文4篇；武昌初印本同长沙本，二印本、三印本则新增一篇"孙协揆议陈中丞（宝箴）折说帖"，因此卷二所收有5篇。

（3）卷三，长沙本收录张之洞《劝学篇》均为4篇，即《教忠》《明纲》《知类》《正权》；武昌本则多收一篇，初印本将《非弭兵》接排在《正权》后，两篇名同在一行，明显是就原板片添刻三字，二印本、三印本则按通例，将《非弭兵》另行刊刻。武昌二印本、三印本的目录新添了二行，整个序目部分重新刻板。

（4）各本目录之后，均有一段识语，但长沙二印本、三印本在"苏舆又记"之左，增加"附一卷"及细目"梁启超上陈中丞书""梁启超等与康有为书"。

（三）正文：各本在序目部分的差异，在书中也相应体现出来。详情如下：

（1）卷二首篇安维峻奏疏，长沙初印本有目无文，目录中"补刻"二字，实指有待增补奏疏原文，并为此篇预留二叶，故第二篇"许尚书明白回奏折"版心页码为"三"，首行下端又刻"翼教丛编二"作分卷标志。长沙二印本、三印本的首篇，已有安维峻奏疏原文，首行下端也刻"翼教丛编二"以示分卷，第二篇"许尚书明白回奏折"首行下端也不再有分卷标志，可知已被剜去。但在安维峻奏疏末尾，二印本附有案语"此奏光绪二十年七月初四日奉旨下两广总督查覆，寻奏……"云云，叙述此次参奏后广东查办情况，三印本再增一段案语："此折从两广督署钞出,上谕亦未见奏人姓名,初传安晓峰太史上,后太史自戍所寄书葵园师,言疏劾康逆学术悖谬,正值倭事日棘,稿具未进,询知此疏为今上海道余晋珊观察(联沅)所上,谨附订于此。"①这数行文字,是对原来流传说法的纠正,指明真正参奏者为余联沅。武昌初印本、二印本与长沙初印本相同,三印本始有安维峻奏片,首行下端也有"翼教丛编二"作分卷标志,但第二篇许氏奏折首行下端仍有"翼教丛编二",则是漏未剜除。武昌三印本在安维峻奏疏后,还有两段案语,十分引人瞩目:第一段案语与长沙二印本相同,但在第一句"两广总督"下添加"李制府瀚章"五字,公开点名;第二段更严厉斥责:"李制府此奏,意在保全康有为,实为逆犯谋乱我中国张本,故附载于后,世之论逆案者,有所考焉。"由其矛头所指,见出主持重刻事宜的梁鼎芬,对"养痈遗患"的李瀚章深恶痛绝。

(2)武昌二印本、三印本的卷二均有"孙协揆议陈中丞(宝箴)折说帖",因而多出二叶,全卷实为二十叶,而长沙本三个印本、武昌初印本的卷二均无此篇,因此全卷只有十八叶。

(3)卷三,武昌本三个印本均有《非弭兵》,文后并有案语称:"逆犯康有为,去年假造谕旨,赏加卿衔,往各国入弭兵会,竟发电至上海、广东、湖南,可谓胆大无耻。此篇专攻其谬,湘刻漏未编入,今特补之。"明言是补长沙刻本之遗漏,以增加对康有为的批驳②。

---

① 《安晓峰侍御请毁禁〈新学伪经考〉片》,《翼教丛编》卷二,光绪二十四年长沙初刻三印本,第1—2页。

② 梁鼎芬戊戌十月抛出《康有为事实》,全面揭斥康有为的"劣迹、逆谋",第二十条称:"康有为好捏造谕旨。上年胶事初起,康有为创言愿入外国弭兵会,以保海口,其事已极可笑。康有为竟发电至粤、至湘、至沪,云已奉旨加五品卿衔,前往西洋各国入弭兵会。闻者骇异,其实并无此事。"(转引自汤志钧《乘桴新获:从戊戌到辛亥》,北京师范大学出版社,2018年,第61页)由此可证武昌重刻本《翼教丛编》增收《非弭兵》并附加案语,应出自梁鼎芬。

（四）附录：长沙初印本和武昌各印本均无附录，长沙二印本、三印本有附录，内容完全相同。

以上所述种种异同，可概括如表1：

			长沙初刻本			武昌重刻本		
			初印本	二印本	三印本	初印本	二印本	三印本
内封		书名	篆体			楷体，梁鼎芬题		
		牌记	"湖南思贤//书局发售"朱文印章		无	光绪二十四年八月武昌重刻本		
序目	卷二	安维峻奏疏	请毁禁《新学伪经考》折(补刻)	请毁禁《新学伪经考》片		请毁禁《新学伪经考》折(补刻)		请毁禁《新学伪经考》折
		孙家鼐说帖	无			无		有
	卷三	《非弭兵》	无			有，与《正权》合行		有，与《正权》分行
		识语末尾附卷	无	有		无		
正文	卷二	安维峻奏疏	无	请毁禁《新学伪经考》片		无		请毁禁《新学伪经考》片
		安维峻奏疏后案语	无	奉旨下两广总督查覆经过		无		奉旨下两广总督李瀚章查覆经过
					附订上奏人为余联沅			指斥李瀚章有意保全康有为
		孙家鼐说帖	无			无		有
		版心页码	3—18	1—18		3—18	3—20	1—20
	卷三	《非弭兵》	无			有，附案语		
		版心页码	1—34			1—36		
附录			无	有		无		

以上《翼教丛编》的六个印本,版式均为半叶十二行,行二十四字,注文小字双行,目前在中国国家图书馆、各省图书馆、各高校图书馆均有收藏,唯长沙初印本较少见(据笔者所见,仅中国人民大学图书馆、湖南师范大学图书馆、湖南省图书馆、湖南省社会科学院图书馆有藏)。文海出版社"近代中国史料丛刊"、北京出版社"四库未刊书辑刊"所收《翼教丛编》,根据安维峻奏疏后的案语,可知均为长沙三印本,只是北京出版社影印时删去附录。

可见,谈论《翼教丛编》的版本,不能停留于长沙初刻本与武昌重刻本,还应进一步区分这两个版本的不同印本,才能明悉其中的变化,见出《翼教丛编》一再添改与刷印、批驳康学不断走向激烈的历史。《翼教丛编序》称:"此编断自七月以前,专以明教正学为义。至康、梁等造逆之谋,乱政之罪,载在史成,昭示寰宇,所不赘焉。"①意在辨正学术、纠挽人心,想要淡化政治批判的气味。然而,随着康、梁逃亡海外,并发布各种"叛逆"言论,清廷不断揭斥康党"谋逆"罪行,湖南旧党续印《翼教丛编》,增加两篇附录,一是梁启超《上陈中丞书》,二是康门弟子上康有为书,用以揭露康党长期蓄谋"叛逆"。湘抚陈宝箴曾因胶州事变后列强瓜分之势极为危殆,"欲与诸君子商一破釜沉舟、万死一生之策",梁启超上书提出"为今日计,必有腹地一二省可以自立,然后中国有一线之生路",暗示陈宝箴效法窦融"注意河西,指为移种处,卒能捍卫一隅,佐复汉室",或如郑成功"能以海外孤岛,存明正朔垂四十年",结果这份"贸然说疆吏以自立,岂非大逆不道狂悖之言哉"的上书②,果然被旧党所用,如皮锡瑞日记所说:

---

① 苏舆《翼教丛编序》,《翼教丛编》,光绪二十四年长沙初刻初印本,"序目"第2页。

② 《梁启超上陈中丞书》,《翼教丛编》,光绪二十四年长沙初刻二印本,"附录"第1—2页。

"伯年信云有人刻书诬梁书劝乃翁割据,殆即《翼教》续编所刻劝其学窦融乎?融辅光武,画云台,非叛臣也。"①第二篇则是两广总督谭钟麟从康有为家中所抄"逆党"来往信函,"悖逆之词连篇累牍,甚至称谭嗣同为伯理玺之选,谓本朝为不足辅。各函均不用光绪年号,但以孔子后几千几百几十年大书特书。迹其种种狂悖情形,实为乱臣贼子之尤","前因康有为首倡邪说,互相煽惑,不得不明揭其罪,以遏乱萌。嗣闻无知之徒浮议纷纭,有谓该逆仅止意在变法者,试证以抄出函件,当知康有为大逆不道,确凿可据",被清廷定作康党"谋逆"的铁证,不过"其信件往还,牵涉多人,朝廷政存宽大,不欲深究株连,已将原信悉数焚毁"②,湖南旧党却仍将康门这批书信公之于众。因此,被皮锡瑞称为"《翼教》续编"的《翼教丛编》长沙二印本,较九月中旬的初印本要晚两个多月,对康、梁的政治批判更为猛烈。

三、六种翻刻本及其母本

《翼教丛编》在长沙刊刻后,很快流传到武昌,由梁鼎芬主持加以重刻。此后,上海等地分别根据长沙初刻本或武昌重刻本加以翻刻,有的还增添内容,出现多种新的版本。兹据目见所及,述介如下。

(一)上海点石斋石印本

全书四册,封面均有"翼教丛编"楷书小字,行下各有元、亨、利、贞四字。第一册内封有篆体"翼教丛编",无牌记。卷首为三道上谕,其次为千余字的"石印翼教丛编序",文末署"光绪二十四年十月二

---

① 皮锡瑞著、吴仰湘整理《皮锡瑞日记》,第 768 页。
② 清华大学历史系编《戊戌变法文献资料系日》,第 1276 页。

十八日,上海黄协埙梦畹生序于淞北宾红阁"①。黄协埙时任《申报》总主笔②,思想较为守旧,曾多次撰文批判康学。他在序文开篇说:"《翼教丛编》曷为而作也? 曰:将以遏异学之横流,而使之圣教昌明,多士咸得涵泳《诗》《书》,不复为邪说诐词所惑也。"接着历数康有为、梁启超倡为邪说、惑乱人心,由此称赞苏舆编书力挽狂澜:

> 平江苏君舆,蒿目时艰,逆知蜩螗沸羹,不久必将反侧,爰集当世士大夫指斥康党之篇帙,悉心编辑,名之曰《翼教丛编》,断自戊戌七月以前,付诸枣梨,以公于世。首驳伪学,次揭邪谋,由是而正学臣邪遁之词,息谬士嚣陵之气,都计六卷,为文百数十篇。刊既成,邮寄至沪。鄙人读而善之,亟商之点石斋主人,俾付石印,以广流传,复恭列惩治康党之谕旨于卷端,末则附以鄙人论说数篇,类皆发于逆党未叛之前,虽不敢自谓洞烛机先,然亦确凿有据。③

从中可知黄协埙推动点石斋翻印《翼教丛编》的大概情况。根据序目、正文等处相关信息,对照上文表1,可知黄协埙为赶速度,将长沙初印本照相后石印,以致某些明显的文字讹误均未校正。黄协埙另在卷首增刊八月十四日、八月十六日、十一月十六日所发谕旨,在卷六后附录自己六至九月在《申报》所刊四篇论说《中国不可设议政院说》《整顿报纸刍言》《论康有为大逆不道事》和《再论康有为大逆

---

① 也有些本子将黄协埙序文装订在上谕之前。此序先刊于《申报》光绪二十四年十月二十九日,后来收入书中时,个别文句有改动。

② 黄协埙(1851—1924)字式权,号梦畹,别署申左梦畹生等,江苏南汇人,1894至1905年任《申报》总主笔,著有《锄经书舍零墨》《淞南梦影录》《粉墨丛谈》《沪事谈屑》等。

③ 黄协埙《石印〈翼教丛编〉序》,《翼教丛编》,光绪二十四年上海点石斋刊本,"序"第1页。

不道事》,因此卷首多出上谕二叶、序二叶,卷六则较长沙初印本多出八叶,时人或称之为《增补翼教丛编》。曹立前、杨菁指黄协埙删去长沙初刻本附录,实则其母本为长沙初印本,原无附录。此本较为常见,国内各高校及各省市图书馆多有收藏。

(二)上海书局石印本

封面书名"翼教丛编",内封作"增广翼教丛编",牌记"光绪己亥仲春//上海书局石印"。无序跋,翻刻情况不明。装订或作四册,或作两册(缩印本)。版式为半叶十五行,行三十三字。全书分为七卷,实是将《翼教丛编》原书卷三、卷四拆分为三卷,原书卷五、卷六遂改作卷六、卷七。目录改为上下两栏,卷七末篇后有"来书一(增附)""来书二(增附)""来书三(增附)",并将原书目录后识语首句"右目录都六卷"改为"右目录都七卷",其他无任何变改,所述与新的分卷不符。书末新增"附刻来书一""来书二""来书三",与光绪乙未菁华阁刊《义乌朱氏论学遗札》中"附刻来书一""来书二""来书三"的标题、文字全同,根据其内容,可知为康有为回复朱一新的三通书札,可为深入探讨朱、康辩论《新学伪经考》之事提供宝贵资料①。因此,所谓"增广"者,仅在附录而已。杨菁归纳此本与武昌重刻本有四点差异,其实此本所依为武昌初印本,而杨菁用以比较的则是武昌三印本。此本亦非罕见,上海图书馆、湖南省图书馆、吉林大学图书馆、苏州大学图书馆、厦门大学图书馆等均有收藏。

(三)汇源堂重刻本

全书四册,封面、内封均有楷体书名。扉页题有五行大字,如下:

---

① 详参拙文《朱一新、康有为辩论〈新学伪经考〉若干史实考》,《文史哲》2010年第 1 期。

斯编于今时治学、世道、人心所关甚巨,非等寻常时务书也,因仍原本,详复校雠,重加句读,俾尽人可读,以广流传而公同好。光绪己亥夏四月,汇源堂重刊。

汇源堂所在地不详。据目录及正文相关信息,可知是翻刻武昌二印本,版式一仍其旧,只是新增了句读,对原刻误字也有所校正,另在卷三屠仁守文后增加朱浩文的长篇识语。南开大学图书馆、苏州大学图书馆均有收藏。

(四)广东岭海报馆排印本

全书三册,封面、内封均无书名,版心上端有"翼教丛编",下标"岭海报馆"。全书以木活字排印,半叶十五行,行三十字,注文单行大字,加"注"字标明(亦偶有注文为小字双行者)。卷首有"排印翼教丛编叙",先说"天下有大为害于人者,惟邪说是耳。充塞仁义而莫之见,诬谤圣贤而莫之知,颠倒六经而莫之辨。所言者经术,所衷者逆谋。一人倡之,百人和之,岂非天下之大害也哉",继由苏洵作《辨奸论》以刺王安石,推崇湘中名儒志士能洞烛康有为之奸邪,编选《翼教丛编》,大有功于名教,"夫圣教与邪说,若苗之有莠,若粟之有秕,机有独盛,势不两全。距邪说,即所以翼圣教;攻康逆之党,即不愧为圣人之徒",最后说"是书粤东无刻本,亟排印之以广其传,非有党同伐异之私,亦将为风俗、人心之助云尔",末署"光绪己亥孟夏,陈同穀六微甫识"。又卷二至卷六首行末端,均有"南海陈同穀六微校",可见此书实由陈同穀主持翻印。从目录及内容看,是翻印武昌初印本,但武昌初印本卷二安维峻奏折有目无文,此本则特意补足奏折文字,并附上一段按语:

> 此折于逆焰未炽之前,而能先发其奸,切指其弊,诚可谓翼教之嚆矢。假令当时大吏与查办诸员守正不阿,据情斥革,何至

复酿今日之祸。然则曲突徙薪之见，此折可无愧焉，特不知养痈遗患之人，其咎将谁属也。恭读乾隆朝上谕，凡乱臣贼子因事发觉，则平时保荐与查办不力之员，无不并加严谴；其曾经参奏与弹劾得实者，亦必立予超升。此案若在乾隆已前，则获咎者不知凡几，而侍御陆沉之羽，亦将骞翥天衢，而今不复睹矣。是编仅著其目，未载其文，想缘急于刊行，未及搜获原奏，故暂从阙。兹按原书序目补入，使阅者可无憾焉，是亦拾遗之一助也。本馆附志。①

可见陈同毂对安维峻此折相当重视，同时也对当年有意化解《新学伪经考》参奏危机的两广总督李瀚章、候补知县李滋然未受谴责、查办大为不满。书后附录黄协埙四文，标题、内容均同于上海点石斋本《翼教丛编》。此本目前仅见于广东省立中山图书馆。

（五）云南官书局翻刻本

全书三册，内封居中为篆体"翼教丛编"书名，右上题"光绪二十五年夏五月重刻"，左下牌记"云南官书局藏板"。卷首有"重刻《翼教丛编》序"，开篇说：

> 《翼教丛编》者，平江苏君辑以破湘人士之惑者也。曹仲铭观察得而览之，反复不忍释，喟然曰："此可以救时弊矣。"持示荣昌，荣昌读而叹曰："嗟乎！不图今日见此书也，匪但破湘人士之惑，天下人士皆当读此书以破其惑。滇虽僻处天一隅，得风气较晚，然亦渐有濡染者，得是书提撕之，使不至于惑焉，则幸矣。"观

---

① 《安侍御维峻请毁禁〈新学伪经考〉折》，《翼教丛编》卷2，光绪二十五年广东岭海报馆排印本，第1页。

察曰善,遂捐廉二百金重梓之,属荣昌为序。①

篇末署"光绪二十五年夏五月,昆明陈荣昌序于经正书院",可知滇中翻刻《翼教丛编》的大致情况。曹仲铭观察即曹鸿勋,光绪七年任湖南学政,时任云南迤东道,后官至陕西巡抚。曹氏所得《翼教丛编》,应是其门生叶德辉从长沙寄送②。根据内封、目录文字及识语末尾"附一卷"、正文卷二第一篇"安晓峰侍御请毁禁《新学伪经考》片"及文后案语、两篇附录等信息,对照表1,可知是翻刻长沙二印本。此本可见于中国人民大学图书馆、天津图书馆、云南省图书馆。

(六)长沙叶氏观古堂翻刻本

叶德辉观古堂所刻书中,有《翼教丛编》六卷,共四册,其中第四册与光绪甲辰初夏刊《岩下放言》合装成册。从目录、正文各处信息,可知此本《翼教丛编》为长沙三印本。后来文海出版社影印《翼教丛编》,径署编者为"叶德辉",可能是依据观古堂翻刻本而遽作定案③。

---

① 陈荣昌《重刻〈翼教丛编〉序》,《翼教丛编》,光绪二十五年云南官书局刻本,卷首第1页。

② 《郋园学行记》载:"吾师年未弱冠,以论诗绝句观风卷,为曹仲铭中丞鸿勋提学湖南时所拔赏。"(《近代史资料》第57号)叶德辉在《郋园六十自述》中津津而道戊戌攻驳康、梁事,并说:"事后,平江苏舆哀辑余所驳康、梁文,益以葵园与当道往来书札,为《翼教丛编》一书,各省同时皆翻椠。书全云南,时曹师为藩司,阅之大喜,语僚属曰:'叶某,余在湘特拔士,今此编出,功不在孟子下矣。'"(王逸明主编《叶德辉集》第2册,第137页)叶德辉曾多次向师友寄赠《翼教丛编》,曹鸿勋所得者,也应来自叶德辉,但曹鸿勋时任迤东道,叶德辉晚年回忆误作藩司。

③ 《翼教丛编》长沙初刻本未署编刻人姓氏,惟卷首《翼教丛编序》末署"平江苏舆",时人遂以苏舆为《翼教丛编》的编者,民国后叶德辉又自称撰刊《翼教丛编》,其实均不足据,详参拙文《〈翼教丛编〉编者问题考辨》,《社会科学战线》2022年第9期。

目前仅见于台北"中央研究院"近代史研究所郭廷以图书馆。

以上关于《翼教丛编》翻刻的主要情况,可概括如表2:

	机构	方式	时间	主事人	母本	版式	增改情况
1	上海点石斋	石印	戊戌十月	黄协埙	长沙初印本	仍旧	卷首增三道上谕、黄协埙序,卷末附录黄协埙四论
2	上海书局	石印	己亥二月	不明	武昌初印本	新版	改为七卷,卷末附录康有为三札
3	汇源堂	刻印	己亥四月	不明	武昌二印本	仍旧	扉页有识语,全书增句读,卷三屠仁守文后增朱浩文识语
4	广东岭海报馆	排印	己亥五月	陈同毂	武昌初印本	新版	卷首增陈同毂序,卷二增安维峻折并附案语,卷末增黄协埙四论
5	云南官书局	刻印	己亥五月	曹鸿勋	长沙二印本	仍旧	卷首增陈荣昌序
6	长沙观古堂	刻印	甲辰初夏	叶德辉	长沙三印本	仍旧	无

从以上翻刻《翼教丛编》的情况看:上海反应最快,新增内容较多,而且两次翻印,并通过在各省代售或寄赠各地友朋,流传到南北各地①,实际影响应超过长沙初刻本、武昌重刻本,如章太炎1899年

---

① 《申报》1899年5至10月间多次刊登《石印增广翼教丛编》《新出增订翼教丛编》销售广告,其中列举各地销售处,有上海的三马路申报馆和申昌书局、汉口的江左书局和华文书局、杭州问经堂书坊、天津省气堂。《汪康年师友书札》中也时有友朋托购或收阅上海翻刻本《翼教丛编》的材料,可参看。

冬在台湾所读《翼教丛编》，即为黄协埙翻印本①。至于广东作为康学滥觞之地，云南作为边远之地，竟在同时分别翻印《翼教丛编》，也各有标志性意义。概而言之，各地竞相翻印《翼教丛编》，汇源堂更将原书添加句读，"以广其传"，扩大了批驳康学的影响范围。

还要指出的是，《翼教丛编》在翻印中，其编纂初衷也有所改变。例如，黄协埙既称赞苏舆编书"首驳伪学，次揭邪谋"，又明言："所患康、梁之徒，匿迹瀛东，未伸天讨，万一逆谋未息，依然簧鼓人心，或则潜返宗邦，仍行句结，则他年之祸，安知不在萧墙？""至于康、梁学术之乖张，议论之纰缪，有识之士早已辞而辟之。鄙人弇陋无文，更不必如骈枝之赘已。"因此，他拟定"恭列惩治康党之谕旨于卷端，末则附以鄙人前后诸论说及诸名公所纪康梁逆迹"②，将消弭康、梁"谋逆"作为翻刻《翼教丛编》的首要旨趣，与其母本（长沙初印本）揭驳康学、翼护圣教迥然有异。直到庚子变乱以后，《申报》刊出一篇读者来信，仍盛赞黄协埙翻印《翼教丛编》的政治意图，誉称"黄君复弁以纶音，使人咸知康党之逆状，而所附诸论说，尤能斥邪辟妄，洞烛先几"③，可见其传播效应。

---

① 章太炎在《〈翼教丛编〉书后》中，指斥该书编者"乃必大书垂帘逐捕之诏以泄私愤"（《章太炎全集》第 10 册，上海人民出版社，2018 年，第 195 页），可知是黄协埙翻印本。
② 黄协埙《石印〈翼教丛编〉序》，《申报》光绪二十四年十月二十九日（1898 年 12 月 12 日），第 1 版。
③ 杨以德《读〈翼教丛编〉书后》，《申报》光绪二十六年八月二十三日（1900 年 9 月 16 日），第 1 版。

罗焌的周秦诸子研究评析

1947年,张舜徽向初学者推荐周秦诸子研究著述,从数十部通论性著作中挑出四种,即江瑔《读子卮言》、孙德谦《诸子通考》、姚永朴《诸子考略》、罗焌《诸子学述》,说:"此皆通论诸子之书,有论说,有考证。初学涉览及之,可于诸子源流得失、学说宗旨憭然于心,而后有以辨其高下真伪。"①1992年,张舜徽回顾王夫之以来湘人的诸子研究,又说:"其理董周秦诸子者,非校勘字句、采集众说之难,而出自新悟、畅通大义之为不易也。自道咸以来,若魏默深之《老子本义》、曹镜初之《墨子笺》,皆重在阐明指要,主于发幽表微,固胜于为集解、集注之业者远矣。顾专说一家尚易,综论百家则难,故昔人鲜有钩玄提要以辨章学术自任者。有之,则自罗庶丹先生之《诸子学述》始。"②《诸子学述》未及终篇,罗焌即因病弃世,张舜徽却如此推崇,称其人"言及周秦诸子流别及是非得失,洞达靡遗",敬之为湖湘一代老师宿儒,评其书"元元本本,根柢深厚"③,誉之为湖湘诸子研究的上乘之作。作为近代湖湘学人的佼佼者,罗焌是不该被学术史遗忘的。

---

① 张舜徽《初学求书简目》,《旧学辑存》下册,第1114页。
② 张舜徽《重印〈诸子学述〉序》,《诸子学述》,岳麓书社,1995年,卷首第6页。
③ 张舜徽《忆往编·湘贤亲炙录》,《旧学辑存》下册,第1146页。

一、生平大要

罗焌字树棠,一字庶丹,号排山,人称"排山先生",同治十三年十月十五日(1874年11月23日)生于善化县望城坡(今属长沙市岳麓区)①。

罗焌家境贫寒,四岁即受庭训,"父授《孝经》,母授《小学韵语》。六岁从塾师,十三就外傅"②。十七岁时,他来到省城,从师于张子云,习完群经及《庄》、《老》。罗焌早擅词章,颇有文名,得到学政江标赏识,1895年成秀才,被选送长沙校经书院深造,继于1902年中举,但癸卯(1903)、甲辰(1904)两应礼部试均落第。1904年秋,罗焌赴粤作幕客。1906年夏,他受两广总督岑春煊委派,前往日本占领下的台湾考察政治,"由台北周历台南,阅二月回粤"③,途中屡生黍离之痛,"览故国之河山,羁氓泪堕"④。罗焌的乡试座师夏同和时任广东法政学堂监督,他受招协助办理学堂事务,"并从师受法律及政治学"⑤,毕业后受聘任教,直到1911年武昌首义后才离校返乡。期

---

① 现有传记资料均载罗焌生于1874年,不详其生日,但罗焌1923年在《五十自述诗(之一)》序言中自称"癸亥十月,余亦五十初度",可知他生于农历十月;他又在诗中小注中引26岁生日诗句"自夸生日先盘古",而据罗泌《路史·前纪》载"荆湖南北以十月十六日为盘古牛日",由此推知其生于十月十五日。详见罗焌《五十自述诗(之一)》,《琳琅山馆文集》,《经子丛考(外一种)》,华东师范大学出版社,2009年,第262—264页。
② 罗焌《题王啸苏寒灯风树图》,《琳琅山馆文集》,《经子丛考(外一种)》,第271页。
③ 罗焌《五十自述诗(之一)》,《琳琅山馆文集》,《经子丛考(外一种)》,第263页。
④ 罗焌《麓西杂志序》,《琳琅山馆文集》,《经子丛考(外一种)》,第311页。
⑤ 罗焌《五十自述诗(之一)》,《琳琅山馆文集》,《经子丛考(外一种)》,第263页。

间,罗焌受到孙中山革命思想的影响,参加同盟会的一些活动。1907
年秋瑾遇害,他用杜甫《秋兴》韵,与朱执信同作《悲秋》八首,寄托哀
悼之意,其中"满腔热血三杯酒,七字哀吟万斛愁",即因秋瑾绝笔
"秋风秋雨愁煞人"而发①。辛亥(1911)三月廿九日,民党发动广州
起义,轰击两广总督衙门,罗焌与学堂同志参与其事,行至督署照墙
外,得知事败,"脱屣逃威趋屋垝",仓卒从屋顶逃离,潜回法政学堂,
幸免于难②。

　　民国成立后,罗焌应邀参加广东新政府工作,1912 年冬,"承胡
汉民都督命,偕古、李诸君,率师五营,渡海平定琼崖匪乱",并专司琼
崖民政,1913 年春还兼理琼崖军务,旋即返粤,"在省署长内务"。及
"二次革命"事起,龙济光率师进占广州,炮击督署,搜捕民党,罗焌从
署中逃出,避往香港,稍后由上海回到湖南。1914 年冬,罗焌再到上
海,"将往广东谋进取",但探知事不可图,转往福建,郁居连江县署,
半年后仍返湘。1916 年,罗焌被聘任为湖南省议会秘书长。1918
年,张敬尧入湘肆虐,省议会播迁,罗焌辞职,任教于省城商业、师范
学校及美国教会所办福湘女子中学,讲授国文、历史等课程。1920
年夏,湘军北上获胜,谭延闿重任省长,省议会恢复,罗焌仍旧担任秘
书长,并兼任长沙县署第一科科长,但一年之后因居母忧而辞职。
1921 年秋间,他又应粤中旧友古应芬之邀,再赴广东助理政务,主管
全省实业。1922 年夏,广东政局因孙中山、陈炯明失和而生变,罗焌

---

① 罗焌《悲秋(悼秋瑾)》,《琳琅山馆文集》,《经子丛考(外一种)》,第 244—
　245 页。
② 罗焌《五十自述诗(之二)》,《琳琅山馆文集》,《经子丛考(外一种)》,第
　264—265 页。按,罗焌挽黄兴联追述此事:"义军起南粤城中,公从巷战,我
　作壁观,遗恨说同胞,三月黄花泣风雨。"附注:"辛亥三月二十九日,公与民
　军攻广东督署,不克,被害者七十二人,葬于小东门外黄花冈。余时在督署
　前,跳免。"(《经子丛考(外一种)》,第 448 页)

只好回湘①。

　　罗焌迭次经历变乱，深感时事多艰，加上体弱多病，决心退出宦途，专力学术。其实，他素有著述之志，肆习所及，往往用心编撰书稿。他早年诵读《昭明文选》，"酷好子云之文"，从严可均辑《全两汉文》中采录杨雄之作数卷，加上杨雄所著《方言》、《法言》、《太玄》、《训纂》、《琴清音》等书，加以考证，辑成《杨子全书》。在跟从张子云求学时，他因研习《尔雅》及郭注，从此留意训诂，著《尔雅正字》、《尔雅本义疏证》、《尔雅郝疏补正》、《古训纂》、《服虔〈通俗文〉义证》等。弱冠之时，他对《孝经》研究生出浓厚兴趣，撰成《孝经郑注集解》附《叙录》《考证》共二十卷。戊戌年他学习算学，又著《代数释例》九篇、《四元玉鉴演代》廿四卷。罗焌自称："三十以前，尝自题书室曰湘中琳琅山馆，所拟著书及已具草者三十余种。出游以后，兹事遂废。"李肖聃则追述罗焌前期的治学情况，分为三个阶段："始治小学，读段、桂诸家书，成《群经字诂》如干卷、《尔雅郝疏补》如干卷；继治《孝经》，成《郑注疏》如干卷；复治《诗》、《易》，成《诗三家辑说》如干卷、《周易郑注疏》如干卷。"罗焌游粤以后，讲习法律之学，编有《法学通论》、《刑法讲义》、《法政丛志》等书，同时对中国古代法家著作有所研读，曾就嘉庆重刻本《韩非子评注》详作批注。他对《管子·内业》尤为笃好，"以为儒、道二家身心性命之学皆基于是，爰仿阮文达《曾子注释》例，为《内业注释》十五章"。他还校勘过明末清初朱云阳的《参同契阐幽》，嗜读净土经典等，李肖聃称其"旁涉道经，研修佛乘，玄思所至，神识宏深，友朋未能测其所至也"。五十以后，罗焌大部分时间寓居长沙，潜心著述，从事石鼓文、钟鼎文、诸子学研究，先后编撰《石鼓文集释》、《金文隶古定》、《吕氏春秋集释》

---

① 以上引见罗焌《五十自述诗（之一）》、《五十自述诗（之二）》诗句及自注，《琳琅山馆文集》，《经子丛考（外一种）》，第263—266页。

等。从 1928 年以后,他被聘为湖南大学文学院教授,主讲诸子学,编成《诸子学述》讲义①。

1932 年 3 月 15 日,罗焌在长沙寓所病故②。

在罗焌逝后三年,李肖聃清检其遗稿,有《周易集解纂疏》二卷、《周易郑注疏证》二卷、《孝经郑注疏证》二十卷、《孝经叙录及师儒传述考》一卷、《论语集注疏证》二卷、《大戴礼记集解》一卷、《尔雅本义疏证》二卷、《尔雅正字》四卷、《夏小正经传考》一卷、《读孟子札记》一卷、《九经古义补》二卷、《石鼓文集释》一卷、《金文隶古定》二卷、《杨子云年谱》一卷、《陆宣公年谱》一卷、《太玄集解》一卷、《吕子集释》十卷、《韩子补注》二卷、《列子校注》一卷、《孙子注集证》三十卷、《琳琅山馆诗文词钞》三卷,"皆已成待写"③。经过罗焌友朋及女儿罗书慎陆续整理,先后刊行者有《诸子学述》、《琳琅山馆诗文联集》、《金文隶古定》、《石鼓文集释·说文补证》、《韩子校注》、《经子丛考(外一种)》(内收《历代师儒传述孝经考》、《日本师儒传述孝经考》、《曾氏转注说补正》、《韩子校注》、《杨子训纂篇集释》、《杨子云年谱》、《杨子师友征略》、《琳琅山馆文集》)④,其它书稿多已散失,少

---

① 以上引见罗焌《五十自述诗(之一)》自注,《琳琅山馆文集》,《经子丛考(外一种)》,第 263 页;李肖聃《罗君事述》,《诸子学述》,卷首第 1—2 页。

② 关于罗焌的生平与著述,另可参见罗书慎《先父罗庶丹生平》,《长沙郊区文史》第 4 辑(1988 年出版);黄曾甫《罗焌的生平与学术》,《诸子学述》附录,华东师范大学出版社,2008 年。

③ 李肖聃《诸子学述序》,《诸子学述》,卷首第 3 页。

④ 《诸子学述》,1935 年商务印书馆出版,1936 年再版;1995 年岳麓书社出版罗书慎点校本,2009 年再由华东师范大学出版社重新版行。《琳琅山馆诗文联集》,1991 年作为《长沙郊区文史》增刊印行,增补本改名《琳琅山馆文集》,收入《经子丛考》。《金文隶古定》,1998 年由罗家自费印行。《石鼓文集释·说文补证》,刊《人文论丛》,武汉大学出版社 1999 年出版。《韩子校注》,2000 年由《湖北诗词》编辑部刊行,后收入《经子丛考》。

数几种存世文稿仍有待整理。

二、《韩子校注》述评

1909年春，罗焌在广州书肆购得嘉庆甲子(1804)重刻姑苏聚文堂板《韩非子评注》，"以宋本、《藏》本、顾千里校本、日本宫内鹿川注本详校一过，三阅月始毕"①，留下数百处批注，对《韩子》书名与佚文等有所考证，对书中47篇文字细作检校，对不少字词、人物、史事、典故详作训解，对某些文句重新句读。1999年，罗书慎将罗焌批语、校注文字编辑成帙，附上罗焌所辑历代著录《韩子》的篇卷异同与宋元以来重要的《韩子》版本，以《韩子校注》为名刊印行世，为后人了解罗焌前期的诸子研究提供了宝贵资料。

《韩非子》这一书名流传已久，但罗焌首先予以正名，提出："汉、隋、唐、宋史志，阮孝绪《七录》及《通志》、《通考》、《意林》目录，焦氏《经籍志》与唐、宋人引此书者，皆止题《韩子》，不称《韩非子》。兹据改为此题《韩子》。"他根据历代史志和目录对此书的著录，提出恢复旧观改称《韩子》。《史记·韩非列传》论议中说"韩子引绳墨，切事情，明是非"，称韩非子为"韩子"，罗焌更从《史记·李斯列传》中，发现李斯数称"韩子"，指出"韩子同时人已称韩子"②，申述用《韩子》书名的正当性。后来他在《诸子学述》中再次指出："韩非之书，自汉至宋，诸史志皆称《韩子》，惟晁公武《读书志》题曰《韩非子》。"③此外，《韩非子评注》在序言中将韩非与张仪、苏秦等游说之士等视，对其干秦之说有所贬抑，罗焌也不能认同，认为"韩子之干秦，志在存

① 罗焌《韩子校注》，《经子丛考(外一种)》，第53页。
② 罗焌《韩子校注》，《经子丛考(外一种)》，第53页。
③ 罗焌《诸子学述》，岳麓书社，1995年，第35页。

韩,不得与仪、秦之徒相提并论",表达出对韩非人品与学识的崇敬①。

《韩非子》经历代传抄、翻刻,文句讹脱衍窜严重,有些甚至不能卒读,如《韩非子评注・凡例》即称:"是书讹缺既久,历考近本,无虑数十,皆出一轨。至阅《道藏》中所载,乃知近本又承此而讹也。……今依诸本更定,其间或有舛谬不可解者,尚余十一,不敢强为之说,以俟夫博雅者重加采辑。"清儒如卢文弨、顾广圻、俞樾、孙诒让等人续作考订、校勘,对宋、明刻本的错误多所是正,其中顾广圻《韩非子识误》三卷成绩最为显著。罗焌针对《韩非子评注》所刊《韩子》文句,与南宋乾道年间黄三八郎刻本、元至元年间何犿注本、明正统年间《道藏》本、明万历年间赵用贤刻本、日本宫内鹿川注本等对校异同,并引据《战国策》、《国语》、《老子》、《吕览》、《史记》、《韩诗外传》、《说苑》、《群书治要》、《绎史》等订正舛讹,对《韩子》作了一次细致校勘。例如,《二柄第七》"桓公虫流出尸而不葬",罗焌指出:"尸,《藏》本作户。据《十过》篇云'虫出于户',《藏》本是也。"②这里据《道藏》本纠正《韩非子评注》本误字,同时又有《韩子・十过》作为本证,较之卢文弨仅据《道藏》本更为坚实。《孤愤第十一》"其可以功伐借者,以官爵贵之;其可借以美名者,以外权重之",顾广圻据《道藏》本,于"其"下添"不"字,罗焌增加南宋乾道本为据:"宋本、《藏》本作'其不可借以美名者',此本脱'不'字。"③王先慎不以顾广圻之说为然,提出:"'借'字当在'名'字下,'其可以美名借者'与'其可

① 罗焌《韩子校注》,《经子丛考(外一种)》,第54页。按,王先谦《韩非子集解序》末句也说:"非劝秦不举韩,为宗社图存,画至无俚,君子于此,尤悲其志焉。"
② 罗焌《韩子校注》,《经子丛考(外一种)》,第72页。
③ 罗焌《韩子校注》,《经子丛考(外一种)》,第84页。

以功伐借者'句法一律,上不当有'不'字。"①其实,王先慎并无版本依据,仅以文法作校勘,随意移改原文,显然失当。即使从句法一律来审察,此句上文有"其可以罪过诬者,以公法而诛之;其不可被以罪过者,以私剑而穷之",与此句"其可以功伐借者,以官爵贵之;其不可借以美名者,以外权重之"句法更为严整。《功名第二十八》"故得天时,则务而自生",王渭提出"务"上当有"不"字,卢文弨据明代凌瀛初订注本认为"则"下脱"不"字,罗焌补充说:"宫内本有'不'字,《治要》引作'则不务而自生'。"②

　　对于清儒的校勘成果,罗焌主要是援引顾广圻的《韩非子识误》,旁采卢文弨、俞樾、孙诒让诸家考订《韩非子》的著述,有时予以补证,偶或作些纠正。例如,《初见秦第一》"襄主钻龟筮占兆",罗焌批注说:"顾云:筮,当从《策》作'数筴'二字。本书《饰邪》'凿龟数筴'凡三见,可证此为脱误。"③全采顾广圻的意见,纠正《韩非子评注》的讹误。《五蠹第四十九》"古者大王处丰、镐之间",罗焌说"大"当作"文"④,实是取卢文弨《群书拾补》之说。又如,《初见秦第一》"则是一举而坏韩、蠹魏、拔荆,东以弱齐强燕",卢文弨据凌瀛初订注本,提出此处衍一"强"字,罗焌说:"'强'字衍,当据《国策》削。宫内本与《策》同。"⑤他依据《战国策》和宫内注本,对卢文弨之说作了补证。《奸劫弑臣第十四》"人主所有术数以御之也",顾广圻指出"所"当作"非",罗焌提出宫内本正是作"非",《群书治要》引此句也作"非"⑥,为顾广圻提供了有力佐证。再如,《难言第三》"言而近世,辞不悖

① 王先慎撰、钟哲点校《韩非子集解》卷一,中华书局,1998年,第81页。
② 罗焌《韩子校注》,《经子丛考(外一种)》,第119页。
③ 罗焌《韩子校注》,《经子丛考(外一种)》,第63页。
④ 罗焌《韩子校注》,《经子丛考(外一种)》,第160页。
⑤ 罗焌《韩子校注》,《经子丛考(外一种)》,第62页。
⑥ 罗焌《韩子校注》,《经子丛考(外一种)》,第88页。

逆",顾广圻说:"逆,当作遝。《诗》'巧言如流',笺云:'故不悖逆.'《释文》云:'遝,五故反。本亦作逆.'按,遝作逆者,形近之误也。"《经典释文》载《诗经·雨无正》异文确是有力的根据,但顾广圻认为《韩子》书中"遝"、"逆"二字因形近致讹,却失之臆断。罗焌认为:"逆、遝,古字通。《释名》云:'逆,遝也。'"①经典中的异文往往因音、义相近而互相通用,罗焌之说显然胜过顾广圻。又《主道第五》"是故诚有功则虽疏贱必赏,诚有过则虽近爱必诛。近爱必诛,则疏贱者不怠而近爱者不骄也",顾广圻指出下句"近爱必诛"之下有脱文,王先慎进而认为此处脱文当是"疏贱必赏"四字②,罗焌则根据宫内本,将下句补成"疏贱必赏,近爱必诛,则疏贱者不怠而近爱者不骄也"③,不仅有版本上的依据,增补位置较王先慎更合语境。

《韩非子》虽然流传很广,但历代作注者并不多见。唐代尹知章之注,《新唐书·艺文志》已称其亡。旧有李瓒注,可能在宋代之前成书,但经元明人任意删削,后人已难睹全貌,并且较多舛误,清儒多所匡益。罗焌对《韩非子评注》所存旧注较为审慎,一方面称"注亦多可采者",对书中"或曰"、"一曰"所引旧注有所肯定,另一方面对旧注误释或未释者加以纠正、补充,对许多字词、人物、史事、典故等加以训诂或解说,在清儒匡正旧注的基础上又有所发展。例如,《初见秦第一》"其顿首戴羽为将军,断死于前,不至千人,皆以言死",旧注无训释,清儒纷纷异解,卢文弨认为:"顿,《国策补注》引作'颌',《说文》:'颌,直项也。''顿'字无理。"孙诒让提出:"顿首,疑作'顿足',下文'顿足徒裼,犯白刃,蹈炉炭,断死于前者皆是也',正与此文相应,是其证。"王先慎总结说:"顿首,当依《策》注作'颌首',犹言抗首

---

① 罗焌《韩子校注》,《经子丛考(外一种)》,第 66 页。
② 王先慎撰、钟哲点校《韩非子集解》卷一,第 30 页。
③ 罗焌《韩子校注》,《经子丛考(外一种)》,第 69 页。

也。'顿足'亦通,然与'戴羽'文义不贯。"①其实,"抗首"与"戴羽"
同样不相连贯。王先谦另谓:"《文选·羽猎赋》'贲、育之伦,蒙盾负
羽',《后汉·贾复传》'被羽先登',谓系鸟羽为标识也。'戴'与
'负'、'被',其义一耳。'千'当为'干',形近致误。干,犯也。'不
至干人,皆以言死',谓未至犯敌人时,皆言必死。"②他解"戴羽"甚得
原义,而改"千"为"干",训"干人"为临阵犯敌,未免臆断。罗焌作了
一番新的解释:"《荀子·劝学篇》'诎五指而顿之',顿,挈也。《曲
礼》'进剑者左首',首,谓剑环柎也。戴,犹载也。羽,谓旌旄也。顿
首戴羽,犹言仗剑拥旄。至,下也,见《易·临》虞注。谓言死者不下
千人也。"③他将"顿首戴羽"解作"仗剑拥旄",以"言死者不下千人"
说"不至千人,皆以言死",最合情境,也与下文"白刃在前,斧锧在
后,而却走不能死也"恰相对应。《说林上第二十二》"越人虽善游",
《韩非子评注》引或曰:"游,浮行水上也,与'遊'义别,当是钞胥笔
误。"旧注以为此处当作"游",罗焌却指出:"宋本、《藏》本、明本皆作
'遊'。遊,当读为汓。《说文》:'汓,浮行水上也。''游,旌旗之流
也。'义各别。"④他据宋明刻本坚持此句应作"遊",并训"遊"为
"汓",引《说文》加以区别,既受到旧注的启发,又纠正旧注的臆测。
又《难三第三十八》"君不知,则有燕操、子罕、田常之贼",旧注以为
"燕操"指燕国子之,顾广圻说"未详",罗焌说:"《史记·赵世家》:惠
文王二十八年,燕将公孙操弑其王。索隐:'按,乐资云:其王即惠
王。'旧注云子之,误矣。"⑤他认为"燕操"指弑燕惠王的公孙操,与宋

---

① 王先慎撰、钟哲点校《韩非子集解》卷一,第2—3页。
② 王先慎撰、钟哲点校《韩非子集解》卷一,第3页。
③ 罗焌《韩子校注》,《经子丛考(外一种)》,第60—61页。
④ 罗焌《韩子校注》,《经子丛考(外一种)》,第110页。
⑤ 罗焌《韩子校注》,《经子丛考(外一种)》,第147页。按,俞志慧《韩非子直
　　解》(浙江文艺出版社,2000年)即将"燕操"解作公孙操。

国子罕、齐国田常均为弑君之贼,而子之本是燕相,因贤能而受燕王
哙禅代,并无窃权弑君之罪,可见罗焌纠正旧注之误,也补顾校之阙。

自乾嘉以来,对《韩非子》的校订与训解日益增多,至光绪年间王
先慎作《韩非子集解》,"旁采诸说,间附己见"[1],实已集其大成。罗
焌在宣统年间批阅《韩非子评注》,似乎尚未见及《韩非子集解》(后
来在《诸子学述》中,他把王先慎的集解本推为历代《韩子》中的佳
本),他的校注意见有许多同于《韩非子集解》,加上《韩非子评注》本
并非《韩子》中的善本,不如王先慎据乾道本为佳,以致做了不少无谓
的校勘。不过,罗焌的批注中,仍有不少异于或胜过《韩非子集解》,
尤其是他在校勘时,较多吸取日本宫内鹿川《韩非子讲义》、津田凤卿
《韩非子解诂》的版本资料与研究成果,可以弥补王先慎忽略东瀛成
果的不足。所以,《韩子校注》作为一次独立的学术行为的结晶,仍有
一定的学术价值,理应得到后人的尊敬与重视。

三、《诸子学述》的内容与成就

罗焌在湖南大学讲授诸子学时编撰讲义,原拟为三编:"上编总
论,即《国学概论》之一部也;中编各论,即《周秦诸子学史》也;下编
结论(未成稿),即《周秦学说平议》也。"[2]1930 年,这部讲义以《诸子
学述》为名由湖南大学铅印行世,同年又由长沙六合公司出版,其上
编一名《子学概论》,中编一名《中国哲学史》。但罗焌两年后病逝,
《诸子学述》仍未完编,商务印书馆 1935 年出版时,不仅缺下编,中编

---

① 王先慎撰、钟哲点校《韩非子集解·弁言》,第 1 页。
② 此为罗焌 1930 年在《诸子学述》目次中自加识语,见商务印书馆 1935 年版
　卷首。

也缺杂家一章①。

《诸子学述》上编十二章,大体上可分为两大部分:其一,概述周秦诸子的基本问题,包括释名(诸子之定义与诸子著作称名之情形)、部居(历代史书及目录书著录诸子于分部之变迁)、家数(自《庄子·天下篇》至《隋书·经籍志》对诸子流别、学派之划分),同时对诸子各家著作之真伪及存佚各作考证,对《庄子·天下篇》与《汉书·艺文志》所述诸子之渊源加以评析,对古今学者有关诸子兴盛与衰废之原因作了总结,对诸子与经、史、集同源或相通之关系进行考察,对九流十家同出异名、同源异流、彼此非难之情形详加探讨。其二,总论诸子学研究的重要问题,包括诸子学研究的内容(考证学与义理学)、方法(分时代研究、分家数研究与分学理研究),以及汉代以来研究周秦诸子的学术简史。

《诸子学述》中编仅两章,却是全书的重心所在,分别对儒家、道家诸子详作论述。在体例上,罗焌先对各人的生平事迹、著述存佚略加考述,然后引述原文,分门别类评析其学说思想,对于某些重要人物,还仿黄宗羲《宋元学案》例,辑录其遗言逸事、后人评论,编纂弟子传,由此形成诸子各人的学术史。罗焌在评述诸子各人学说时,还与本派或别派诸子之说作异同比较,或者钩稽此种学说的渊源、流变与影响,由此形成儒家、道家一派的学术史。儒、道两家的学术史,无疑构成了中国古代哲学史的主体,罗焌可能因此把《诸子学述》中编另名为《中国哲学史》。在儒家章中,他论述曾子、子思子、漆雕子、宓

---

① 罗焌在上编末章最后一段说:"综而论之,周秦之际,由一家之学,支分派别,可紬绎而为百家者,其惟黄老之道学、孔门之儒学乎! 采百家之学,舍短取长,能综合而成一家者,其惟杂家之《吕氏春秋》乎! (详见中篇《吕子学述》)"(《诸子学述》,第113页)由此可知罗焌原拟在中编设三章,分别论述道家、儒家和杂家。

子、世子、魏文侯、李克、公孙尼子、孟子、荀子和《管子·内业》篇,对各自的人性论、修养论、教育主张、政治思想等细加评述,附论晏子、公孙固、董子和虞卿,其中论曾子、子思、孟子、荀子和《内业》最为详尽,最后在章末总结说:"上述儒学十家、《内业》一篇,附载四子,大都学儒者之业,受孔子之术者也。曾子、子思,本孔门嫡系。世子、宓子、漆雕子、公孙尼子之言性,与孔子稍异,其后遂分为孟、荀二派。宋、明性论,盖导源于兹焉。《孝经》有传,始自文侯;仲子说《诗》,受诸李克。此亦汉、唐以来传注笺疏之祖也。《内业》一编,马骕称其'精言奥义,可与《广成》、《阴符》相参',余则谓其治气、养心之术,实兼儒、道之长,非若法、墨诸家专务安人,不事修己也。至于晏子之谏多类滑稽,公孙之书惟论成败,董子仅传无鬼之论,虞卿终为游说之词,虽附儒家,无甚深义。"①在道家章开篇,罗焌即明白指出:"此派道术,盖权舆于黄帝,其后伊尹、太公、鬻子、管子,大都闻而知之。惟老子之学,博大深远,集其大成。……今述道学,当以老子为宗,然其前后诸家不可无述,爰依时代,以次论之,用符学史之例云。"②他选取黄帝、伊尹、太公、辛甲、鬻子、管子和老子等七人,各作评述,并始终以老子学说为参照,分析各人的道论、修养论、政治思想等,辨析同异,考镜源流,描画出道家之学从黄帝到老子的完整历史,也揭示出道家学说对儒、法、兵诸家的深刻影响。

罗焌研究周秦诸子时,兼重考证与义理,不仅大量征引周秦诸子各家原书与辑本、历代诸子校注与训释,还随文进行校勘、注释,纠正前人之误,疏通诸子之说,条分缕析,自创新解,正如张舜徽所称:"先生博治诸子,新获实多。"③以下根据个人研读《诸子学述》的心得,提

① 罗焌《诸子学述》,第 261—262 页。
② 罗焌《诸子学述》,第 263 页。
③ 张舜徽《重印〈诸子学述〉序》,《诸子学述》,卷首第 6 页。

出三点：

其一，对周秦诸子著作真伪的辨析。先秦著述一向不受信任，诸子之作更是怀疑重点，如《汉志》"诸子略"中，就对道家、杂家、农家、小说家的多种著述献疑，注明可能是后世增加或后人依托，后代学者遂依据《汉志》，将这些子书判成伪作。在《诸子学述》中，罗焌专门讨论周秦诸子书的真伪，对《汉志》的真伪考辨表示信服，但对所谓增加、依托作了新的解释："此之辩析真伪无可致疑，惟其所谓增加者，必古人原有遗书，而后人为之补集而附益之，如《尔雅·释诂》之作于周公，而后有仲尼所增、子夏所足、叔孙通所益、梁文所补，是也。其所谓依托者，必古人有此学说，而后人传之口耳而著录之，如孔子《春秋》之说，口授子夏，子夏亦口传与公羊高，又四传至汉景帝时，公羊寿乃共弟子胡毋子都著于竹帛，是也。前清末叶，习训诂学者奉《尔雅》为圣经，习今文学者守《公羊》为宝典，独至诸子之出于依托或增加者，则群斥为伪书（清人姚际恒仿明宋濂《诸子辨》，作《古今伪书考》，近人又有续姚之《伪书考》者），是知二五而不知一十者也。"[1]他以类比之法，对学界怀疑子书过甚的学风作了批评。关于先秦诸子著作情况，他接受前人的意见，指出一条普遍性的现象："先秦以前，作者百家，不皆亲自撰述，多由门人后学录其言行，缀缉成书。"[2]他又结合周秦诸子著述的具体情况，分析说："考之周秦子书，惟《老子》五千言、《孙子》十三篇，似少后人搀入之说；吕不韦辑智略士而

① 罗焌《诸子学述》，第16页。
② 罗焌《诸子学述》，第4页。按，孙星衍说："凡称子书，多非自著，无足怪者。"严可均说："先秦诸子皆门弟子或宾客或子孙撰定，不必手著。"（《诸子学述》，第26、19—20页）又江瑔说："周秦以前，儒者之撰述未必尽出己手，往往由门弟子述其师说缀辑而成，是以尊其师而称之曰子，后世即以其人之名名其书。此子部之书所由成也。"（江瑔著、张京华点校《读子卮言》，华东师范大学出版社，2012年，第1页）

作《春秋》，决非后人伪造之书。其他诸子百家，如《管》、《晏》、《孟》、《荀》、《墨》、《庄》诸书，并非一人自著，大抵皆其后学之所增加、依托也。后之读者，但须详考其增加或依托之时代，又明辩其学说之适用与否，以定其可信不可信耳。乌得决心疑古，概以伪书二字抹杀之乎？六国时人多依托三皇五帝之言，汉初士人或增加周秦诸子之说，刘、班皆为之著录者，以其近古而学说必有所受也。"对于考辨诸子著作的真伪，罗焌提出两个标准，一是子书的成书时代，二是诸子学说是否适用，并运之于《诸子学述》中："今述诸子之学，不得尽疑其书为伪，亦不敢尽信其书为真，但取时代之近古、学说之适今者，用为讲习之资而已。故凡唐以前人所增加或依托者，如今本《鹖子》、《亢仓子》诸书，皆予甄录，而萧梁时之《尉缭子》、魏晋时之《列子》，自无容疑议矣。清儒所辑之佚书，如孙星衍之《尸子》、黄奭之《李子法经》、曾国荃之《曾子家语》、孙诒让之《墨家诸子钩沉》，以及马国翰之《玉函丛书·子部》、严可均之《全上古三代文》，所据皆唐以前书，所存多子之精义，尤不能目为伪书也。"①罗焌提出根据诸子成书时代判其真伪，确有其合理性，非常适宜于先秦诸子著作真伪的考辨，但他将时代标准定在唐以前，未免过于宽泛，后人难以认同。其实比较可行的，还是罗焌总结的刘、班之法："六国时人多依托三皇五帝之言，汉初士人或增加周秦诸子之说，刘、班皆为之著录，以其近古而学说必有所受也。"②

其二，对周秦诸子学派归属的判定。《庄子·天下篇》最早分别评述诸子，而明分诸子家数，则始于司马谈《论六家要旨》，确定于《七略》与《汉志》，因此后世划分诸子学派，无不依据《汉志》。罗焌在判定诸子学派时，同样谨依刘歆、班固之说，但当刘、班异说或《汉

---

① 罗焌《诸子学述》，第16—17页。
② 罗焌《诸子学述》，第16页。

志》存在疑误时,他就依据史实加以裁判。例如,关于管子的学派,《七略》说"《管子》十八篇,在法家",《汉志》却将《管子》八十六篇列入道家,后来《隋志》依《七略》,著录《管子》十九卷于法家之首,道家类中却无管子著述,管子从此成为法家先驱。陈振孙对此颇为疑惑,在《直斋书录解题》中说:"管子似非法家,而世皆称管、商,岂以其操术用心之同故耶? 然以为道家,则不类。"陈澧则在《东塾读书记》中推测说:"《艺文志》以《管子》列于法家,或后之法家以其说附于《管子》书欤?"罗焌对于管子之学有一个基本的认识:"管仲后于太公而先于老、孔,亦道家之巨子也。吾读管子书,觉其囊括众家,罔不赅备。""盖管子学术,上承伊、吕,下启李、孔。今所传书,如《心术》上下、《白心》、《内业》、《弟子职》诸篇,实能贯通儒、道二家之微言大义者。《汉志》列《管子》于道家,列《弟子职》于《孝经》家,列《内业》于儒家,其识卓矣。"①他将管子从整体上定为道家,仍是承依《汉志》之说。为解管子是否属法家的疑惑,他首先从《管子》篇目入手进行考察,指出刘向校定管子之书,定著八十六篇,正与《汉志》相合,可见《汉志》中《管子》八十六篇列道家,"从《别录》也",而《七略》所说《管子》十八篇在法家,"盖由八十六篇中裁篇别出者",揭示出《七略》与《汉志》歧异的根源。他进而分析说:"自《隋志》法家首列《管子》,后之考经籍、修学史者,佥以管子为申、商之前驱,非、斯之先觉。不思刘《略》法家之《管子》书仅十八篇,班《志》道家之《管子》为八十六篇,其中原包有法治学说也。"他从两书著录《管子》篇数一多一少,推测被列入法家的十七篇可能是从列入道家的八十六篇中分析而来,主张《管子》全书原本包括法家学说,确有一定的合理性。罗焌接着从道家学说的流变和管子思想的来源及其博大,解释管子确属道家,其法治思想无不根源于道家学说。他说:"道家之学,施诸后

----

① 罗焌《诸子学述》,第 109、244—245 页。

世,其流必为刑名、法术之学,此史公所为以老子、韩非合传也。管子治齐,原修太公之业。至其贵法令、立威武,亦皆私淑太公之道术耳。据刘歆所录管子之法十有八篇,盖已散见现存之七十六篇中,名言络绎,不可殚论。兹但取其溯法之原、明法之用者,略分述之。"他列举《管子》书中《心术上》、《枢言》、《任法》、《明法》、《法法》等篇论法之原与法之用的文字加以分析,指出:管子言法之大原均出于道,"其所谓道,仍不外乎道德、礼义,而要归于无为之大道",管子之法治源于道,与纯任杀戮禁诛的法家全然不同,"近儒或仅推管子为法家,或谓管子非法理学家,皆一曲之论耳";管子论法之用,则强调君臣、上下、贵贱皆当守法以治国,尤当守法以自治其身心,"推本于正身节欲,其义至精,后人但尊管子为法家之祖者,诬矣"①。又如,关于晏婴的学派,《七略》称"《晏子春秋》七篇,在儒家",《汉志》儒家首列《晏子》八篇,隋、唐、宋各史志均著录于儒家,但柳宗元提出《晏子春秋》应列于墨家,"非晏子为墨也,为是书者,墨之道也",晁公武《郡斋读书志》、马端临《文献通考》依从柳说,而清修《四库全书》则移之于史部传记类,视为传记之祖。罗焌为此感慨:"是则《晏子春秋》始由儒家而入墨家,复由子部而入史部,迄今盖尚无定论也。"他认为《晏子》八篇"既不纯乎墨,亦不类于儒",至于《晏子春秋》皆述晏婴遗事,未可据为信史,不能列入史部,最后采取折衷之法:"今以诸子十家衡之,当属俳优小说一流。非晏子为小说家也,辑是书者小说家数也。兹姑仍《汉志》,附之儒家。"②既不失对《汉志》的尊依,又较好地判定了《晏子春秋》的流派。

其三,对先秦儒家心性学说的梳理。关于先秦儒家的心性思想,当代学术界并不十分重视,后来随着马王堆帛书和郭店楚简的出土,

---

① 罗焌《诸子学述》,第 295、314—319 页。
② 罗焌《诸子学述》,第 118、256—258 页。

思孟学派研究一时形成热潮。其实,民国学者在研究周秦诸子时早已发其覆,罗焌即是其中的典型。在《诸子学述》中篇儒家章中,罗焌在评述曾子、子思、世子、公孙尼子、孟子、荀子和《内业》篇时,特别注重发掘他们讨论人性善恶、主张养心养气的言论,彰显他们修心养性、修己治人的思想,并且上溯其源自孔子,下竟其流至宋明理学巨子,不仅描绘出先秦儒家心性之学的发展轨迹,也展现了儒家心性之学自先秦至宋明的历史脉络。例如,他评述曾子学说,一开始就指明"曾子之学,以慎独为宗,修身为本;而要其归,在于大孝;至于治国平天下,皆由至德要道推而放之",突出身心修养在曾子思想体系中的重要位置,然后在分析曾子大孝思想时,指出"诚身、顺亲之学,惟思、孟之传独得其宗,而实受之曾子",在分析曾子大勇思想时,又指出"其大勇实闻诸孔子,而孟轲氏得其传焉"。这样,罗焌通过对曾子思想的论述,提出"曾子真能传孔子之学者也"、孟子"盖由子思之门而上述曾子之学者",从而构建起儒家重孝、尚勇思想从孔子到曾子、再经子思到孟子的完整链条①。在评说子思修己之论时,罗焌先引子思所说"君子以心导耳目,小人以耳目导心",然后详作分析:"案:导,引也,先也,教也(皆本《纂诂》)。孟子传子思之学,故其言曰:'耳目之官不思而蔽于物,物交物,则引之而已矣。心之官则思,思则得之,不思则不得也。比天之所与我者(王引之曰:比,皆也)。先立乎其大者,则其小者不能夺也。此为大人而已矣。'(《孟子·告子上篇》)荀子亦云:'耳目鼻口形,能各有接而不相能也,夫是之谓天官。心居中虚以治五官,夫是之谓天君。'(《荀子·天论》)吕子亦云:'圣人深虑天下莫贵于生。夫耳目鼻口,生之役也。耳虽欲声,目虽欲色,鼻虽欲芬香,口虽欲滋味,害于生则止在四官者,不欲利于生者弗为(案:为犹治也,谓不治四官之欲。或曰'弗'字衍文,亦通)。由此

①　罗焌《诸子学述》,第119—124页。

观之,耳目鼻口不得擅行,必有所制(高注:擅,专也。制,制于心也)。
譬之若官职,不得擅为,必有所制(高注:制于君也)。此贵生之术
也。'(《吕子·贵生》)三子所述,皆足发明子思此二语之义。宋学心
传,亦本此旨也(如范浚《心箴》、程子《四箴》)。"①他引述孟子、荀
子、吕子之说,正可见子思对后学的影响,"宋学心传,亦本此旨"更揭
出子思之学与宋儒的关系。罗焌对荀子尤多新论,不仅论述荀学为
孔门正传,对前人尊孟抑荀的偏颇加以纠正,而且通过分析荀子的养
心论,发掘出荀子与宋儒理学的紧密联系:"荀子言养心,首以治气,
与孟子养气说不同。然宋儒变化气质之说,实原于此。"他总结《荀
子·解蔽》论养心有两大重点,一是强调"虚壹而静",二是主张"导
之以理,养之以清",然后评析说:"近人多疑荀子言人心'虚壹而
静',与其性恶论自相矛盾(见陆懋德《周秦哲学史》、胡蕴玉《荀子学
说》),盖未留意于'导之以理,养之以清'二语耳。理,即礼之义理
也。《礼记·乐记》云:'礼也者,理之不可易者也。'孟子曰:'理义悦
我心。'宋儒主性善之说则云:'心即理。'依荀子说,则此乃既导之以
理之后之心也。清之本义,为澂水之貌,引申为清净、为安静,字义皆
通。主静之学,始于孔子之言仁(《论语》云:"仁者静。"孔安国注云:
"无欲故静。"),而大阐于周子之《太极图说》(其说云:"五性感动,而
善恶分、万事出矣。圣人定之以中正仁义而主静,立人极焉。"本注
云:"无欲故静。"),其间盖又有荀子之'养之以清'及'虚壹而静'之
说也。"②又如《论衡·本性》引公孙尼子"言性有善有恶",而《申
鉴·杂言下》引公孙子曰"性无善恶",与告子"性无善无不善"之意
略同,罗焌将公孙尼子之说与王阳明的四句教联系起来,提出:"后人

---

① 罗焌《诸子学述》,第139—140页。
② 罗焌《诸子学述》,第202—206页。

多议王学堕入禅宗,而未考其说之原于公孙子也。"①此说虽有过于新奇之嫌,不过也能提醒人们多注意先秦儒家思想的丰富性及其与后代学说可能存在千丝万缕的联系。

四、结语

罗焌早年喜好词章,被乡人誉为文士,继而研习群经、嗜治小学,对经义、文字、音韵、训诂、版本、校勘均有探究,晚年浸淫于周秦诸子,凭借其深厚的经学功底和过硬的小学功夫,最终在诸子研究领域取得了显著成就。杨树达曾评誉罗焌"自音韵、训诂、校勘,以至儒、墨眇义,无不穷极奥要,得其指归",对罗焌的学术可谓了如指掌,他同时痛言"君死而余欲求一博学通识如君者,殆不可复得"②,"博学通识"四字更堪作罗焌的盖棺定论。

特别值得一提的是,罗焌研究周秦诸子,经历过一段较长时间的探索,"始治《韩》、《列》、《老》、《庄》,终诠《管子·内业》及《吕氏春秋》,精以证形神之相生,隐以通晐方术,泯末学之纷争,赜绝甄微,敷邑厥旨",由探究法家、道家,进而聚力于囊括诸家学术的《管》和《吕》,最终在《诸子学述》中融贯旁达,将九流百家归宗溯源于黄老之道学与孔门之儒学,"志欲发儒言之精,以通诸子之邮;亦采异家之长,用广吾学之路"③,申述《庄子·天下篇》及《汉书·艺文志》诸子出于古王官之论,对"五四"以来新派学者推崇诸子以贬抑儒学的过激主义暗下针砭,成为民国年间护惜中国传统学术文化格局的代表,在近代湘学史上留下一抹异彩。

---

① 罗焌《诸子学述》,第162页。
② 杨树达《诸子学述序》,《诸子学述》,卷首第5页。
③ 李肖聃《诸子学述序》,《诸子学述》,卷首第4页。

陈鼎忠的治经成就与经学思想

湖南经学自晚清异军突起,形成独具特色的"湖南学派",并以其遗泽余韵,造就出一批各有专精极诣的经学大家,其中既有鼎鼎大名的杨树达、曾运乾等人,也有生前享誉学界而后世知之者稀的孙文昱、陈鼎忠等人。特别是在经学失去独尊地位而日益走向崩解、遭到新派诋毁与打击的不利环境下,近代湖湘学者却一意坚守经学传统,甚至抗击时流,全力维护经学的独立与尊严,为在近代教育和学术文化体系中保持经学的应有地位而积极探索。以下对陈鼎忠经学研究的历程进行梳理,对《六艺后论》的经学思想加以评析,由此彰显现代湖湘学人在艰难时代守护经学的重要贡献。

一、生平要略

陈鼎忠,本字星垣,后改字天倪,光绪五年八月初六日(1879年9月21日)生于长沙府益阳县汾湖洲(今属益阳市赫山区泉交河镇)。

陈鼎忠的父亲陈鉴冰,"中岁家落,弃科举业,督治稼穑"①,躬耕陇畔时授之读经,"桔槔雅与吟声和,书案常随树影迁",如此四年,"六经读毕发垂颠"②。十一岁时,他转从同族陈远绪问业,"于制艺

---

① 陈天倪《族星畴先生碑文》,《尊闻室賸稿》下册,中华书局,1997年,第960页。
② 陈天倪《八旬忆往七律十六首》之一,《尊闻室賸稿》下册,第878页。

外,教以治《易》",前后五年,由此粗知经术①。后来,陈鼎忠进入益
阳箴言书院,喜其藏书丰富,苦读六年,沉潜于训诂、诗文与史籍,"以
深宁、竹垞为归,著有《诂谳》等书",因读史成诵,"有目为陈通鉴
者"②。但他因《诂谳》"书未完而遭损,以后不甚谈经"③。1898 年,
陈鼎忠就学于长沙城南书院,"值戊戌变法议起,余著《九辩》、《八
原》、《十二难》、《十八议》等篇,统名《瓠言》"④,慨念国艰,痛陈时
事,正如他的忘年知交吴嘉瑞所评:"虽沉浸古训,不废言时事。怆怀
军国,爰撰《瓠言》:《八原》以究俶真,《九辩》以析物颐,《十二难》以
黜时论,《十八议》以明本术。其称引天人之际,可云博矣。"⑤1899
年,陈鼎忠考取秀才,后又考入湖南优级师范学堂、省立法政学校。
他渐受民族民主革命思想熏染,又从佛经中悟出平等之说,因此积极
投身于辛亥革命:"三十以后,颇究内典,得一切平等之说,不复尊君。
辛亥革命,从事鼓吹。"⑥武昌起义后,陈鼎忠作《送友人赴鄂观战》
诗,援引儒家夷夏大防和《春秋》公羊复仇之义,宣扬反满兴汉⑦。湖
南光复后,他相继任《长沙日报》、《湖南公报》、《国民日报》撰述,鼓
吹民主与共和。

　　汤芗铭督湘后,"设官书局,招致儒士",陈鼎忠入选后,怆念国
故,专意于史。他说:"余谓族之所以立者谱,国之所以存者史。史
存,国虽亡,亦必变;史亡,则国虽存,亦必亡。如巴比伦、埃及、墨西

① 陈天倪《族星畴先生碑文》,《尊闻室賸稿》下册,第 960 页;《八旬忆往七律十
　　六首》之二,《尊闻室賸稿》下册,第 879 页。
② 陈天倪《八旬忆往七律十六首》之三,《尊闻室賸稿》下册,第 879 页。
③ 陈天倪《家书四》,《尊闻室賸稿》下册,第 982—983 页。
④ 陈天倪《八旬忆往七律十六首》之四,《尊闻室賸稿》下册,第 879 页。
⑤ 吴嘉瑞《治法序》,《尊闻室賸稿》下册,第 723 页。
⑥ 陈天倪《八旬忆往七律十六首》之七,《尊闻室賸稿》下册,第 880 页。
⑦ 陈天倪《送友人赴鄂观战》,《尊闻室賸稿》下册,第 796—797 页。

哥、秘鲁,其初皆与中国等盛,国亡而文化与之俱亡(今之墨西哥、秘
鲁,乃西班牙文化);印度、波斯,亡虽未久,而国无史籍,不能纪其世
次,难于再兴。吾华夏自魏、晋以下,国力凋敝,然乱于五胡,割于拓
拔、宇文,内于女真,亡于鞑靼,数过时迁,仍能统承烈祖,修其旧物,
史之效也。"出于存史以兴国的心志,他立下宏愿,欲以一二人之力,
编撰一部全新的中国通史:"因古史纵有通古、断代二家,横有编年、
纪传、纪事三体,皆有所明,不能相通,惟综其条贯,勒成一家,国之典
章经制、理乱兴衰,与夫学术文章、民物风俗,尽纳其中,如网在纲,以
上缀百王之统,下系神明之胄于勿敝,乃为史文大成。爰总撰百家,
述为通史。"①他对此书期望甚大,自称"其历史视《通鉴》为长(《通
鉴》仅一千三百年,兹五千年),而范围又视《通鉴》为广(《通鉴》仅详
理乱,兹典章及学术无所不包)"②。但事与愿违,1916 年官书局因时
局牵扰停办,"书未及成,丛稿亦毁于兵燹。屡拟筹款续完,时局不
宁,未能如愿"③。陈鼎忠为此抱憾终生,从此无意修史,晚年还作诗
说:"广征载籍绵三统,真是洪炉冶万钧。未感获麟先绝笔,端门回首
总怆神。"④不过,精心设计出综二家、通三体、创五例的《叙例》,后来
极受史家称赏。1934 年,南京高师缪凤林认为"即兹发凡起例之文,
已足以传百世、俟来者",将《通史叙例》刊印行世,列入南京中国史
学会丛书。柳诒徵应邀作序,称其"刺乙部之利病,起百王而辜摧,正
闻洪纤,罔弗贯串,闳识渊怀,刘子玄所不逮也"⑤。

　　1924 年,"蒿目四顾,有触于怀"的陈鼎忠,因受吴嘉瑞激发,奋

---

① 陈天倪《曾运乾传》,《尊闻室賸稿》下册,第 970—971 页。
② 陈天倪《家书四》,《尊闻室賸稿》下册,第 981 页。
③ 陈天倪《通史叙例·目录识语》,《尊闻室賸稿》下册,第 557 页。
④ 陈天倪《八旬忆往七律十六首》之九,《尊闻室賸稿》下册,第 880 页。
⑤ 柳诒徵《通史叙例序》,《尊闻室賸稿》下册,第 555 页。

笔写出《治法》①。他"外睹世变,内悼国危"②,提出西人学说不必适
用于中国,中国立法宜依据本国历史与文化。针对当时盛行的帝制
复辟思想,他断言"共和之不可返于帝制",力主维护民主共和的政治
体制:"共和之制,总统虽未必皆贤,然必久任职事,富于经验,决无含
乳啼哭、问蛙公私者厕足其间,使能慎重选举,得人而理,重其职权,
厚其威信,以董率百僚,经纬庶政,则有事权统一之效,而无篡弑革除
之惨,其优于帝制,断断如也。"③针对时人主张采行欧洲联邦制或推
行省自治之说,他指出欧洲宜分、中国宜合,各有其地理与历史的原
因:"是故泰西之合,如束薪然,急之则裂,缓之则解,罗马并兼而治不
进,拿破仑威胁而速亡,职此之由;中国之合,如一人然,四肢五官隶
于一身,合之则生,析之则死,观于汉、唐、宋、明之所以盛,与六朝、五
季之所以乱,可以晓然于其故矣。"因此,中国不能盲目仿效欧洲,不
能分土而治,仍应维持统一的局面④。《治法》持论既与时流有异,与
主张分治以实现个人野心的军阀更是背道而驰,当然无法实现其致
用的初衷,虽当世大儒如章太炎、章士钊、吴嘉瑞、柳诒徵等交口称
誉,"政客固未能读也"⑤。

　　1926年,因《治法》一书声誉四起的陈鼎忠,应聘执教于东北大
学。他因不满于中原军阀混争引起的政局动荡与文化陵夷,对张作
霖苦心经营、一家独霸的东北边隅寄予厚望,作诗称赞东北大学说:
"循阶西上启巾箱,璧水桥门护讲堂。方领雍容新国子,漆书班剥古
文章。卯金礼乐存三蜀,典午衣冠集五凉。留得大球夷玉在,中原板

①　吴嘉瑞《治法序》,《尊闻室賸稿》下册,第724页。
②　陈天倪《治法·自叙第一》,《尊闻室賸稿》下册,第728页。
③　陈天倪《治法·国体篇第五》,《尊闻室賸稿》下册,第739—742页。
④　陈天倪《治法·国制篇第六》,《尊闻室賸稿》下册,第743—745页。
⑤　陈天倪《家书四》,《尊闻室賸稿》下册,第982页。

荡不须伤。"①他满怀信心,要在天时地利的关东传播正学,"敢云化俗循王烈,且喜传经续国渊"②,"稽古独欣文溯在,天留秘籍启通儒"③。因此,他在东北大学精心研究和讲授经学,著成《六艺后论》,并着手编撰《九经概要》。然而,倭寇虎视眈眈下的东北大地,并非他意想中的乐土,因"日本屡在沈阳滋事,进犯之意已明,遂南归"④。陈鼎忠于1929年回湘,受聘为湖南大学中文系教授兼系主任。1932年秋,他转应唐文治之聘,任教于无锡国学专修学校。1934年秋,又改应中山大学校长邹鲁之聘,任该校教授兼文史研究所主任。1937年,他仍回任无锡国学专修学校,后因抗战事起,于8月间匆匆返湘。此后,陈鼎忠执教于私立民国大学,颠沛于宁乡、溆浦等地。抗战胜利后,陈鼎忠改任国立师范学院教授。1947年秋,他应聘担任益阳文献委员会委员兼县志主修,1949年志局解散后即回乡闲居。

新中国成立后,陈鼎忠被聘为湖南省文物管理委员会委员。1960年初秋,他与湖南省文史馆馆员彭昺合作,编纂《经文统钞》,耗时一年有余,将汗漫难稽的十三经经文删繁撷要,依时代先后散配入三编之中,"文辞与时代一系相承",建立起从伏羲、神农直到春秋战国的完整历史谱系,另附别录,仿《日知录》之例,厘订经文讹误与注

① 陈天倪《初至辽东东北大学任教即事咏怀即复曾太史重伯刘广文腴深》之三,《尊闻室賸稿》下册,第828页。
② 陈天倪《初至辽东东北大学任教即事咏怀即复曾太史重伯刘广文腴深》之一,《尊闻室賸稿》下册,第828页。
③ 陈天倪《初至辽东东北大学任教即事咏怀即复曾太史重伯刘广文腴深》之七,《尊闻室賸稿》下册,第829页。
④ 陈天倪《由辽还湘授学湖南大学即事咏怀八首》之七,《尊闻室賸稿》下册,第834页。

家漏失，"含邈绵于尺素，吐滂沛于寸心"①。这部他自许为"古今所无"的旷代奇作②，当时无法刊印，至今仍尘封在湖南省图书馆。

1968 年 10 月 18 日，陈鼎忠病逝于长沙，终年九十岁。

二、经学研究述要

陈鼎忠撰于箴言书院的《诂谳》，是他最早的一部经学著作。此稿未传世，后人难知其详，但根据他后来的追述，仍可窥见一斑："余少时谓汉儒以经术决狱，予欲以狱法决经，参互证订，有如爰书，名为《诂谳》。"③吴嘉瑞对此书稿也深有印象，评述说："陈子天倪，产于穷壤，而辛苦劬学，年裁弱冠，即键户治经。谓汉儒以经术决狱，某则欲以狱术决经，刺取汉儒异义悬案未决者若干条，以原诂为诉状而观其依据，以通学为证人而视其取舍，以后代经生墨守家法者为讼师而核其辩护与互讦，最后施以判决，参互钩距，有如爰书，故号《诂谳》。"④可见，陈鼎忠早年不仅谨守汉学，还试图运用谨严细密的治学方法，对纠纷难解的汉代经学若干问题进行判决，使之一朝定谳。陈鼎忠在为好友曾运乾作传时，也回忆说："湘中经术，自魏默深提倡今文、王壬秋标榜《公羊》，戊戌变法，康氏孔子改制之说遂盛行于国。星笠颇和之，余则好《周礼》、《左传》，各是其是，未尝相忤也。"⑤这里更是明确揭示出他固守古文经学的立场。

---

① 陈天倪《经文统钞例言》，《尊闻室賸稿》下册，第 934—938 页。书成之时，他赋《喜〈经文统钞〉竣稿》诗："遥遥华胄绍签铿，石室金縢一手传。不有蒲轮征国老，定来谒者访遗纶。"（《尊闻室賸稿》下册，第 882 页）
② 陈天倪《家书十五》，《尊闻室賸稿》下册，第 997 页。
③ 陈天倪《家书四》，《尊闻室賸稿》下册，第 982 页。
④ 吴嘉瑞《治法序》，《尊闻室賸稿》下册，第 723 页。
⑤ 陈天倪《曾运乾传》，《尊闻室賸稿》下册，第 970 页。

　　1918 年,陈鼎忠鉴于修史无功,转而治经,"以大部书不能成,拟成小书数部",计划撰写三部经学书。一是《诸子引经考》,意在指陈清代校勘学者轻易改字的过失:"因清儒好以诸子引经与经不同者改易本文,余以前人引书多不依文(清时为汉学者始不误引,不能以此范围古人),因举此书与彼书引经不同者,一子之中引经文亦先后不同,以正轻改经文之谬。"二是《诸子语订》,针对晚清以来学界推崇诸子、黜抑儒经,提出"诸子之语,多出传闻,不可尽信"。此书大要有三:"一、以经订子,凡子与经不同者,皆经是而子非。二、以传订子,凡子与传不合者,皆传是而子非。三、诸子引事,大体多同,而时有小异。引古论学亦然。兹以真订伪(如《荀子》、《墨子》为真,《亢仓子》等为伪,其说同者,皆伪本改易真本),以前订后(如《吕氏春秋》在前,《淮南子》在后,其相同者,皆后袭前语),以专门订杂识(其他例甚多,不能具举)。"三是《金石证经》,"仅草具凡例",大约是想从历代金石材料中搜集资料,为经书研究提供佐证。然而,前二书皆未成而遭毁,使陈鼎忠再受打击,"始知大书不可成,小书亦不能成,慨然曰:斯世而有天倪,已妄矣;天倪而欲存其名字,是重妄矣。从此不亲笔砚者数年。"①从这些简单的回忆中,可以推知陈鼎忠这一时期的经学研究,主要是通过对诸子与金石等材料的爬梳、厘正,纠正前人及时流的偏弊与过失,力图护持经学的尊严与独立。

　　1926 年,陈鼎忠执教东北大学后,"一意述经,刺取经解百余种,衷以己见,为《六艺后论》,辅以《九经概要》(《周易》、《尚书》、《诗》、《周礼》、《仪礼》、《礼记》、《春秋》、《论语》、《孝经》、《孟子》)"②。

---

① 陈天倪《家书四》,《尊闻室賸稿》下册,第 981—982 页。吴嘉瑞在《治法序》中也说陈天倪在修通史未果之后:"虽销声闾里,不忘论述,旋草《诸子引经考》、《诸子语订》、《金石证经》等书,以贫故,时出漫游,未竟其业。"(《尊闻室賸稿》下册,第 723 页)
② 陈天倪《家书四》,《尊闻室賸稿》下册,第 982—983 页。

实际上,他是效法郑玄《六艺论》"总论以纲全经,分论以明各学"①,以《六艺后论》为总论,以《九经概要》为分论,"总论通述历代经学之源流变迁,于式为纵","分论别著各经之纲领条贯,于式为横"②。《六艺后论》当时已经完成,《九经概要》的编撰则持续十年之久,但只出版《孝经概要》上篇(1927年东北大学刊本)、《孟子概要》(1934年无锡国学专修学校刊本)和《周易概要》(1934年中山大学刊本),其它书稿虽先后编就,但未印行,也未流传下来。陈鼎忠同时又著有《六艺论衡》、《六艺微言》两部书稿,其中《六艺论衡》有一部分刊于常德《新潮报》。在1948年的一封家书中,他对自己二十余年的经学研究作了回顾:"余说经凡三部。一、《六艺后论》及《九经概要》,言经学家之历史及各经之纲领,按经分篇,以考订为主。二、《六艺论衡》,据时代分篇,大约依马骕《绎史》文,以议论为主,皆余一人之说,其中亦有前人引端未尽其义而余引伸其义者。《七略》无史部,以《史记》等书附于《春秋》之后。余《通史》以经从史(见《史例·以经为史》条),此则以史从经,由秦、汉至清,皆附于《春秋》之后。三、《六艺微言》,则为性道之言,约六经之旨以成文。余论心性、义理之学,与宋儒大同小异,大约依明儒湛甘泉之说,益阐其理,而行以文中子《中说》之文。明儒言理学较宋儒有进步,如宋儒分天理、人欲截然为二,谓理与欲绝不相容,必尽去人欲始得天理。此堕入释氏灭情复性之说。如此饮食、男女皆是人欲,必不嫁娶衣食而后可,而理学家中无能此者,已行不通。稍宽一步,又堕入戴东原《原善》之说,尊欲灭理,非沦人道至禽兽不止。余谓天理即在人欲中,人欲得当处即是天理(如做事得正俸是天理,俸外多取一文即是人欲;男女居室是天理,苟合即为人欲)。湛甘泉随事随物体认天理之说与余合。文中子

---

① 陈天倪《六艺后论·自序》,《尊闻室賸稿》上册,第8页。

② 陈天倪《孟子概要·目录识语》,《尊闻室賸稿》上册,第435页。

《中说》无一语出六经之外,余《微言》二十多篇多与彼合。附以自注,将阳明异说驳除无余。"①《六艺后论》详述历代经学源流,《九经概要》细说各经条贯,《六艺论衡》总括经学要旨,《六艺微言》则畅谈一己新意。这样,从述史进而立论,陈鼎忠对中国经学史和经学思想作了一番全新的论述。可惜的是,《六艺论衡》和《六艺微言》均未留存于世。

陈鼎忠还批评清儒不知经学大要,一生沉迷于小学而不能自拔:"古者七岁入小学,十五岁入大学。小学科目凡六:入孝、出弟、谨行、信言、亲爱、学文。大学科凡六:格致、诚意、正心、修身、齐家、治平。小学之事本极简单,至多一年可了,而段玉裁垂老尽气只治《说文》一部,而《说文》只小学学文之初基,要到治平,非有彭祖之寿不可。"②他又批评清代以来音韵学研究走入迷途③,因此特撰《原名》、《成均》两书,想要对文字学、音韵学作正本清源的工作:"音韵之学,今人愈说愈繁,形学蔽目,音学蔽声,迷误后学,其何有极。余拟著《原名》(单形为文,合体为字。《说文》是说单文,《解字》是解合体字。文字通,可谓之名。原名即是文字学),以求文字之归;著《成均》,以求音韵之归(均就是韵。大学教乐,故《周礼》师氏掌成均之法以教国子,即是韵之大成)。"④他又说:"余念音韵学之破碎,永无已时,思为《成均》一书。"⑤自顾炎武将古韵分为十部,江永分为十三部,段玉裁分为十七部,江有诰分为二十一部,王念孙分为二十三部,意见纷陈,各有所执。陈鼎忠指出:"惟孔广森分十八部,最得其要,然阳声十部去

---

① 陈天倪《家书四》,《尊闻室賸稿》下册,第 983—984 页。
② 陈天倪《家书四》,《尊闻室賸稿》下册,第 984—985 页。
③ 在《六艺后论》中,陈鼎忠批评戚学标《汉学谐声》、苗夔《说文声订》、龙启瑞《古韵通论》。
④ 陈天倪《家书四》,《尊闻室賸稿》下册,第 985 页。
⑤ 陈天倪《家书六》,《尊闻室賸稿》下册,第 988 页。

其一,阴声八部而增一,便阴阳相配,各为九部,亦未为得。"①他在前人研究的基础上加以改进,提出一种新的意见:"《成均》平、上、去各分十八部(内阳声十部,阴声八部),入声分十部(有阳无阴),合为六十四部。"②1937 年他从无锡匆促返湘时,将这两部书稿连同其它行李寄存在当地,但十年后接到无锡来函,得知寄存之书已经亡失。他又多次将《成均》之例告知研治音韵的曾运乾、骆鸿凯、马宗霍、黎锦熙,希望这几位好友能够完成其夙愿③。

此外,陈鼎忠还有一小册遗著《诗经别论》,不知撰于何时,1993 年由《中国韵文学刊》总第 7 期刊出。他用不到两万字的篇幅,对《诗经》学史上的一些重大问题作了新的解说与讨论,提出孔子无删《诗》之事、《诗经》之精美者在其辞采、《诗》亡而后骚赋作等新颖命题,并胪陈《诗序》、《毛传》和《郑笺》的诸多误说误解,颇能启发后学。

三、《六艺后论》的内容与思想

在陈鼎忠现存的经学著述中,《六艺后论》无疑是一部代表作。《六艺后论》现有两个版本,最早的是陈鼎忠执教湖南大学时的刊印本,后来略加增修,商请友人陈柱作序,1934 年由钟山书局出版,列入南京中国史学会丛书。1948 年,陈鼎忠拟将《六艺后论》改名《六艺通义》,经其五子陈云章联系,转请章士钊作序,交商务印书馆再版,但未有结果。1963 年,弟子吴则虞鼓动他将书"改装更名,去其不合时宜者",又经陈云章一再敦请,陈鼎忠很快作了更改修正,并寄

---

① 陈天倪《曾运乾传》,《尊闻室賸稿》下册,第 971—972 页。
② 陈天倪《家书四》,《尊闻室賸稿》下册,第 985 页。
③ 陈天倪《家书四》、《家书六》,《尊闻室賸稿》下册,第 983、988 页。

请其子陈述元添加标点,再谋出版,不过仍是不了了之①。

《六艺后论》除序言外,分上下两卷,共有 24 篇,依次为:开宗明义、载籍原始、宣圣订修、及门绍述、汉儒传授、建学设科、今古争议、谶纬流行、古学大著、通学代兴、承制定经、魏晋改制、南北异学、音学大明、注义画一、宋学变古、朱学穷理、心学末流、清儒复古、改制驳议、孔《传》定谳、异文炫奇、研经方术和儒效引义。从其框架结构和行文论述中,可以发现深受皮锡瑞《经学历史》的影响,不仅全书的整体架设是建立在皮锡瑞所分经学十个时代的基础上,书中还有不少论断与语句直接援引自《经学历史》。从整体上看,《六艺后论》属于经学史的范畴,同时又具有鲜明的经论色彩。

从“载籍原始”篇到“清儒复古”篇,陈鼎忠征引历代正史志传,对中国经学的产生、形成、发展、中衰与复盛的历程作了十分详尽的论述,对各个重要时期经学演变中的重大问题与主要经学流派作了细致考察和评析,提出了不少新颖别致的意见。例如,关于孔子与六经的关系,古文学家主张孔子述而不作,今文学家相信孔子删订六经以垂教万世,晚清公羊学者则论证孔子创制六经以托古改制。陈鼎忠在“宣圣订修”篇中,对这一重大问题作了全新的考察和论述。他提出:“孔子生周之衰,睹王道微缺,礼乐崩坏,深惧家弦户诵之朝,复返于污尊抔饮之列也,于是求书于周,刊定而训释之,传诸其徒而布之天下。”据此,他将孔子修订六经区分为五种情形:一是传述,《周礼》、《仪礼》是也;二是编校,《尚书》是也;三是订正,《诗》、《乐》是也;四是赞释,《周易》是也;五是著作,《春秋》是也。经过陈鼎忠的清理,孔子与六经的关系变得十分清晰,颇能道出其中的实相。他论孔子作《春秋》,说:“盖夫子有言:载之空言,不如见于行事之深切著明。故作《春秋》以当一王之法,上明三王之道,下辨人事之纪,文成

---

① 陈天倪《家书十五》,《尊闻室賸稿》下册,第 997 页。

数万,其指数千,要在拨乱世反之正,固非诸史所敢拟也。"他又引《礼记·经解》所载孔子论六经之教一段话,然后说:"盖孔子编订六经,用以垂教,而发其归趣如此。"①陈鼎忠坚持认为,孔子对于六经,既有所述,又有所作,不止于整齐故事、传承文献,而是修道立教、师表万世,这实际上接受了今文学派的部分意见,与传统古文学派的信念大有不同。但陈鼎忠同时指出"孔子有德无位,故于《礼》但传述而训释之,不敢改制,曰'《礼》记自孔氏',则谓孔子作《礼经》者诬矣"②,强调六经均来源于上古三代,孔子并未依托古代擅加制作,对晚清公羊派的观点加以排斥。又如在"魏晋改制"篇中,陈鼎忠对魏晋时期的三礼之学特别关注,并与两汉经学加以对比,彰显出魏晋经学崇礼重实的学风,再从经学史、思想史的角度给予定位与评价,实是发前人所未发③。再如第十四篇"音学大明",通过对周、秦、两汉以来文字音韵学史的简单追溯,对"集韵学之大成"的陆法言《切韵》作了重点论述和大力表彰,这是以往各种经学史书或经学通论著作中所罕见的④。

　　与《六艺后论》对历代经学源流的梳理、对各家各派治经得失的评判相比,陈鼎忠对中国经学命运的深切关注、对经学至尊地位的极力护持更为引人瞩目。他对晚清以来各种贼经害道、标目炫奇的言行深恶痛绝,指陈近人有四失:一曰盲瞽,踵习前儒疑经辨伪之风,"甫闻经名,即争今古;未亲简册,便语伪真。肆口谩诋,百倍囊初,吠影吠声,俄遍天下";二曰眚祥,倡言托古改制,轻诋圣贤,妄疑古史,"拟宣圣于瞿昙,齐四术于十字,谓事皆创作,道匪宪章。于是托古之

---

① 陈天倪《六艺后论·宣圣订修》,《尊闻室賸稿》上册,第26—34页。
② 陈天倪《六艺后论·宣圣订修》,《尊闻室賸稿》上册,第28页。
③ 陈天倪《六艺后论·魏晋改制》,《尊闻室賸稿》上册,第128—129页。
④ 陈天倪《六艺后论·音学大明》,《尊闻室賸稿》上册,第139—143页。

说,由《春秋》而及《尚书》;制法之谈,推《王制》以至《仪礼》。其始欲以尊圣,其继乃以灭经。猖狂黄吻,土苴琬琰。匪但疑尧、舜为一人,直欲等夏、商于大素";三曰穷奇,争相嗜治殷商甲骨、秦汉简牍、唐钞残卷,"欲藉以刊礼堂之定本,黜泬长之古文,饰智惊愚";四曰沟督,信奉六经皆史之说,贬抑孔子,"谓智周万物为玄谈,以结集群经为至诣。于是大成之玄圣,遂夷于《七略》之国师"。陈鼎忠提出:"凡兹四失,俱足乱经,而反道败常,前二为烈。若非辨章绝业,何由荡涤祲氛?"①他同时又宣称:"六籍之道宏矣,下走夐陋,无能为役,惟平生之所兢兢自守者有三要义:一曰信古,二曰尊经,三曰述圣。"②因此,除在自序中揭明"辨惑钩玄"的撰作旨趣,他还安排了开宗明义、改制驳议、孔《传》定谳、异文炫奇和儒效引义等五个专篇,针砭时流,畅发议论,使《六艺后论》呈现出十分激烈的论辩气味。综而观之,陈鼎忠经学思想中最值得注意的有以下几点:

第一,批评疑古,标榜信古。

疑古者认为三代典籍出于后人伪托,中国远古历史难以信据,陈鼎忠却认为:"凡属古书,皆有后人增补。其晓然可见者为真,其毫无间隙者反近于伪。今以其中有增补者,遂并其真者而疑之,则《史记》有褚少孙所补,亦可云非史公作耶?"对于疑古者借用西方考古学、民族学、历史人类学的原理来怀疑中国古代历史与文化,他加以严厉批评,指斥其有三蔽③。

陈鼎忠在信古思想的指引下,博引群书,综合各种古史传说,描述出中国上古文明的演进历程与繁盛局面:"中国自史皇作图,即有初文;伏羲画卦,稍具哲理。神农教稼穑,修城郭,尽变畋渔游牧之

---

① 陈天倪《六艺后论·自序》,《尊闻室賸稿》上册,第6—8页。

② 陈天倪《六艺后论·开宗明义》,《尊闻室賸稿》上册,第10页。

③ 陈天倪《六艺后论·开宗明义》,《尊闻室賸稿》上册,第10—12页。

制,始易野而文。历八世至黄帝,而制度大备,弓矢舟车宫室衣裳之属,增华加厉,勿俟论矣。其精者如造南针以定准望,厘六书以统文字,取嶰竹以正律吕,为《内经》以究息脉,作浑仪以齐历象,铸货币以利交易。凡所以察百官而治万民者,无乎勿具。拔山通道,方行天下。东至海,西至崆峒,南至江,北逐荤粥。画野分州,经土设井。取乾坤之象,垂衣裳之治。此文明之第一期也。自少昊以逮颛顼,更数十世,劣能自振。尧、舜有作,创制显庸。继以大禹,三圣同揆。建学明伦,缉礼裁乐。内立九官,庶绩毕举;外奠九州,府事聿修。巍巍成功,焕有文章。此文明之第二期也。夏启嗣位,文德浸衰。商汤革新,仅堪守府。绵延千载,阒焉寡闻。爰逮文王、公旦,始宏作述。布在方策,郁郁彬彬。此文明之第三期也。"①

　　自康有为宣称上古三代茫昧无稽,胡适、顾颉刚等对中国古史极表怀疑,研究中国文化只从《诗经》讲起,将中国历史拦腰切断。这种以虚无主义的态度对中国古代历史与文化的处理不无偏颇与流弊。陈鼎忠力言中国远古文明有典可稽,确有纠偏救弊的作用,但他矫枉过正,信古走得太远,不仅提出中国上古有三期文明,还声称"此三期者,文物声名,不相上下"②,认为这三次文明的繁荣程度几近一致,并非后盛于前,实在让人匪夷所思。至于他征引多种明显有后世伪托或出自后人伪造的资料,更难免滋人口实。

　　第二,反对惑经,批评疑经辨伪。

　　惑经者谓经书有伪,陈鼎忠却提出:群言淆乱折诸圣,"圣人之所以述经者,即为折衷群言之故。今反以群言淆经,可乎?"他对历代疑经辨伪的结论予以反驳,对疑经辨伪的学者肆意批评。他力论《周礼》不是伪书,确属周代典制,为周公未成之作:"盖周公摄政,必因革

①　陈天倪《六艺后论·载籍原始》,《尊闻室賸稿》上册,第20—21页。
②　陈天倪《六艺后论·载籍原始》,《尊闻室賸稿》上册,第21—22页。

殷制,草具临时之法,其后欲整齐画一,更为一制。冬官未成而公薨,汉代购之不得者,非民间故匿之,原无此篇也,然由此愈可证其非伪矣。"尤其是对已成定谳的伪《古文尚书》,他极力为之申诉,论证出自孔壁的《古文尚书》,经由孔安国而代代相传,最后由梅赜献上朝廷,从此流传后世:"夫以帝王经世之典,宣圣刊定之书,外遭焚毁,内经蟫蠹,掇拾补苴,仅存其半,而又一罹巫蛊之厄运,再遭博士之排摈,至终汉之世,湮没不彰,可云酷矣。幸而梅仲真上其书,孔颖达疏其义,遂以大行于世。"因此,他对吴棫以来历代辨伪之人一再非难,而对为《古文尚书》鸣冤辨真者则大加表彰①。陈鼎忠还专作一篇"孔《传》定谳",洋洋数万言,后因篇幅过大,只得另印专书(可惜并未印行)。此外,陈鼎忠还在"及门绍述"、"宋学变古"、"心学末流"、"清儒复古"等篇中,一再讥弹疑经辨伪的学风,抨击各个时期议经、改经的学者。例如他评北宋经学新风,斥责说:"窃谓毁注之罪小,毁经之祸大。今日荒经蔑古,浸至亡种,推原戎首,责固有攸归也。"②又如他从卫护伪《古文尚书》的角度,来论定洪良品、吴光耀的经学贡献,说:"自徽、吴以经术倡,闽、浙、湘、粤翕然承风,而鄂居大江上游,独无以此发迹者。会《古文尚书》遭阎、惠之锻炼,虽有毛奇龄为之冤辞,而不能平反其谳。宵人乘之,纵其淫辞,遂至无经不伪,三极彝训,不火而焚。清光绪十年,王懿荣疏请芟去《尚书》中古文,洪良品严劾之,议遂不行,著《古文尚书辨惑》十八卷,《析疑》、《商是》、《腾言》各一卷。吴光耀与之同时,又著《古文尚书正辞》三十三卷,较洪氏尤为精博。数百年之狂焰,一扫而空,六艺赖以不坠,卫道之功,侔于神禹矣。殆江汉炳灵之英,留以有待欤?"③

---

① 陈天倪《六艺后论·开宗明义》,《尊闻室賸稿》上册,第12—17页。
② 陈天倪《六艺后论·宋学变古》,《尊闻室賸稿》上册,第159页。
③ 陈天倪《六艺后论·清儒复古》,《尊闻室賸稿》上册,第208页。

经学从晚清开始衰落,民国以后日益陵替。"五四"时期"打倒孔家店"的呼声,特别是"古史辨运动"兴起以后弥漫学界的疑古辨伪思潮,更使经学陷入空前的生存危机。陈鼎忠在这样的时代背景下,对疑古惑经、疑经辨伪的言论、主张加以批评,倡导信古、护经,自有其时代意义,但他退回到为伪经伪传充当辩护士的立场,这在民国年间确是少见的迂腐。

第三,标榜"述圣",批判非圣无法。

所谓非圣无法者,陈鼎忠归为两类:一是误解孔子,前有章学诚,认为周公"经纶制作,集千古之大成","若孔子则不过学周公而已,周公之外无所谓学",后有章太炎,宣称"孔子没,名实足以相抗者,汉之刘歆";二是诬毁孔子,以清代常州公羊学派为代表,倡言素王改制,"踵其事而增华,则有附益谶纬,旁证夷裔,而以孔子为教主者矣"①。前者卑视孔子,贬抑于历史文献家之列;后者则高视孔子,推尊为创教传道的教主。陈鼎忠针锋相对地标出"述圣"的口号,通过对孔子与六经、与儒学关系的研究,力求还原孔子的本来面貌,正确评定孔子的历史功绩。

陈鼎忠提出"导源者千圣,会极者尼山"②,认为孔子修订六经虽然前有所承,但不是纯粹的述而不作,而是述中有作:"六籍之始,统纪不明,义例未一,迨尼山修订,成一家言,传诸名山,布之天下,始焕然大明。"因此,他批评章学诚"泥于述而不作之言,而不知述即为作;蔽于官学之说,而不知私学愈于官"。章太炎虽能申明孔子修定六籍、创建私学之功,但他无视孔子修明儒学的巨大贡献:"孔子之道,固不外夫六经。若其开物成务,彰往察来,范围天地而不过,放之四海而皆准者,实有精义入神之妙用,参赞化育之功能。"陈鼎忠因此讥

---

① 陈天倪《六艺后论·开宗明义》,《尊闻室賸稿》上册,第17—18页。
② 陈天倪《六艺后论·自序》,《尊闻室賸稿》上册,第7页。

责他"徒玩章句,而以部次缀缉尊孔氏,是犹未免于藩鷃之测天,井蛙之语海也"。

对于以创教来诬孔子,陈鼎忠通过宗教与儒学的比较,揭示出二者的根本差异:"夫宗教仪式,虽家自为方,而共同者亦有数端:一、教所由创,直受于天。或称单生之儿,或云主祀之仆。神灵首出,前无所因,侈谈瑞异,以神其事。……二、诡设天堂,广辟净土,诱人以来世之福、永生之乐。三、建立法嗣,统一徒众,总持教权,横行天下。若吾宣圣诞降,纬书所纪,洵多祥符,而经传所明,绝无怪异。其为道也,祖述尧、舜,宪章文、武,而非由自创。其称天也,取以证道,而非用为救主。其教人也,始于格致,终于治平,独善兼善,修己治人,而非藉以求生天之福、免轮回之苦。……今试举六经所言,与《创世记》、《涅槃经》相较,稍识字者皆能判别。"他由此斥责利用孔教之徒是自欺欺人①。

至于晚清以来盛行的公羊学,陈鼎忠更是深恶痛绝,专设一篇"改制驳议",并以全书最大的篇幅,一再征引章太炎、刘师培、朱一新等人的论著,对刘逢禄、龚自珍、魏源、王闿运、皮锡瑞、廖平的经学主张逐一批驳②。对撰写《新学伪经考》与《孔子改制考》的康有为,陈鼎忠尤其鄙薄之至,在论清代今文经学时称"自季平而下,有今文别派出,猖狂曼衍,不得厕于儒林之末矣"③,又谓"康氏之说与经无关,不应录,以荒经蔑古之习实自此启,故引通儒刘师培所驳斥者附于此",在"改制驳议"篇末特设附录,将康有为的经说归结为五条,以

①　陈天倪《六艺后论·开宗明义》,《尊闻室賸稿》上册,第17—19页。
②　陈天倪《六艺后论·改制驳议》,《尊闻室賸稿》上册,第222—253页。
③　陈天倪《六艺后论·清儒复古》,《尊闻室賸稿》上册,第216页。他另在"开宗明义"篇中批评历代疑经辨伪学者时说:"此外如崔述《考信录》时有悖语,康氏《伪经考》专肆狂猜,惟庸故妄,等诸自桧以下可也。"(《尊闻室賸稿》上册,第17页)

几近全篇三分之二的篇幅作了大肆讨伐①。

第四,极意尊经,以经书统领群籍,以经学融摄众学。

陈鼎忠认为,自刘歆"列六艺于《七略》之一",后来者皆将经书单独设部,是有尊经之名而失其实:"一切学术,咸出六艺,异子史百家于经,亦无异别子孙于父祖。"因此,他提出一种新的图书编目方案:"窃谓宜分群籍为七部,肇立嘉名,以经为首,余以类从。甲类首《周易》,凡诸子中自撰之书,成一家言者隶之(如老、庄、申、韩皆是)。乙类首《论语》、《孝经》、《孟子》,凡诸子中辑录之书,及集部之不属于文辞者隶之(如名儒名臣文集以说理论事为主者)。丙类首《尚书》,凡纪事之史隶之(如《国语》、《战国策》之类。或谓《尚书》纪言、《春秋》纪事。按:专纪言之书如《论语》、《孟子》,不可名史。《尚书》首列《尧典》即为纪事,《禹贡》全篇并无一言,其他纪言之篇亦首列事状,非为虚发。且事可包言,言不可包事,今定为纪事史之首)。丁类首《春秋》,凡纪传、编年之史皆隶之(或谓纪传体本于《尚书》,然史公明言本《春秋》,班固世纪称《春秋》,考纪实准《春秋》而作,与《尚书》阔略无年次者不侔。盖以本纪为经,世家、列传为传。其传虽与《左传》依经附传稍异,然其大旨则无殊也)。戊类首《三礼》,凡典章经制之书(《通典》、《通考》之属)、兵农学伎数术之学皆隶之(凡西人所云哲学皆归《易》类,所云科学皆附于《礼》类)。己类首《诗》,凡诗赋词曲及骈俪之文均隶之(西人所云美术之文皆属此类)。庚类首《尔雅》,凡文字、音韵、训诂之学隶之。其余小说杂技,则别为一类,附于简末。庶治学者可溯流以探其源,循本以考其末,而经之囊括万有,亦不烦言而明矣。"②自从西方近代科学图书分类法传入中国,传统的四部分类法逐渐被淘汰,经书失所依归,被拆分

---

① 陈天倪《六艺后论·改制驳议》,《尊闻室賸稿》上册,第 253—272 页。

② 陈天倪《六艺后论·儒效引义》,《尊闻室賸稿》上册,第 291—292 页。

到各个不同的部类。这其实也是影响中国经学走向消亡的原因之一。陈鼎忠别出新见,发明出七部分类法,将十三经依不同体制,分居各部之首,不仅统率旧有群籍,还可融摄西学新书,实现以六艺统领一切学术的设想。

陈鼎忠还将经学与同属形而上的西方宗教、哲学进行比较,评判其高下优劣。他认为经学并非宗教,但以理服人、引人向善,其效力并不下于宗教:"宗教家言教主之神灵百出,与信教者生天之福利,不过欲起人信仰,而坚其向善之心。若六经所言圣人,不出庸言庸行,无瞿昙生行七步指天画地之奇。为其学者,备尝艰苦,仅得身后微名,非有净土天堂之乐,而其居常也,则忍欲以践形;临变也,则舍生而取义。王公失其贵,陶朱失其富,贲、育失其勇,仪、秦失其辨。举天下之刑驱势迫,无有能喻此者,越数千年而勿替。盖真理之服人心,百倍于迷信。是非宗教而具宗教之效力也。"至于西方哲学,无论本体论、认识论与人生哲学,尽管派别繁多,却全为中国经学所包有:"如彼所谓唯物论,即自明诚谓之教也;唯心论,即自诚明谓之性也;一元论,即太极太一之体也;多元论,即五行五德之学也;相制论,即并育并行之说也;并行论,即不诚无物之义也。其言现象,有原子论,即《易》之阴阳变化,而《中庸》所谓至小莫破也;有超绝神论,即《礼》之郊禘祈报,而《诗》所云出王游衍也。至人生哲学,莫尚于中国之伦理,尤不待言矣。其认识之法,则有独断论、怀疑论、批评论、观念论、唯理论、经验论、实在论等派,聚讼不休,而皆不如《中庸》之博学、审问、慎思、明辨,循次渐进,为至备而当。是非哲学而哲学举莫能外也。"他由此得出一个结论,中国经学"有宗教之信而无其迷,有哲学之利而无其弊",确实可称作三极彝训,为恒久之至道、不刊之鸿教①。

在西学汹涌、国学盛行的民国年间,原来独尊的经学,已经难以

---

① 陈天倪《六艺后论·儒效引义》,《尊闻室賸稿》上册,第293—294页。

作为一门独立的学科继续存在于现代文教体制之下。陈鼎忠针对这一现状,重新论定经学在现代学术文化体系中的地位,企图重建"经之囊括万有"、统御众学的局面,竭力维持经学的独立与尊严,做出了可贵的探索,具有积极的意义。

四、结语

陈鼎忠博闻强记,学识渊懿,集经学、史学、文学于一身,成就甚大。近代著名诗人陈衍曾赠给陈鼎忠一诗,赞誉其学识与人品:"渊怀晦迹少人知,岳岳南雍一大师。三百年来谁抗手,亭林经术牧斋诗。"湘学后劲张舜徽则在《湘贤亲炙录》中推崇说:"舜徽所见湖湘诸老辈,以才气论,要推先生为最卓。诗文并美,逸气横溢,而典丽实冠一时,特以不自表襮,世人知之者稀耳。"因此,陈鼎忠在现代湖湘学术文化史上的地位,今天应充分肯定。

陈柱在为《六艺后论》作序时说:"其书务求匡昔儒之六弊,救近人之四失。其主辩而博,其辞精而奥。浅学所不能卒读,辟儒或病其逆耳。斯岂非卓然有以自信、不阿世俗者之所为乎!"①事实确是如此,在现代疑古惑经思潮激荡、经学屡遭批评与否定的背景下,陈鼎忠孜孜不倦地从事经学研究与教学,卓然自立,不阿世俗,甚至抗击时流,对疑古、惑经、非圣的思想主张痛加针砭,竭力维持经学的独立与尊严。尤其是在经学难以作为一门独立学科继续存在于现代文教体制的时代,他企图通过构建"经之囊括万有"的学术文化格局,不仅要为经学在现代学术文化体系中谋取一席之位,还想恢复经学统御众学的昔日荣光,延续中国文化的千年慧命。陈鼎忠的这种努力,与马一浮发明"六艺该摄一切学术"如出一辙。但遗憾的是,陈鼎忠的努力及其成就,并不像马一浮那样引起今人重视。

---

① 陈柱《六艺后论序》,《尊闻室賸稿》上册,第5页。

符定一及其《联绵字典》

　　所谓联绵字,是一种由两个音节联缀成义而不能分割的词语,古人称之为"复名"、"联字"、"连字"、"连语"、"骈字"或"二文一命"。中国古代文献中有大量的联绵字,《尔雅》以来的各种字书也相继集释联绵字,但历代学人习惯于"分文析字",误将构成联绵字的两个汉字分开训解,"说者望文生义,往往穿凿而失其本指"①,所以联绵字研究一直是中国训诂学领域的一大盲区。宋代张有《复古编》在历史上第一次标出"联绵字"之名,并在卷六收录58个联绵字,可是他对联绵字的认识并不全面,以至将联绵字拆开作解。清儒如方以智、钱坫、朱骏声、王念孙、段玉裁等,相继对联绵字展开研究并各有创获,可惜研究成果没有得到集中的呈现。至于明代朱谋㙔《骈雅》开始专释联绵字,清代吴玉搢《别雅》训解双音节词,史梦兰《叠雅》专释叠字,但都不是专门的联绵字典。1922年底,担任北京大学国学门通信导师的王国维,郑重向国学门主任沈兼士建议开展"古文学中联绵字之研究",提出:"联绵字,合二字而成一语,其实犹一字也。前人《骈雅》、《别雅》诸书,颇以义类部居联绵字,然不以声为之纲领,其书盖去类书无几耳。……若集此类之字,经之以声而纬之以义,以穷

---

① 王念孙《读书杂志》七《汉书第十六》,中国书店影印本,1985年,第31页。

其变化而观其会通,岂徒为文学之助,抑亦小学上未有之事业欤!"①
他不仅敏锐地指出开拓联绵字研究的学术新领域,还萌生出编纂一
部联绵字典的想法,由此引起学界对联绵字的普遍重视,遗憾的是
1927 年王国维在颐和园昆明湖自沉,遗留下来的三卷《联绵字谱》离
他理想中的联绵字典还有很大的距离。直到符定一编出四百多万字
的《联绵字典》,集历代联绵字收录与研究之大成,联绵字才以独立的
姿态与恢宏的面貌,正式走进中国语言文字学的殿堂。符定一也因
为以一人之力,费三十年之功,完成这部煌煌著作,被誉为中国小学
史上"古今一人"。

一、生平与行事大略

符定一字宇澂(或作宇澄),号悔庵,光绪五年(1879)生于湖南
衡山县留笔塘(今白果镇五一村)②。

符定一幼受庭训,在父亲符义玉教导下习读九经,继由叔父符炳
光授以《公羊传》、《仪礼》、《周礼》、《尔雅》、《昭明文选》,均能背
诵③,打下扎实的经学与小学根基。他先入读湖南南路师范学堂,
1903 年考入京师大学堂师范馆,1908 年毕业后,任资政院秘书、顺天

---

① 王国维《致沈兼士》,房鑫亮编《王国维书信日记》,浙江教育出版社,2015 年,
第 687—688 页。
② 关于符定一的出生时间,现有 1877 年、1878 年、1879 年、1880 年等说法。按,
符定一在《联绵字典》撰成时,与书稿合影留念,注明"民国二十九年上巳摄
景",并自题"时年六十有二";1947 年符定一被国民党特务逮捕时又自称 68
岁,随后天津《益世报》采访报道称"符定一今年已六十八"(《益世报》1947
年 2 月 26 日第 4 版),由此推算,他应出生于 1879 年。启功主编《中央文史
研究馆馆员传略·符定一》也作 1879 年出生。
③ 符定一《联绵字典·自叙》,中华书局,1954 年第二版,卷首第 7 页;《联绵字
典·后叙》,卷首第 40 页。

高等学堂教习。

辛亥革命后,符定一回到湖南,"元、二、三年,职司教育"①,历任湖南省公立高等中学校(即后来的省立第一中学)校长、湖南高等师范学校校长,兼任湖南省教育会副会长,并一度执教于湖南公立第一师范学校。符定一执掌全省公立高等中学校时,发现毛泽东极有文才与思想,特意加以培养,"师生相处甚得"②,情谊至笃。袁世凯复辟帝制时,符定一因与杨度、叶德辉等关系密切,出任筹安会湖南分会副会长。1918 年,符定一被选为安福国会众议院议员,迁居北京。毛泽东也因组织湖南青年赴法留学到北京,得到符定一的关照和资助。五四运动爆发后,在北京大学召开的北京各校全体联合大会上,符定一以议员身份发表演说,表示"社会对于此次学界举动深表同情,即鄙人亦甚赞同,以后进行,愿效犬马之劳"③。1921 年夏,叶德辉游北平,寓居符宅,及秋间叶德辉南返,符定一汇集其诗文,刊行《郋园北游文存》④。1925 年,符定一回湘省亲,恰值毛泽东因领导工人运动被赵恒惕政府缉捕,他以毛泽东是湖南了不得的人才,"向当局把他保出"⑤。湘直战争爆发后,符定一充当赵恒惕的代表(符与赵同是白果镇人),同直系军阀吴佩孚联络,得到吴佩孚信任,并因此在 1926 年 6 月被任命为北京政府财政部次长兼盐务署署长,至 1927 年 3 月辞职⑥。此后,符定一潜心著述,编撰《联绵字典》。

---

① 符定一《联绵字典·后叙》,卷首第 33 页。

② 《平老儒符定一抗议检查致书市长》,《益世报》1947 年 2 月 26 日第 4 版。

③ 《中国现代史教学参考资料》第一分册,上海教育出版社,1960 年,第 12 页。

④ 符定一《郋园北游文存序》,叶德辉《郋园北游文存》,王逸明主编《叶德辉集》第 2 册,第 57 页。

⑤ 《平老儒符定一抗议检查致书市长》,《益世报》1947 年 2 月 26 日第 4 版。

⑥ 钱实甫编《北洋政府职官年表》,华东师范大学出版社,1991 年,第 62—63 页。《益世报》1927 年 1 月 14 日刊发《符定一有烟酒督办希望》,称符定一"与吴方关系甚深"。

　　日寇侵占北京后,符定一返乡隐居,在长沙筹资创建衡湘中学,又在老家捐款兴办竞存小学。抗战胜利后,他仍回到北京。1946年6月,符定一应中共中央主席毛泽东之邀,到延安访问三个月。在毛泽东主持的欢迎大会上,符定一揭露蒋介石的独裁与国民党政府的腐败,吁请中共兴正义之师,救民出水火之中①。从延安回到北京后,符定一积极参加反蒋统一战线,1947年2月被国民党特务逮捕。经叶剑英营救,符定一数天后被释放,接受天津《益世报》记者采访,并发表致北平市长何思源的公开信,抨击国民党践踏人权②。1948年10月,经毛泽东安排,符定一到达河北平山县李家庄(中共中央统战部驻地)。1949年1月,符定一与李济琛、沈钧儒、马叙伦等55人联名发表《我们对于时局的意见》,坚决支持中共中央对时局声明中提出的八项和平条件。6月,符定一作为无党派民主人士代表参加新政治协商会议筹备会,随后参加中国人民政治协商会议第一届全体会议。中华人民共和国成立后,符定一出任政务院文化教育委员会委员,不久又接受毛泽东的委托,与柳亚子等筹建中央文史研究馆,并担任第一任馆长。

　　1958年5月3日,符定一病逝于北京,骨灰安葬于八宝山革命公墓。在5月6日举行的公祭上,毛泽东、刘少奇、周恩来、朱德、陈云、邓小平等送花圈,悼词对符定一的一生作了很高的评价,周恩来总理特别指出他有三大贡献:"一是首先发现毛泽东同志为中国的有用人才;二是建党初期、支持党的活动,营救党的领袖;三是晚年参加反蒋斗争,对建设新中国有贡献。"③

---

① 启功主编《中央文史研究馆馆员传略·符定一》,中华书局,2001年,第3页。
②《平老儒符定一抗议检查致书市长》,《益世报》1947年2月26日第4版。
③ 启功主编《中央文史研究馆馆员传略·符定一》,第2页。

二、《新学伪经考驳谊》简述

符定一究心于文字学研究,对许慎《说文解字》极为笃信谨守,因此针对康有为大肆诋毁《说文》,撰作《新学伪经考驳谊》,1937 年出版后轰动一时。

康有为在《新学伪经考》中,将《毛诗》、《古文尚书》、《周礼》、《春秋左氏传》等古文经传指为刘歆所伪,对《史记》、《汉书》中称说"古文"之处一概加以诋斥,"非以迁书为歆窜,即以班书为歆撰"①,并对《说文解字》加以攻击,认为篆文直承籀文,否认"古文"是先秦文字,将《说文》斥为"伪古学",将书中所收古文指为"伪字"。《新学伪经考》自 1891 年刊行,遭到章太炎、刘师培等古文学家的激烈批评。钱穆又在 1930 年发表《刘向歆父子年谱》,列举西汉元、成、哀、平时期相关史实,对刘歆伪作古文经传以助王莽篡汉的说法作了彻底驳斥。但就在 1932 年,疑古先锋钱玄同在北京大学《国学季刊》上发表《重论经今古文学问题》,作为《新学伪经考》新刊本的长篇序言,高度肯定康有为的辨伪功绩,再次激起学界对康氏学说的反感与批驳。1933 年,章门高徒黄侃到北京,与符定一往来论学,相约共护《说文》,促成他撰书批评康有为。符定一在 1936 年所作《新学伪经考驳谊叙》中回忆说:"三年前,友人黄君侃游北平,一日语予曰:'自今已往,吾两人相约护《说文》。'予应之曰:'毁《说文》不遗余力者,《伪经考》也。'黄君曰:'君撰《联绵字典》,储备经说,可起以驳康君。某有一二证,可有助也。'未几,黄君赴京,余亦旋湘。去岁黄君弃世,予率尔撰此。经术浅薄,言之无文,……勉践黄言,粗陈固陋,敢云护

① 胡玉缙《新学伪经考驳谊叙》,《许庼学林》卷十,中华书局,1958 年,第 254 页。

《说文》哉!"①书稿完成后,符定一特意赶到苏州,送请章太炎审阅,得到章太炎的指正,"章审核全稿,承商榷者四处",肯定"书甚佳,可宣布焉"②,并在其主编的《制言》上,先行刊载《〈新学伪经考驳谊〉摘录》,包括符定一的自序和考辨《左传》、《说文》真伪的五节文字③。胡玉缙看到书稿后也欣然作序,誉称符氏之作"实为不可少之书"④。可见,符定一撰《新学伪经考驳谊》,是延续章太炎一派的做法,对康学作新的批判。

对于《新学伪经考》的总体风格与主要内容,符定一概括说:"夫《伪经考》之为书也,其征引也博,其属词也肆,其制断也武,其立谊也无稽,其言之也不怍,其意若曰:古文生于赝鼎,古书假于屋壁,《周官》制于新室,《左传》分于《国语》,《毛诗》托于毛亨,《说文》原于伪学,歧路有歧,岂可信哉。"所谓"古文生于赝鼎,古书假于屋壁",实际上指出康有为全书的两大中心论题:一是指斥"古文"文字之伪,一是指斥古文经传之伪。因此,符定一的批驳也相应地分为两大部分,即论证古文字与古文经皆不伪。他将《新学伪经考》的相关论断进行归纳,划作四类:一是关于《史记》、《汉书》者,二是关于《古文尚书》、《毛诗》者,三是关于《周官》、《左传》者,四是关于《说文》者。在每一类中,他归结出若干论题,立为一事,先摘取康氏书中各处原文,然后一一予以批驳,《新学伪经考驳谊》因此分作四卷,合为三十一事,其中第一卷自一事至六事,兼论古文字与古文经;第二卷自七事至十

---

① 符定一《新学伪经考驳谊叙》,《新学伪经考驳谊》,商务印书馆,1937年初版,卷首第1—2页。
② 符定一《新学伪经考驳谊叙》,《新学伪经考驳谊》,卷首第2页。
③ 符宇澂《〈新学伪经考驳谊〉摘录》,《制言》第16期。按,《制言》所刊文字与商务印书馆版行者颇有差异,有些文句见于《制言》而不见于书中,可见《制言》所刊不纯是对书稿的摘录,也可能是符定一在出版前对书稿作了增删。
④ 胡玉缙《新学伪经考驳谊叙》,《许庼学林》卷十,第254页。

四事,第三卷自十五事至廿五事,均专论古文经;第四卷自廿六事至卅一事,专论古文字。全书纲举目张,浑然一体,"证得经与字皆不伪"①,对《新学伪经考》作了彻底批驳。在符定一的批驳中,最为重要的有以下数事,现摘录其标题如下:

> 一事:秦始皇同书文字,证明列国文字不止一体。五经,有撰于史籀以前者,最初书册当然为古文而非籀文,孔、左承用,何得云伪。

> 三事:《史记》宣布之后有多本,不能由刘歆一人遍窜,马迁说古文者可信。

> 六事:刘歆移博士书,岂能当众造谣,足以证明古文经不伪。

> 十四事:《毛诗》与《孟子》、《史记》合,其为何休、蔡邕今文家所引,尤足征其不伪。

> 二十事:子夏、孟子、荀卿、韩非之伦用《左传》,证明《左氏》实传《春秋》,刘歆引传解经,实有所本。

> 廿一事:汉朝制礼用《左传》,今文家复多用《左传》之言,即龚胜、师丹,亦援引而不以为伪,且公认为传《春秋》。

> 廿三事:《左氏》往往与今文相合,非歆立伪。

> 廿五事:桓谭、王充均说刘向好《左氏》,证以《说苑》、《新序》、《五行志》、《列女传》,向说多本《左传》。

> 廿六事:《说文》采用今文学,康谓《说文》皆伪古,不攻自破。

> 廿七事:《说文》小篆皆自古文变出,证明古、篆一贯,小篆与今文经字不伪,则古文亦不伪。

> 三十事:《说文》声类与《诗》、《易》、《楚辞》相合,足证《说文》非伪学。

---

① 胡玉缙《新学伪经考驳谊叙》,《许庼学林》卷十,第254页。

在符定一之前,章太炎的《春秋左传读》、刘师培的《汉代古文学辨诬》、陈汉章的《〈周礼〉行于春秋时证》等,竭力搜采先秦至西汉的古文经书、经说,力证古文学并非始自刘歆,但符定一认为,援引古文经典作证,"乃康氏诋为伪经者也,此不足以钳其口而折其角焉",所以他别辟蹊径,"力避古经之证,其今学引古文者,则列举之,庶几无词目议其伪也"①。为彻底驳倒康有为对古文学的诋毁,符定一改变方式,从《公羊传》、《穀梁传》、《孟子》、伏生《尚书大传》、韩婴《韩诗外传》、董仲舒《春秋繁露》、刘向《新序》等今文家奉为圭臬的著述中,找出今文家引用佚《书》、《毛诗》、《周官》、《左传》的各种实例,证明古文经传的真确性。他还细检《说文解字》,发现许慎经常引用先秦及两汉的今文字句,以《说文》采用今文学的确凿事实,使康有为所谓《说文》皆伪古的说法不攻自破。符定一自称这是一种抓根干而不穷枝叶的做法:

> 先立乎其大者,则其小者不能夺也。篆、籀相承,籀之前其无字邪?羲皇迄于周宣,"不离古文者近是",三体石经,厥意可得而说,古文之有昭昭矣。韩婴曰:"秦弃《诗》《书》,大灭圣道",古学之起,其何疑之有焉?《武城》之策,《孟子》取之;《书序》之词,《史记》载之。《大司马》之典,《书传》证之;《左氏》之事,《韩诗》述之。《毛传》之恉,鲁说同之;《诗序》之文,《独断》著之。"褆平"之言,见之京氏;"出涘"之诂,本之伏生。然则《书》、《诗》、《周礼》、《左传》、《说文》,其荦荦大者悉征信矣,余则迎刃而解,不几如土之委地乎? 夫然后古经真矣,无违教焉可也;许书不爽矣,安学博喻可也。②

---

① 符宇澂《〈新学伪经考驳谊〉摘录》,《制言》第16期。
② 符定一《新学伪经考驳谊叙》,《新学伪经考驳谊》,卷首第1页。"不爽",《制言》所刊作"不伪"。

这种据今文之真以证古文之真的论证方式,对《新学伪经考》作了釜底抽薪的批驳,极为简截有效。符定一曾十分自得地向友人说:"康南海氏《伪经考》,乃举经古文群经而辟之,故欲攻康氏之书,亦必先通贯群经而后可,否则支离破碎,无济也。当年张之洞曾欲攻驳康氏之书,乃先物色能辟康书之人物,当时有以章太炎炳麟荐者,张氏乃礼聘之,但章氏精于《尚书》及《左传》,他经皆非所长,故所得殊浅。自晤张之洞后,在武昌荏苒数月,迄无所就,乃托故而去沪。若太炎者,乃晚近唯一经学中正统派之大师,对康著尚且难于著笔,他人更无足当其任矣。而最近(1931 年)又有钱氏玄同为康书《伪经考》新刊本作长叙,以扬其余波,而伪经之说乃益形炽烈。余兹以今学引古经者,以证古经之不伪,如矢破的,凡举三十一事,虽未具体,其荦荦大者,则驳斥无遗矣;其小者,则无待喋喋之词费也。"①比之前贤,符定一确实技高一筹,章太炎就当面称赞他:"君列举今学引古经者,以证古经之不伪,可谓中肯綮矣。"②胡玉缙也在序中高度评价说:"其书虽未能尽,间有出于约推处,而大端已得,第六事、第十四事及二十一二三事,尤足关其口而夺之气。"③

三、《联绵字典》的编撰及其成就

符定一自称"研稽小学,亦既有年,觉字书逐字诂谊,鲜及联文,《尔雅》诸书,虽有《释言》《释训》等篇,然语焉不详,略而未备",因此以踵事增华自任,"择撢群书,专陈故训,用集联字,稽撰其怡,郭兹

① 马念祖《符定一治学小记》,《文史资料选辑》第 108 辑,中国文史出版社,1986 年,第 85—86 页。
② 符定一《新学伪经考驳谊叙》,《新学伪经考驳谊》,卷首第 2 页。
③ 胡玉缙《新学伪经考驳谊叙》,《许庼学林》卷十,第 254 页。

《雅》例，臬之许书"①，发愤编撰《联绵字典》，补历代字书之缺略，成集释联字之大功。

符定一编撰《联绵字典》，可以说费尽一生的心血。他在后叙中回忆说："余之撰此书也，历三十余年，肇自宣统庚戌，迄于民国庚辰。"②即发始自 1910 年，成稿于 1940 年。在后叙附记中，他更详述说：

> 定一幼时过庭，先子（卓卿公）、仲父（佩卿公）授以十三经、《文选》，均背诵，故少多识联绵字。光绪末岁，毕业京师大学堂，习英语，有志译述，遂操旧业，进而殚力《说文》、《广雅》、《经解》诸书，于是笃意于经术、小学矣。庚戌摘录联字，始自《文选》，本庭训也。厥后广其范围，隋以前经籍，均在读钞之列。民十六年春，全书取材告终，分部剪裁，依例排比，黏成巨册，凡四十有四（册宽一尺二寸半，长一尺四寸半，厚则每册百叶，写成中册，凡八十七本）。是年夏，就册编纂，日诂十五字内外，自晨兴至夜半，工作恒逾十四小时，不中程不得休息（若日作七小时，则需时五十四年；若日作五小时，则须七十五年有奇）。……至二十八年冬，全书编竟。校雠之事，于役者六人，历时六载，费金逾万。书中异文、转语，校谐声表、纽表、韵表者各二次。元稿校元书一次，正本校元稿一次，复校元书一次（字在元书某卷某叶，与叶之前后，一一登记成册）。书名、篇名、篇次（如一二三四或上中下等），靡不载记。本有异同（少者二本，多者五六本），其文字、音义有漏夺讹误者，均补正之（本书上半部印刷制版竣，余虑其中校雠疏忽，曾令二人抽验，覆校心部"忮忒"以下十六叶、无部

① 符定一《联绵字典·自叙》，卷首第 8 页。
② 符定一《联绵字典·后叙》，卷首第 33 页。

"无如"以下十四叶,均无讹脱,余心稍安）。至印稿校对正本,有十一次者,少亦七次。①

从集录文字到摘抄材料,从编排剪裁到检校核对,三十年专心致志、殚精竭虑,每一天夙兴夜寐、含辛茹苦,精力之强劲、意志之刚毅,实非常人所可想像,所以符定一自豪地宣称"一人撰一书,四百万字,五千年来,此为初见",感叹"殊尤绝迹,岂易易哉"②,确是肺腑之言,闻之令人肃然起敬。

《联绵字典》先由京华印书局于 1943 年 1 月、7 月分上下两部印行,分装十册,书前有黄侃叙、王树枏叙、自叙、凡例、后叙、声纽表、古声备四十一纽可并为十九纽说（附《说文》部首四十一纽表、《切韵》四十一纽表）、群纽古读同见证、古有舌上音说、古有轻唇音说,书后有跋尾和三篇附录（本书与坊间辞典之比较、如何检阅《联绵字典》、本书美质榷粜）;1946 年 5 月,改由中华书局出版,分为十册,附索引一册。1953 年 7 月,符定一对后叙稍作审订,准备再版,并致信毛泽东请求题词,但毛泽东只题写了书名。1954 年 2 月,用毛体字作封面的《联绵字典》由中华书局再版,分作四册;至 1983 年 1 月第 3 次印刷,再版本已发行近三万册。台湾中华书局则在 1979 年 5 月出版《联绵字典》台五版,分为三册。

《联绵字典》在编写体例上,有以下四点较为显著:第一,编排依部首,参照明代梅膺祚《字汇》、张自烈《正字通》和清代《康熙字典》,根据楷体确定部首,"约其数为二百十四,视笔画之繁简,定部居之后

----

① 符定一《联绵字典·后叙》,卷首第 40—42 页。
② 符定一《联绵字典·后叙》,卷首第 35、42 页。1943 年《联绵字典》印行后,符定一在南岳衡山刻石纪念,其中说:"夙兴夜寐,诂训是攻。解字说文,形声相从。文异语转,音同义通。积稿等身,简册繁重。海汇百川,山移愚公。卅年黾勉,以藏巨典。一人一书,四百万言。生民初睹,海外靡见。"（《联绵字典·跋尾》,卷末跋尾第 1 页）

先","至联字究归何部,首字以之定居"①,即以词目上字区分部首先后,同部首者再按笔画为序。第二,注音抄取《说文》大徐本反切,《说文》所无或古今读音不同者,"间采隋唐间反语,或《广韵》、《集韵》以补之。其有《释文》、《选注》反语复重,《集韵》、《类篇》切语杂沓,分别附录,以资稽考",强调全书反切"必古有是语,未敢任意杜撰,闭门造车"②。第三,释义辑录古说,以类相从,"凡本文中楬橥之义,必于注中举古书为证,不能一义无证。其义概系古书之旧注。义证以类相从,以次顺列"。对于"旧注之不可从者,或常用之字而偶无旧说者",则以按语形式加以补正,并援引古书或前儒之说,以资征信③。第四,对于联绵字因古今读音、书写变化(即音转、俗写、形讹)而衍生的异体,一一罗列,细加辨析,以"一作"、"俗作"、"转为"等标明,以便检寻。自从王国维不慊于前人"颇以义类部居联绵字",提出编纂联绵字典应"经之以声而纬之以义,以穷其变化而观其会通",后来的学者奉为圭臬,批评符定一《联绵字典》以部首编排而不按声韵排列,乃至讥为"外行"④。其实,符定一在编纂《联绵字典》时,深知

---

① 符定一《联绵字典·凡例》,卷首第 15 页。
② 符定一《联绵字典·凡例》,卷首第 12 页。
③ 符定一《联绵字典·凡例》,卷首第 17—18 页。
④ 孙谐第在《评〈联绵字典〉》中,将"词排列方法不善"指为第一大缺点,认为:"中国字之构造既主音不主形,则编词典莫若依声母次第排列,以声为经,以韵为纬,则凡音同音近之词,莫不汇于一处。依音检字,无检部首数笔画之烦。其便一。异形同音之词,可一望而知;其音与义之关系,亦一望而知。其便二。惜乎符君不以是为便,反以坊间词典之检部首数笔画者为便也。"(原载中法汉学研究所《汉学》第 1 辑,此据《沧州后集》卷五,中华书局,2009 年,第 266 页)据说黎锦熙阅过符定一寄赠的《联绵字典》后,交给其侄婿顾学颉看,询求他的意见,顾学颉说"编'联绵'字典,而不按音系排列,可算外行,缺点与《辞通》同,虽然它比后者用处要大些",黎锦熙对此表示认同(顾学颉《济世惠人,殚思竭虑——忆黎锦熙先生》,《湘潭文史》第 5 辑,1986 年,第 131 页)。

联绵字"义随音变"的特点,注意从声韵角度细究联绵字,"以音诂义"①,但他发现以音声排列联绵字有诸多不便:"经典同音之字,往往形体虽异,而意义实同,例如'委蛇'八十三形,音同而义相迻;'崔嵬'十有五体,音近而义无殊。凡此同音异文,古字不堪枚举。"所以他按照"以字统义"的原则,采取"分部收字,分字收义"的方法,"详释其义于常见之字;其不常见者,则概括其注,或云详某字下(如'委蛇'八十三形,其七十六形注甚简略,或云详'委蛇'下)。其有音异义同,亦从此例,庶几省略赘文,藉免繁复尔"②,这样变通处理,可以化繁为简。更要看到,一字之音古今变异极大,前人标注音读也纷繁多样,声母、韵母的类别更是众说纷纭,当时采行的注音符号或罗马字拼音并未被社会广泛认同,所以按声韵排列联绵字的方案虽然听起来完美,付诸实行却有困难;相反,"分别部居,不相杂厕"的字书编排方法,自《说文》形成楷模,"字书流传,莫善于此"③,历代相沿成习,人多称便。因此,《联绵字典》采用传统的部首法,不必厚非,更不能苛责。

《联绵字典》首以取材宽、收词广著称。符定一称其攈拾材料,"上起三代,下终六朝,经史子集,兼收并蓄。经则十三经为本,参考注疏、经解;史则《国语》《国策》、四史为要,旁及《宋》《魏书》;子则周秦诸子、汉魏丛书;集则《楚辞》、《文选》、《古文苑》及汉魏名家集"④。他从这大批文献中费力收集词语,既收双声、叠韵、双声兼叠韵、叠音等公认的联绵字,也收古代常见的双音节合成词和两字连用虚词。他专就收词问题作了说明:"虞廷之歌曰'元首丛脞',庆云之

① 符定一《联绵字典·附录》,卷末附录第 2 页。
② 符定一《联绵字典·凡例》,卷首第 26、11 页。
③ 符定一《联绵字典·凡例》,卷首第 15 页。
④ 符定一《联绵字典·凡例》,卷首第 16 页。

歌曰'萧索轮囷'。自有书契已来,联字尚矣。其见于《易》、《礼》、《诗》、《传》者,尤难枚举。张有《复古》,特标联绵,唯语焉不详,不无遗恨。用广其范围,多所罗列。叠字(如《论语·述而》"申申"、"夭夭"之类)、连文(如《论语·乡党》"踧踖"、"鞠躬"之类),固古训之是式;续词(如《左传》隐四年"于是"、《礼记·大学》"与其"之类)、助语(如《孟子·公孙丑下》"云尔"、《尽心下》"乎尔"之类),亦嘉言之孔彰。《尔雅》之解'每有'(《尔雅·释训》"每有,虽也"),《小尔雅》之释'恶乎'(《小尔雅·广训》"恶乎,于何也"),何休之训'色然'(《公羊传》哀六年解诂"色然,惊骇貌"),薛综之说'莞尔'(《文选·东京赋》综注"莞尔,舒张面目之貌也"),古之人有先我而行之者。此足补《复古编》之未备也。"[1]符定一有意承张有之绪,补《复古编》之阙,所以扩大范围,在双声、叠韵、叠字、连文之外,将续语、助语等一并收入《联绵字典》。他解释这样做的理由说:"助语如'也已'、'云乎'、'也与',双声也;'且夫'、'已矣'、'耳矣',叠韵也。续词如'然而'、'若乃'、'乃如'、'而如',双声也。此类语词,当然为联绵字。然非双声、叠韵者,如'乎哉'、'云尔'、'焉耳'、'今夫'、'于是'、'所以'、'是故'、'然则'等字,其性质确与此同类,自不可谓之非联绵字,犹之'鸳鸯'、'仓庚'为联绵字,'鹦鹕'、'离黄'亦为联绵字也。"[2]他还根据张有《复古编》、元人曹本《续复古编》、清人钱坫《诗音表》、近人王国维《联绵字谱》收录联绵字"不拘声韵"的先例,特别是钱坫所谓古人之两字相续"或以其形,或以其事,或以其声",主张界定联绵字不必局限于双声、叠韵:"观正续《复古编》及《诗音表序》,知联绵字不限于双声、叠韵。"[3]可见,符定一抱持的是广义联绵字概念,将古代汉语中大量的双音节合成词一并收入,而后人多持狭义联绵字概念,批评《联绵字典》收词过滥①,不知符定一原本承继前贤,自有理据。《联绵字典》既是有史以来规模空前的联绵字专书,又是第一部专收三代至六朝双音节合成词的词典,其开创与集成之功均值得肯定。如黄侃说:"粤昔周公,始作《释诂》,单、复之训,粗杂同编。始曰'权舆',寿曰'黄发';'元良'为首,'徂落'为终。乃至'关关、嗈嗈',叠字成义;'毗刘、暴乐',声转可求。自余'蠠没'、'缉熙'、'左右'、'劳来'之类,莫非缀合二字以为一言。后世训故之书,虑皆仰遵其法,兼胠单、复,从未有专采复名,依《说文》、《字林》之法,排比整齐,以便寻览者;有之,自吾友衡山符宇澂氏之《联绵字典》始。"②这是从《尔雅》以来兼收单字与联绵字而无专门之作收录联绵字的历史,肯定符定一的开创之功。又如叶德辉说:"联绵之字,滥觞于《尔雅·释训》《释言》,宋张有《复古编》,遂分联绵字别为一类。宇澂推广之,每部以联绵字列前,以重叠字附后,搜采浩博,引据皆古今儒先之言,循是而求,不独经典故训得其会通,而文笔所资亦取之无尽,洵儒林、文苑合为一家之巨制也。"③王树枏也说:"小学之书,莫古于《尔雅》。《尔雅》者,所以备训诂、词章之用,而《释训》一篇,则为诸书联绵字之权舆。后世《骈雅》、《叠雅》诸作,则专辑联绵字,以推广《释训》之所未备。而符宇澂之《联绵字典》,则尤广搜博采,集其大成,洵文字之渊薮,故训之汇归也。"④从历代集录联绵字

---

① 学者往往以收词过滥诟病《联绵字典》,沈怀兴《〈联绵字典〉的收词及相关问题》(《辞书研究》2007 年第 4 期)则从古今联绵字概念有异入手,为符定一一洗冤辨诬,持论甚是。

② 黄侃《联绵字典叙》,符定一《联绵字典》,卷首第 1 页。

③ 叶德辉《联绵字典序》,《郋园北游文存》,王逸明主编《叶德辉集》第 2 册,第 59 页。

④ 王树枏《联绵字典叙》,符定一《联绵字典》,卷首第 3 页。

的历史回顾中,对集其大成的《联绵字典》大加肯定。当代也有研究
者指出,"单就收词来说,《联绵字典》收录的双音词比一般辞书都多
是其重要特点。若就其所收先秦两汉魏晋的双音词数量而言,甚至
比《辞源》《辞海》《汉语大词典》等都多",肯定《联绵字典》"堪称
一部收列双音词(包括联绵字)的集大成之作"①。

符定一对奋力纂成《联绵字典》极为自任自得,对研究联绵字的
成就也颇为自信自负。他在后叙中说:

> 其书义证分属,声韵兼晐,异文备陈,转语罗列。撮其梗概,
> 有五难焉:其取材也,捃摭经史,掇拾子集,探索赜隐,搜厥遗佚,
> 一难也。其纂诂也,若经有传,若礼有记,若图有说,若纲有目,
> 二难也。其正形也,别古籀焉,判奇字焉,辨正俗焉,分本借焉,
> 三难也。其审音也,反切别义,谐声察省,纽表自立,韵字参众,
> 四难也。其定义也,本之经训,征之古今,准之字书,参之子史,
> 五难也。楬斯五者,黾勉从事,精罢神瘁,困而不失其所。六十
> 之年,得蒇斯业,亦云幸矣。

这是庆幸自己攻克五难、耗尽一生而完成一部煌煌巨著,欣慰之
情溢于言表。他又说:

> 余之制作,岂曰辞义典雅,足传于后? 惟以故书硕记,朴
> 学旧闻,缀缉于篇,非小道也,虽匪考颢,当有可观者焉。矧以
> 许书谐声,判明异文;重文、读若,证明转语。浟长以后,吾偶
> 得之,乾嘉学者,不及斯也。若夫转语树例,析音求精;故训广
> 搜,陈义求博。《苍》《雅》以降,诸家字书、训诂学,靡有类此

---

① 杨文全《中国现代辞书的奇葩——〈联绵字典〉平义》,《乐山师范学院学报》
2002 年第 1 期。

者也。①

这种超越乾嘉、独迈古今的自我评价,正见他洋洋自得之意。符定一还从引用书证、集释字义、审辨字音、分别字形等四个方面,将坊间辞典与《联绵字典》作优劣比较,突出《联绵字典》超越时流的水平与非同凡响的成就。最后,他专作一篇《本书美质楬橥》,总结《联绵字典》有十二大优点:

> (子)体制宏大:一人作一专书,四百万言,生民初见。(丑)义证博洽:一联字有五十义者,一义有六十余证者。(寅)声韵兼晐:析音分反切、谐声、音同、声同、声近、韵同、韵近、对转八类,自来音学、字学、训诂书无兼之者。作者说声四文,驳正钱大昕,

---

① 符定一《联绵字典·后叙》,卷首第 33—35、38—39 页。为说明自己对联绵字异文与转语的研究超过乾嘉学者,他作注说:"如本书'佚惕'一作'佚宕',宕谐砀省声;'侣行'转为'旅行',犹《说文》'吕'篆文从旅作'鷟'也;'蔄胡'转为'曼胡',犹《说文》'髥'读若蔓也。若斯之伦,有数千事。清儒段(玉裁)、翟(灏)、张(维屏)、陈(乔枞)诸人释异文,戴(震)、程(瑶田)、王(念孙)、郝(懿行)诸君说转语,无有此者。虽严可均以此得古音通转之证,然非证转语也;李富孙偶以重文'涟蜦'解异文,然不知以谐声判异文也。"为证明其联绵字析音之精与诂训之博,他同样作注说:"字书如《类篇》,虽分义收切,略似本书,然无转语、异文,谐声以下之析音法,未之用也;《经籍籑诂》有义无音,音训阙而义遂不备。训诂如王氏《广雅疏证》,段玉裁推为天下一人者,如《经义述闻》,如《求古录礼说》,章炳麟称为陈义精审者,然《礼说》无音训,与《籑诂》同。王氏讲音训矣,乃《广雅》'扬榷''翱翔',彼谓双声字,盖不知双声也;上述八类析音法,莫之能全,加以字之本借、正俗,均不申明。其疏义举证,恒视本书大简,如'从容'为《疏证》最惊人之字,视本书义少四倍、证少二倍,'偓促'义少一倍、证少三倍,'徘徊'义少二倍、证少三倍,'嵯峨'义少二倍、证少九倍,转语少一倍,而'厜㕒'与'嵯峨'谐声相同,彼尚不知也。若叠字如'荡荡',则义少九倍、证少二十三倍。"符定一自称这篇后叙是编书总报告,"其中五难与矧以一段并小注,为作者艰苦所在,亦本书特殊之处"(《联绵字典·附录》,卷末附录第 3 页)。

为音学大改进。索引附注国音。(卯)异文备陈:以《说文》谐声判异文(异文约四千左右),清儒段(玉裁)、张(维屏)、陈(乔枞)、李(富孙)诸人,各有异文专书,均未及此。(辰)转语罗列:以《说文》重文、读若,证明转语(转语约五千左右),清儒戴(震)、王(念孙)、程(瑶田)、郝(懿行)之书说转语,均未有此。作者创转语条例,此往古硕儒所未憭,为国学上重大发明。(巳)取材精审:凡联绵字起自经籍,以六朝为断。(午)引书明确:凡书名、篇名,篇之上中下或一二三四等,载记清晰。所引之文,起止明白,遇有删节,以"中略"二字标之。(未)收解详覈:古注详载(不妄删节),汉学为宗。清儒注释精,收录甚备;宋元明人之说,采取从严。(申)正俗辨别:依《说文》别正字、俗字。(酉)本借区分:依《说文》分本字、借字。(戌)今古阐明:依经学说明其字为今文学或古文学。(亥)讹谬是正:凡标题联字,严格正写。坊间误书、宋本讹文,悉匡正之。①

凡此种种,不无自夸之意,甚至有炒作之嫌,不过符定一甘苦自知,并且出语有据②,因此所言大体不谬③,《联绵字典》的价值以及符

---

① 符定一《联绵字典·附录》,卷末附录第6页。

② 符定一在《如何检阅〈联绵字典〉》中,明言《本书美质榷橥》"所著子丑寅卯等十二事,无一不与书之内容相应。除第一(子)、第三(寅)事,榷橥上已经说明,第六(巳)、第七(午)、第八(未)、第十二(亥)事,可于书中随字查出外,余六事各指出若干字,以供检阅",于六项之下分别列举代表性的联绵字,总计有800余字,详见《联绵字典·附录》,卷末附录第3—5页。

③ 任心叔曾就中华书局1946年版《联绵字典》撰写书评,在批评其各种失误后,指出:"这部书仍然是近代出版界一部不可忽略的大书。如果姑且不注意其主观部分,在资料方面总能胜过其他几部同样的书了。我之所以严厉地批评这部书者,正因为我不忽略这部书。至于这部书的好处,作者自己已经说得很多,用不着别人来说了。"(《图书展望》复刊第2期《书评·联绵字典》)可见对符定一《本书美质榷橥》所言基本认同。

定一对联绵字研究的贡献,确实值得充分肯定。尤其是符定一寻出联绵字转语五千余条,并创发转语条例十九则,已驾清儒而上之,"直与籀(史籀)、斯(李斯)、扬(扬雄)、许(许慎)诸贤接席矣"①,因此得到同时硕学鸿儒的赞扬,如王树枏认为"其于古书声转,定为条例,古纽分合,正误钩沉,有所发明"②,黄侃更是极力称赏,评为"妙至无以复加,转语条例,由斯创立,乾嘉儒者,未之有也"③。

四、结语

章太炎有"三王不识字"的名论,讥讽湖湘学者不通小学,符定一对此深有感受④。他早年"笃意于经术、小学",后来更坚信"经学从小学入者,其经学可信;小学从经学出者,其小学有本",在《联绵字典》中"表章六经,是正文字,固一以贯之"⑤,从文字、音韵、训诂三个层面入手,对三代至六朝的联绵字作了精深研究,将经学与小学融贯为一。黄侃对此大为激赏,曾当面表扬他:"君书凡例,事事允当,语语内行。湖南人治学,从未有精核若此者。""湖南人著书而能有此,洵为异事。"⑥据说黄侃还在阅过符定一书稿后登门造访,"入室后,正立向余打躬三,从容言曰:今日论学,君为吾兄。即本师章氏,著作未若君之巨也。吾初以湘人著书,不过尔耳。今君书体例精详,六经皆注脚,邹汉勋后,突出此作,魏、王、皮、叶,瞠若乎后矣"。第二天,

---

① 符定一《联绵字典·附录》,卷末附录第 2 页。
② 王树枏《联绵字典叙》,符定一《联绵字典》,卷首第 5 页。
③ 符定一《联绵字典·凡例》,卷首第 31 页。
④ 符定一在《郋园北游文存序》中,谓王闿运解经注子向壁虚造,"章太炎有言,三王不识字,此公殆其尤也"(《郋园北游文存》,王逸明主编《叶德辉集》第 2 册,第 57 页)。
⑤ 符定一《联绵字典·凡例》,卷首第 20 页。
⑥ 符定一《联绵字典·凡例》,卷首第 31 页。

他又对符定一说:"冯桂芬死,下江无人,吾两人勿庸客气,下江学术,溯江而上,往两湖去矣。"①可以说,符定一以其不懈努力与卓越成就,为提升湖湘小学水平做出了重要贡献。

《联绵字典》堪称中国小学史上的巨著,在联绵字收集与研究史上更是承前启后的杰作。王树枏在翻阅该书稿后,即高度评价:"宇澂竭三十年之力,搜集古书,博为征引,成《联绵字典》,解释详确,考订精审,所以饷贻后学者,功盖不在诸《雅》下也。"②孙楷第在该书刊印后作专文评述,指出七失,即词排列方法不善、词类搜集不备、有误收之词、释事释义多偏而不全、解释不明、解释错误、注文芜杂,颇对符定一自许过高不以为然,但文末写道:"词典之为物,无所不包,究非一人所易为力。符君之为此书也仅三十年,始终其事,其志固已伟矣,纵有疵眚,似亦不必为苛论。又其人早入仕途,弃官之后,便不复出,守知足之戒,唯以著作自娱,亦不肯为人师,以视世之惜身家、营利禄、朋党比周、老死而后已者,其贤不肖为何如。观君之志与其所为,诚有足重者。"③他既从严格的学术批评角度指陈《联绵字典》的缺点,又对符定一的治学精神与道德人格特加肯定,可以视作民国学界的心声。

---

① 符定一《联绵字典·后叙》,卷首第36页。
② 王树枏《联绵字典叙》,符定一《联绵字典》,卷首第5页。
③ 孙谐第《评〈联绵字典〉》,《沧州后集》卷五,第273页。

曾运乾音韵学与经学成就述略

"皮(师伏)孙(籀庼)不作流风沓,朴学中兴见此时。考古调明于喻读(君治古声,发明喻母三、四等分读匣、定),说《书》妙解爽惟辞(君治《尚书》,新义至夥,读"爽"为"尚",其一事也)。固哉《文苑》偏分传,卓尔先生自有诗。垂老吾生独何幸,三年沅水日肩随。"①这首诗是现代国学大师杨树达1942年1月20日在沅水江畔的辰溪所写,送给准备寒假归里的好友曾运乾。杨树达用十分简洁的诗句,总结出曾运乾的三大成就,即研究声韵、解读《尚书》、精工诗文,并用"朴学中兴"推许他在湘学史上的重要地位,一直让后人对这位早逝的湘学大师倍生景仰之情。

一、生平与著述要略

曾运乾字星笠,晚号枣园、半僧,光绪十年八月初三日(公历1884年9月21日)生于长沙府益阳县桃花江(今益阳市桃江县牛潭河乡横木村)。

曾运乾幼时聪颖,发愤攻读,十六岁即补为县学生。不久朝廷废

---

① 杨树达《送星笠归里次邱有吾韵》,《积微居诗钞》,第49页。按,原书"师伏"误作"师伐",据皮锡瑞尊称"师伏先生"改;"古调"误作"古洞",据《积微翁回忆录》改。

除科举,仕进之路顿时滞塞,但他仍旧闭户读书,竟能一字不漏地背诵《尔雅》,奠下坚实的旧学根底,"君一生治学,实于此时造其基焉"①。湖南优级师范学堂开办后,曾运乾赶到长沙应考,以第一名取录。入学后,他师从于精熟目录、工为文辞的著名学者郭焯莹,因此通晓古今学术流变,以高才能文闻名一时。毕业前,辛亥革命爆发,长沙各报慕名请他撰写评论,"君操觚之暇,益肆力于古书,斐然有述作之志矣"②。

　　汤芗铭任湖南督军后,设立官书局,曾运乾与好友陈鼎忠应聘入局,合力编撰中国通史,"以志、谱属专门之学,分科研考,而星笠所分为小学、历数、目录诸科学,殚精十年,于历数有表,于经籍有谱,而于音韵尤精"③。稍后时局大变,修史计划半途而废,仅成《通史叙例》。不过,曾运乾这一时期认真研读唐、宋以来的各种韵书,吸取顾炎武、江永、钱大昕、段玉裁、戴震、孔广森、陈澧、章太炎等人研究古代音韵的成果,潜心探究古代声韵问题,"逡次钱言,广新知于《十驾》;弥缝顾阙,袭音学之《五书》",撰成《声学五书》,包括《声论》、《群经声读考》、《说文声类谱》、《切韵释例》、《切韵补谱》,不仅奠下坚实的基础,还提出不少新的意见,"六书之纪纲不紊,丝乙乙其若抽;五声之经界厘然,珠磊磊而如贯"④。曾运乾后来公开提出的声韵学见解,大多已经在这十年中形成。如杨树达就在日记中说,"说喻母古读定、匣二母"⑤,1923 年夏间曾运乾以《喻母古读考》文稿出示,让杨树达大为叹服,"余惊叹其精博,时时举以语诸同志"⑥。

① 杨树达《曾星笠传》,《积微居小学述林》卷七,第 309 页。
② 杨树达《曾星笠传》,《积微居小学述林》卷七,第 309 页。
③ 陈天倪《曾运乾传》,《尊闻室賸稿》下册,第 971 页。
④ 曾运乾《声学五书叙》,《音韵学讲义》附录,第 575—576 页。
⑤ 杨树达《积微翁回忆录》,第 14 页。
⑥ 杨树达《曾星笠传》,《积微居小学述林》卷七,第 309 页。

　　1926年夏,曾运乾受聘到国立东北大学任教,先后讲授声韵学、文字学、《三礼》、《春秋公羊传》等课程,编写讲义,并整理音韵学旧稿。如10月20日出版的《东北大学周刊》第二期报道:"文科文字学兼经学教授曾星笠先生,湖南益阳人,尝从王湘绮、曾广钧诸先生治文字学,而于声音、训诂尤有研究,顷有《声学五书》之著,全书八册,都20余万言,现经商定,由校方代为出版,作为学校丛刊之一。"不久,《声学五书叙》在《东北大学周刊》刊出。第二年,他又在《东北大学季刊》发表《〈切韵〉五声五十一纽考》、《喻母古读考》等重要论文,"当世治音韵者莫不嗟叹,以为定论,虽域外人之治汉学者亦莫不称许也"①。"九一八"事变后,沈阳失陷,曾运乾回到湖南,不久转赴广州,任国立中山大学教授,开设声韵学、《尚书》研究、礼学研究等课程,继续编撰各种讲义,并先后在《文学杂志》、《国立中山大学文学院专刊》、《新民月刊》等刊物上,发表《论双声迭韵与文学》、《〈广韵〉部目原本陆法言〈切韵〉证》、《等韵门法驳议》、《〈礼经〉丧服释例》、《原礼》、《说报》、《人道篇》、《〈尚书〉立具录》等论文,在声韵学之外,也对《三礼》、《尚书》作了新的探究。

　　1937年夏,日军侵占华北,杨树达滞留长沙,受聘于省立湖南大学,曾运乾应其邀请,也返湘担任湖南大学国文系教授,意在共同培植乡邦人材,振兴湘学。他仍然讲授声韵学、《尚书》、《三礼》等课程,并新开讲授《春秋三传》、《尔雅》、《史记》、《庄子》等课程。他的声韵学讲义,有石印本《广韵研究》《古声韵学》和铅印本《声韵学》。其中《声韵学》集其一生研究和讲授声韵学之大成,目录包括五编、三十三章,即第一编"语音学原理"(八章)、第二编"注音字母"(四章)、第三编"宋元明清之等韵学"(六章)、第四编"广韵学"(六章)、第五编"古纽及古韵"(九章)。今存《声韵学》正文只有前三编,不过

---

① 杨树达《曾星笠传》,《积微居小学述林》卷七,第309页。

稍加对检,第四编"广韵学"的目次与石印本《广韵研究》六章全同,第五编"古纽及古韵"的目次与石印本《古声韵学》九章全同。因此,将现存的这三种讲义汇在一起,可以得到曾运乾《声韵学》的完整文本①。

1938 年冬,湖南大学迁往辰溪县龙头墌村,曾运乾随校西迁。尽管教学与生活条件十分艰苦,曾运乾一如既往从事讲学、著述。1940 年初夏,他加入陈兆畴、吴绍熙、杨树达、王啸苏、曾昭权、宗子威、刘异、熊正理等教授成立的"五溪诗社",不时聚会,吟诗填词,往还酬唱,宣泄忧时伤乱之情,表达抗敌救国之志。1940 年冬,杨树达与曾运乾等发起编辑《文哲丛刊》,登载同人研究成果,获得校方资助刊印,曾运乾《古本音齐韵当分二部说》和杨树达《读甲骨文编记》排在专著之首。1942 年,国民政府教育部在全国聘任教授,曾运乾意外落选,杨树达为之大呼不公②。

1945 年 1 月 20 日,曾运乾因病医治不效,在辰溪县卫生站去世。杨树达遽闻噩耗,极为哀痛,认为"湘中学者承东汉许、郑之绪以小学、音韵、训诂入手进而治经者,数百年来星笠一人而已",因此长声慨叹:"一代宗师,逝于荒徼,良可痛悼!"③陈鼎忠也在挽联中,感慨"湘中失第一经师,海内断千秋绝业"④。一个月后,杨树达又奋笔撰写《曾星笠传》,追记曾运乾的生平行事,寄托哀思,并高度评价他的

---

① 这部充满学术创见的讲义,直到 1963 年才由曾运乾高足弟子郭晋稀整理,择取最有价值的第三、四、五编,附以《读敖士英关于研究古音的一个商榷》、《声学五书叙》,取名《音韵学讲义》,但中华书局迟至 1996 年才公开出版。近些年由夏剑钦整理、湖南教育出版社出版的《声韵学》,前三编依据国立湖南大学铅印本,后两编采取郭晋稀整理本,恢复曾运乾讲义原貌。
② 杨树达《积微翁回忆录》,第 132 页。
③ 杨树达《积微翁回忆录》,第 155 页。
④ 陈鼎忠《曾运乾传》,《尊闻室賸稿》下册,第 972 页。

治学成就。当年 11 月 26 日,国民政府教育部采纳杨树达等人的联名请求,明令褒扬曾运乾。

二、声韵学重要成就

对古代音韵问题的专门研究,从明末清初以至民国,一直堪称显学,名家辈出,著述如林,但总体上偏重于古韵研究,忽略了古声研究。曾运乾考察唐、宋各种韵书的源流变迁,发现孙愐的《唐韵》以陆法言的《切韵》为底本,陈彭年、丘雍的《广韵》也是依据《切韵》,三本韵书只是文字有增益,训释有变改,而部目及其次第未有增减更易。正因为从《切韵》、《唐韵》到《广韵》的部目、次第一脉相承,所以从研究声韵的角度来看,"名为三书,实同一书"①。这样,《广韵》在研究古今韵学中的桥梁地位显而易见,"曾先生便是通过对《广韵》的研究,来建立他的全套声韵学体系的"②。事实的确如此,曾运乾是通过深入钻研《切韵》、《广韵》,探赜索隐,阐幽表微,对古声分类、古韵分部、韵之正变、声转与韵转等重大理论问题提出一些创见。以下分作古声、古韵,对他从事传统声韵学研究的贡献加以介绍。

1. 研究古声的重要成就

曾运乾以精通声韵名家,因此学术界对他治学成就的研究,也集中在他的声韵学上。综观学术界对他的评述,可知他研究古声学,主要在以下三个方面取得了卓绝的成就:

首先,曾运乾通过参悟陆法言《切韵》自序,发现切语规律,将《广韵》声纽分为五十一类,使之更加细密完备。

① 曾运乾《声韵学》,湖南教育出版社,2012 年,第 166 页。
② 郭晋稀《音韵学讲义前言》,《音韵学讲义》,中华书局,1996 年,第 1 页。

《切韵序》说:"支(章移切)、脂(旨夷切)、鱼(语居切)、虞(遇俱切),共为一韵;先(苏前切)、仙(相然切)、尤(于求切)、侯(胡沟切),俱论是切。"他分析指出,"支、脂、鱼、虞"的反切下字用"移、夷、居、俱",是要说明韵部的容易混淆,"先、仙、尤、侯"的反切上字用"苏、相、于、胡",是要说明声纽的容易混淆,"故'支、脂、鱼、虞'皆举音和双声,以明分别韵部之意;'先、仙、尤、侯'皆举类隔双声,以明分别纽类之意",由此得出一条带有普遍规律的结论:"是故法言切语之法,以上字定声之鸿细,而音之弇侈寓焉;以下字定音之弇侈,而声之鸿细亦寓焉。见切语上字其声鸿者,知下字必为侈音;其声细者,知其下字必为弇音矣。见切语下字其音侈者,知其上字必为鸿声;其音弇者,知其上字必细声矣。"回头再看陈澧在《切韵考》中运用切语上字系联之法,把《切韵》字母分为四十类,其中"照、穿、床、审、喻"五母,各依《广韵》切语上字分二类,完全正确,而将"明、微"二母依《广韵》切语上字归在同一类,又将"喉音之影,牙音之见、溪、晓、疑,舌音之来,齿音之精、清、从、心"等十母不作分别,曾运乾认为不合《切韵》本例,原因是陈澧未悟切语声音轻重有异,不知弇侈鸿细的规律,"故其所分声类,不循条理,囿于方音,拘于系联,于明、微之应分者合之,影等十母之应分者亦各仍其旧而不分,殆犹未明陆生之大法也"。因此,他对陈澧的分类加以修正,提出:"今辄依切语音侈声鸿、音弇声细之例,各分轻重二纽。陈氏原四十类,加入微、影(二)、见(二)、溪(二)、晓(二)、疑(二)、来(二)、精(二)、清(二)、从(二)、心(二)十一母,故四十类为五十一纽也。"[1]曾运乾将《广韵》声类细分为五十一纽,"古今之声纽正变始犁然而不混"[2],是最精密的分类,得到当时及后来许多音韵学专家的认同和称许。

---

① 曾运乾《声韵学》,第 169—170 页。

② 陈天倪《曾运乾传》,《尊闻室賸稿》下册,第 972 页。

其次,曾运乾在深入研究《切韵》中音的侈、弇与韵的正、变问题后,发掘出《广韵》声纽的体例。

段玉裁很早就发现古今音韵有正、变,其变化与音之侈、敛直接相关,"音之敛、侈必适中,过敛而音变矣,过侈而音变矣",并在《六书音韵表》中总结说:"大略古音多敛,今音多侈。"钱大昕则在《潜研堂答问》中对此提出异议,认为"有古侈而今敛者","声音或由敛而侈,或由侈而敛,各因一时之语言,而文字从之"。曾运乾却认为,"音有侈、弇,声有鸿、细,皆天地间自然之音,而文字之读法,大率古音侈、今音敛","是故古音分部,各有弇、侈",古音阴声、阳声十九部之条理,由此可寻,"至法言《切韵》分析愈微,每韵各制侈、弇二韵"①。因此,段、钱之说,实际上只讲音之侈、弇,未及韵之正、变。曾运乾另由《切韵序》所论"南北是非、古今通塞",提出:"音既有古今南北之殊,法言斟酌损益于其间,则知其音不能无正、变。于是二百六部中,有正韵,有变韵。正韵者,音之合于本音者也。变韵者,音之涸于他音者也。"他举例说:"《东》《冬》《钟》《江》为一类,而《江》必独立一部者,今音实不同于《东》《冬》《钟》也;其不合《唐》《阳》者,古音实不同也。《唐》《阳》《庚》为一类,而《庚》必独立一部者,今音实不同于《唐》《阳》也;其不合于《青》《清》者,古音实不同也。《麻》韵半取于《歌》《戈》,半取于《模》《鱼》;《耕》韵半取于《青》《清》,半取于《蒸》《登》,而不分隶各部者,今音实相涸也。"通过一番考察,他指出一条区分正韵与变韵的规律:"凡正韵之侈音,例用鸿声十九纽,弇音例用细声三十二纽。凡变韵之侈音,喉、牙、唇例用鸿声,舌、齿例用细声,亦共十九纽;弇音,喉、牙、唇例用细声,舌、齿例无字。此又《切韵》全书大例也。"②曾运乾发现的《切韵》体例,同样适用于《广韵》,

---

① 曾运乾《声韵学》,第213—214页。
② 曾运乾《声韵学》,第212—213页。

正如郭晋稀所说："用曾先生的正、变韵例来谱《广韵》,见《广韵补谱》,便可以看出,《广韵》的体例,是与曾先生的说法密合无间的。《广韵》一书声纽的体例,便由曾氏发掘无遗了。"①

再次,曾运乾通过考定喻母古读,重新排定古声十九纽,使古纽考订更加完密,也使古今声纽的关系更加明晰。

清儒对古声纽的考订,以钱大昕成就最大,他明确提出"古无轻唇音"说、"舌音类隔之说不可信"说,为后来者奠下理论基础。晚清时邹汉勋撰《五韵论》,总结古声有二十纽,并提出"泥娘日一声"说。后来章太炎采取邹汉勋之说,作《古音娘日二纽归泥说》,为古声母研究开辟了新径。曾运乾考察宋元以来的等韵书,发现等韵家将喻母与影母清浊相配,同为喉音,然而"喉声影母独立,本世界制字审音之通则;喻、于二母(近人分喻母三等为于母),本非影母浊声",可见合影于喻、清浊相配的做法,"横决踦驳,乱五声之经界",可是钱大昕、章太炎对此未有察觉,所以他专门对喻母古读进行考辨,列举大量证据,先证喻母三等字古隶牙声匣母,次证喻母四等字古隶舌声定母,再证隋唐时于读牙声、喻读舌声,最后得出结论说:"依上例证,则知于隶牙类,喻隶舌类,影母独立,判然三音。自周秦下逮隋唐,绝不相紊。唐末淄流误制字母,喻、于无分。宋以来等韵家如杨中修、郑樵、张麟之等,不加细察,淆三为二,又淆二为一,以之上谱《切韵》,鉏铻难安。于是一等之字分居两字,此韵之字儳入彼韵。合所不当合,分所不当分,联胡越为一家,风马牛不相及,殆未足以喻其错乱也。等韵家亦自知所分等第,丁隋唐切语不合,乃立门法以济其说,门法愈繁,缴绕愈亟,声音经界之所由愈乱也。"②

曾运乾考证喻母古读分隶牙、舌两音,即喻三读匣、喻四读定,

---

① 郭晋稀《音韵学讲义前言》,第2—3页。
② 曾运乾《声韵学》,第188—207页。

"而后古今声类之异同,及其读法,了然昭晰,略无疑滞矣"①,因此继钱大昕、章太炎之绪,对古声十九纽重新加以排定,并与《切韵》五十一纽相傅合,列出如下之表(括号内皆古本声所无,读同古本声):

喉音	牙声	舌声	齿声	唇声
影(影二)	见(见二)	端(知、照三)	精(精二、照二)	帮(非)
	溪(溪二、群)	透(彻、穿三、审三)	清(清二、穿二)	滂(敷)
	晓(晓二)	定(澄、床三、喻、禅)	从(从二、床二)	並(奉)
	匣(于)	泥(娘、日)	心(心二、审二、邪)	明(微)
	疑(疑二)	来(来二)		

表中古本声者,喉音一、牙声五、舌声五、齿声四、唇声四,共十九纽;括号中读同古本声者,喉音一、牙声六、舌声十二、齿声九、唇声四,共三十二,加上古本声十九,正合《切韵》五十一纽之数。

曾运乾还对古本声与《切韵》、《广韵》今音的异同及其衍变作了分析:"至于古本声之所以不同于今音者,则由古人之音多自然而少矫揉,多完全而少破碎。少矫揉故无舌上轻唇之音,少破碎故无齐齿撮口之呼。质言之,则古音多侈,今音多弇;古声多鸿,今声多细,所谓'昔吾有先正,其言明且清'也。至十九声之孳乳而为五十一声者,影之为影二,见之为见二,溪之为溪二,晓之为晓二,匣之为于,疑之为疑二,精、清、从、心之为精二、清二、从二、心二,来之为来二,皆由鸿声变成细声也。溪之为群,心之为邪,皆清声充满,而成浊声也。端之为知、照,透之为彻、穿,定之为澄、床,泥之为娘、日,帮、滂、並、明之为非、敷、奉、微,皆由鸿声变成细声,而有发展者也。彻、穿复变为审,澄、床复变喻、禅,则复由透类变轼类也。惟照、穿、床、审、禅、

---

① 曾运乾《声韵学》,第 275 页。

日三等与知、彻、澄、娘声实相同,照、穿、床、审二等与精、清、从、心声亦相同,而《切韵》各分为二者,殆即所谓半舌半齿,间于舌齿音之间者也。由是而古今声类之异同,可以了然矣。"①可见,曾运乾考定喻母古读,学术价值的确非同一般,因此大受同时学者的肯定。例如同样考定古声十九纽的黄侃,与曾运乾面谈后,就兴奋地对人说:"他考定的古声纽中,喻纽四等古归定纽,喻纽三等古归匣纽。这是很正确的,我的十九纽说应当吸收这一点。"②钱玄同则把曾运乾同钱大昕、章太炎并论,肯定"三君的考证,都十分精确,应该作为定论"③。

2. 研究古韵的主要成就

曾运乾不仅研究古声成绩卓绝,对古韵的研究也十分引人瞩目。他在前人考求古韵的基础上,将齐韵分为二部,创立古韵三十部说,使古代音韵学理论体系更趋完整。

对古韵的研究,始于宋代吴棫,但他"求三百篇之本音不得,遂有叶韵之说","谓此字古音本与今同,以欲迁就上下用韵之字,因改读其音,以求谐叶。自有此论,于是将古代韵文,任意改读,而谬妄乃不可究诘"④,不仅古籍遭殃,大被窜改,更使后人考求古韵深陷误区,困难重重。对古韵的分部,始于宋代郑庠的六部,但过于粗疏,与周秦古音不合。真正对古韵进行认真研究并进行合理分部的学者,首推顾炎武,他将郑庠的六部析分为十部,"所分部居,虽未若后起古韵

---

① 曾运乾《声韵学》,第 292—293 页。

② 陆宗达《我所见到的黄季刚先生》,程千帆、唐文编《量守庐学记:黄侃的生平和学术》,生活·读书·新知三联书店,2006 年,第 111 页。

③ 钱玄同《古音无"邪"纽证》,《钱玄同文集》第四卷,中国人民大学出版社,1999 年,第 57—58 页。

④ 曾运乾《声韵学》,第 293 页。

诸家之精密,而于音理之剖判,实能笼罩诸家,而为之先导"①。江永接着对顾炎武的十部细加区划,把他的第四部、第五部、第十部各分为两部,变成十三部。段玉裁又把江永的第二部析作三部,把他的第四部、第十一部各分为两部,创立十七部之说。戴震则承继江永的第四部、第十一部,另对段玉裁的分部加以离合,"合者两部,析者十部"②,于是古韵分为二十五部。此后的学者都在段玉裁的基础上进行调整,提出不同意见,如孔广森、朱骏声各倡十八部之说,江有诰、王念孙各主二十一部,但彼此间有所不同。到了近代,章太炎依据王念孙的分部,兼采孔广森之说,创古韵二十三部之说。以上各家对古韵的研究都是后出转精,每次都能析出新的韵部,但是他们对某些新韵部的处理无法统一,时分时合,议论歧异,个中原因,"一方面是由于古籍叶韵本有出入,另方面是由于他们探索古籍叶韵分部虽然功力宏深,但是对于《广韵》研究还有不够,依违于古籍叶韵与《广韵》分部之间"③。

精研《广韵》的曾运乾,深知叶韵之非,转而根据《切韵》的二百六韵,对古韵展开研究。他指出:"《切韵》一书,分韵二百有六,骤视之,觉其韵部繁碎,强生分别。然使明于阴阳轻重之别,审于正变开合之理,则法言之二百六韵,实分为二十八部,其中条理井然,部伍不乱。与古韵相较,惟《齐》部应分为二,《豪》部应有入声专部,不当侧寄于他部也。"④因此,他着重对《齐》部、《豪》部作考察,由此对古韵分部提出新的意见。

曾运乾在总结顾炎武以来古韵分部的得失时,提出"古本音

---

① 曾运乾《声韵学》,第 301 页。
② 曾运乾《声韵学》,第 309 页。
③ 郭晋稀《音韵学讲义前言》,《音韵学讲义》,第 5 页。
④ 曾运乾《声韵学》,第 327 页。

《齐》部当分二部"说。他写道:"顾炎武《古音表》分《广韵·支》《脂》《之》《微》《齐》《佳》《皆》《灰》《咍》为一部,《真》《谆》《臻》《文》《殷》《元》《魂》《痕》《寒》《桓》《删》《山》《先》《仙》为一部,江永《古韵标准》分《真》《谆》《臻》《文》《殷》《魂》《痕》《先》为一部,《元》《寒》《桓》《删》《山》《仙》为一部,段玉裁《六书音韵表》又析《真》《臻》《先》与《谆》《文》《殷》《魂》《痕》为二。以音审之,顾表之《真》以下十四部为一部,江氏析而二之,段氏析而三之,析之是也。顾氏之《支》以下九部为一,段氏析而三之:《之》《咍》为一部,《支》《佳》为一部,《脂》《微》《齐》《皆》《灰》为一部,析之亦是也。惟《之》《咍》为《蒸》《登》之阴声,《支》《佳》为《青》《清》之阴声,与《真》以下十四部无涉。其相当相对者,惟《脂》《微》《齐》《皆》《灰》及《歌》《戈》《麻》二部,与《真》《臻》《先》《谆》《文》《欣》《魂》《痕》及《元》《寒》《桓》《删》《山》《仙》三部相配。戴氏与段书论之云:'江先生分《真》已下十四韵为二,今又分《真》以下为三,而《脂》《微》《齐》《皆》《灰》不分为二。'盖讥其阳声三部,而阴声只分二部也。戴氏于是仍并《真》《臻》《先》《谆》《文》《欣》《魂》《痕》为一部,与《脂》《微》《齐》《皆》《灰》相对。孔广森、严可均从之。今案:段氏知《真》以下九部之当分为二,而不悟《脂》《微》《齐》《皆》《灰》之亦当分为二;戴氏不知《脂》《微》《齐》《皆》《灰》之当分为二,乃反疑《真》以下九部之当并合为一,皆非能真知古韵部分者也。考古韵部分,《脂》《微》《齐》《皆》《灰》当分二部,《诗》三百篇虽未分用划然,固已各成条理。《齐》之入为《屑》《质》《栉》,《灰》之入为《没》《术》《迄》《物》《黠》,则固豪不相溷矣。《齐》与《先》对转,故陆韵以《屑》配《先》,《灰》与《痕》《魂》对转,故陆韵以《没》配《痕》,最合音理。"①针对黄侃、钱玄同关于《豪》部、《萧》部有入、无入的争论,他指出《萧》《豪》

①　曾运乾《声韵学》,第216—217页。

两部皆当有入:"《萧》部以《沃》部为入,固不待言。《豪》部之入,《广韵》虽未特立专部,然如敫、虐、隺、卓、勺、龟、弱、龠、乐、疒、翟、休、莘、雀、爵各声,固皆《豪》部入声字。陆法言求《豪》部对转之阳声不得,遂举《豪》入之侈音配入《东》类,为《江》韵之入声;又举其弇音配入《唐》类,为《阳》韵之入声,不得已而为此侧寄之韵,斯陆氏之疏也。"①这样,曾运乾参考顾炎武以来到章太炎、黄侃诸家古韵分部的成绩,从古《齐》韵分部中获得突破,将《切韵》二百六韵"依据古韵,审其音理,与古韵相比附",归为三十部,其中阴声九部,即《咍》、《齐》、《歌》、《灰》、《齐》半、《模》、《侯》、《萧》、《豪》,入声十一部,即《德》、《锡》(附《青》)、《曷》(附《寒》)、《没》(附《魂》)、《屑》(附《先》)、《铎》(附《唐》)、《屋》(附《东》)、《沃》(附《冬》)、《铎》半(亦附《唐》)、《合》(附《覃》)、《帖》(附《添》),阳声十部,即《登》、《青》、《寒》、《痕》、《先》、《唐》、《东》、《冬》、《覃》、《添》,"各韵有正韵,有变韵;有侈音,有弇音","正韵、变韵各有弇侈之殊,侈音、弇音又各有开合之别"②。他还依《广韵》二百六部的正变、侈弇、开合、齐撮,与古韵三十部相附合,制成阴声九部表、阳声十部表(入声十一部附)③,古韵与《切韵》以下音韵的流变离合,至此可谓穷尽无余。

曾运乾对自己研究古韵的成绩有过这样的总结:"自顾而降,而江永、段玉裁、戴震、孔广森、王念孙、张惠言、朱骏声、章炳麟诸家,皆致力于古音之学,踵相考校,递有发明,则即章氏所谓'前修未密,后出转精'者。至于依据《切韵》,考求古音,古今对照,适相符合,以知陆氏之音学,通乎今,不硋乎古,实非有清一代考古诸家所能及者,则

---

① 曾运乾《声韵学》,第222—223页。
② 曾运乾《声韵学》,第328页。
③ 曾运乾《声韵学》,第224—226页。

又余之研究所及,定为部类者也。"①这番夫子自道,不仅实事求是地肯定了前贤研究古韵的成绩,还一语道出他自己取得突破、超轶清儒,在于"依据《切韵》,考求古音,古今对照",真正揭明周秦古韵与唐宋以下音读的异同及其流变。

三、经学主要成就

曾运乾从小寝馈于经、史、小学,根基深厚,加上好学深思,一生勤奋不辍,"于学无所不窥,上自群经、子、史,旁逮天算、乐律,靡不通晓,非徒以声韵名家也"②。以下就其经学三书略作评说,从中可以窥见一斑。

1.《尚书正读》

《尚书正读》六卷,是曾运乾在中山大学讲授《尚书》课程时所编讲义,成稿于1936年,曾寄请杨树达作序,后来又经石印,用作湖南大学的讲义③。据说因为顾颉刚推荐,中华书局加以整理,添加句读,1964年正式出版,从此流传于世④。

《尚书正读》主要是对今文28篇作笺注、解释,通常先对句中个别疑难字词作训释,对有争议的语句作句读,然后阐释全句或整段经文,或者直接加以翻译,最终目的是帮助读者了解经文大义。例如,《皋陶谟》开篇说:"曰若稽古,皋陶曰:'允迪厥德,谟明弼谐。'禹曰:'俞,如何?'皋陶曰:'都,慎厥身,修思永。惇叙九族,庶明励翼,迩

---

① 曾运乾《声韵学》,第298—299页。
② 张舜徽《忆往编·湘贤亲炙录》,《旧学辑存》下册,第1152页。
③ 今湖南省图书馆藏有《尚书正读》稿本3册及湖南大学石印本2册。
④《尚书正读》现有黄曙辉标点整理本,华东师范大学出版社2011年版。

可远在兹。'"曾运乾正读如下:"'曰若稽古'四字句绝,'皋陶'下属
为句。曰者,《史记》言'帝舜朝,禹、伯益、皋陶相与语帝前,皋陶述
其谋'是也。……允,信也。迪,蹈也。德者,《管子·心术》篇云:
'德者道之舍。'舍,谓得于心也。弼,辅也。谐,和也。言信由其德,
则谟明而弼谐矣。俞,然也。如何,询其详也,《论衡·问孔》篇云
'皋陶陈道帝舜之前,浅略未极。禹问难之,浅言复深,略指复分',是
也。都,於也,叹词。修,治也。永,久也。'慎厥身'句绝。修思永
者,言修身当思其可大可久也。惇,厚也。叙,秩叙也。庶,众。明,
贤明也。励,勉。翼,辅也。言先修其身,次叙九族,又次以众贤明作
辅翼,则可大可久之业也。刘逢禄云:'《礼·大学》修齐治平,《中
庸》九经之义,本诸《帝典》,此四语亦总摄之。'按:皋陶陈谟,前二语
道其略,后四语道其详,其恉一也。"①曾运乾的这一番解说,有两处
是对历来歧异的句读作说明,主要工作是对"允"、"迪"、"德"、
"弼"、"如何"、"修思永"等重要字句各作训诂、解释,各依语境说明
其意义或用法,再将"允迪厥德,谟明弼谐"稍加说解,将"慎厥身,修
思永。惇叙九族,庶明励翼,迩可远在兹"串在一起作浅白的翻译,最
后总括全段,指出"皋陶陈谟,前二语道其略,后四语道其详,其恉一
也",揭示出皋陶前后两语的异同。全书的情形基本如此。

　　曾运乾在疏解文句大意外,还喜欢对《尚书》各篇从整体上区划
章节,并将各节经义用简明的文字加以概括,使整篇经文层次分明,
经义连贯。例如,对于篇幅甚长的《尧典》,曾运乾总共作了十次小
结:从"曰若稽古,帝尧曰放勋"至"黎民于变时雍",他下按语说"以
上浑言尧之德化"②;从"乃命羲和"至"允釐百工,庶绩咸熙",他说

---

① 曾运乾《尚书正读》卷一,中华书局,1964 年,第 31 页。
② 曾运乾《尚书正读》卷一,第 4 页。

"以上治历明时"①;从"帝曰畴咨若时登庸"至"九载绩用弗成",他说"以上三询不得贤,为下文禅舜作张本"②;从"帝曰咨四岳,朕在位七十载"至"纳于大麓,烈风雷雨弗迷",他说"以上言历试诸艰"③;从"帝曰格汝舜,询事考言"至"正月上日,受终于文祖",他说"以上舜受尧禅"④;从"在璇玑玉衡"至"四罪而天下咸服",他说"以上记舜摄政之大事"⑤;在"二十有八载,帝乃殂落"段下,他说"此节结束上半篇,皆尧时事"⑥;在"月正元日,舜格于文祖"段下,他说"此节总挈下半篇,皆舜时事"⑦;从"咨十有二牧"至"分北三苗",他说"以上记舜命九官十二牧,无为之政,用人而已"⑧;最后一段,他说"以上综计一生"⑨。曾运乾先把《尧典》划分为先说尧事、后说舜事的上、下篇,再在上、下篇内各自分节,各作小结,使全篇文意显白,条理井然。根据他的分节与小结,回顾全文,发现脉络清晰,结构紧凑,自始至终豁然贯通,浑然一体,所谓"二典通为一篇,宛如后世史家合传体"⑩,而晚出的《古文尚书孔传》将《尧典》一分为二,别出"慎徽五典"以下为《舜典》,确是任意割裂经文,实际上并未读懂全篇。

　　曾运乾解读《尚书》的最大特色,是娴于语法,善审词气,往往抓住某些关键词句,分析文势,审察文理,推究文脉,窥测文情,从而凿幽抉明,昭揭底蕴,尽发前人之覆。例如,《尧典》中有一句"我其试

---

① 曾运乾《尚书正读》卷一,第13页。
② 曾运乾《尚书正读》卷一,第15页。
③ 曾运乾《尚书正读》卷一,第17页。
④ 曾运乾《尚书正读》卷一,第18页。
⑤ 曾运乾《尚书正读》卷一,第22页。
⑥ 曾运乾《尚书正读》卷一,第22页。
⑦ 曾运乾《尚书正读》卷一,第23页。
⑧ 曾运乾《尚书正读》卷一,第28页。
⑨ 曾运乾《尚书正读》卷一,第29页。
⑩ 曾运乾《尚书正读》卷一,第2页。

哉",前人多争论此句是尧语抑或四岳语,曾运乾却别作发明:"今按:
'试'即序文'历试诸艰'之'试'。'釐降二女',试以内治也。'慎徽
五典'至'纳于大麓',乃试以为臣之事也。此'试'字直贯至'烈风雷
雨弗迷',据此知截'慎徽五典'以下为《舜典》者非也。"①他接着又
在"纳于大麓,烈风雷雨弗迷"一节下说:"以上言历试诸艰。晚出孔
《传》分'帝曰钦哉'以上为《尧典》,'慎徽五典'以下为《舜典》,姚方
兴又增'曰若稽古'等二十八字,均不知此文承上'试'字来。"②他紧
抓一个"试"字,体味文气,分析文理,不费吹灰之力,就揭示出前儒妄
分《尧典》的荒谬陋妄,真可谓目光如炬。又如《康诰》"非汝封刑人
杀人,无或刑人杀人;非汝封又曰,劓刵人,无或劓刵人",历来注家都
忽略了"又曰"两字③,曾运乾却细心体味出其中的意蕴,特意解释
说:"又曰,书简之记识,本作'非非汝汝封封',如《石鼓文》'君子员
员,邋邋员斿'之比。史臣读之,作'非汝封又曰',实当两读'非汝
封'。因周公诰康叔时,重言'非汝封'三字以提警之,郑重之意,形
诸言表。又周公各诰多重言,如《洛诰》'孺子其朋,孺子其朋',《无
逸》'生则逸,生则逸',皆一语已足,必重言者,亦郑重之意也。本文
'非汝封刑人杀人,无或刑人杀人',必重言'非汝封劓刵人,无或劓
刵人'者,文势、文情,亦兼著焉。"④他从"又曰"两字中,发现周公诰
命多重言的特点,揭明周公以重言表示郑重的用意,指出《尚书》兼著
文势、文情的妙处,真让人佩服他的敏锐。再如,《洛诰》周公诰命第
一句"朕复子明辟",曾运乾解读说:"复,归也。子,子成王也。辟,

---

① 曾运乾《尚书正读》卷一,第16页。
② 曾运乾《尚书正读》卷一,第17页。
③ 孔颖达《尚书正义》注意到这两字,解释说:"言'又曰'者,周公述康叔,岂非
  汝封又自言曰得劓刵人?此'又曰'者,述康叔之又曰。"但这一解说难惬
  人意。
④ 曾运乾《尚书正读》卷四,第163—164页。

君也。复子明辟者,犹言归政于尔也。此语为全篇大纲领,与后文'惟周公诞保文武受命,惟七年'相应。篇首至'永观朕子怀德',皆载周公、成王关于复辟使命往来及面相酬答之辞,皆记言也。自'戊辰,王在新邑'至末,皆载成王至洛、亲莅祭享及命周公后之礼,皆记事也。周公摄政,七年而反,见于周、秦、汉人之记载,如《逸周书》、《礼·明堂位》、《尸子》、《荀子》、《韩非子》及《尚书大传》、《韩诗外传》、《史记》、《说苑》等,不一而足。即依本经论,如云'其基作民明辟',基者,始也、谋也,如成王夙已亲政,何言'始谋作民明辟'乎?又云'乃为孺子颁,朕不暇听',颁者,赋事也,若成王夙已亲政,何言'惟孺子颁,朕不暇听'乎?又云'予小子其退,即辟于周',若本为明辟,何至是始言'即辟于周'乎?又云'乱为四方新辟',若成王夙已即位,则当云'乱为四方旧辟'矣,何言'新辟'乎?以此决'复子明辟'为周公归政成王也。"①前人将"复子明辟"的"复"字,或解为复政,或解为复命,成为争论周公是否践阼称王的焦点,曾运乾跳出本句,转从全篇入手解读此句,视之为《洛诰》"全篇大纲领",并从篇中寻出互相呼应的语句,细味其中的语气,说明周公此处确是公开昭告归政成王,在《逸周书》、《礼·明堂位》等文献之外,以本经自相证验,辨明周公摄政称王的事实,堪称举重若轻的神来之解。

《尚书》文句诘诎,字词艰涩,虽经汉、唐、宋、清无数名家注释,仍然苦其难读,"《尚书》一经,以诘诎聱牙为病者二千年矣"②。曾运乾吸取汉儒明通训诂、宋儒善审词气的优点,利用自己精究音韵的长处,综合运用音韵、训诂、语法、修辞等知识,以简短的篇幅,将今文28篇解说得文从字顺,明白如话,一举破解千古难题,在《尚书》学史上

① 曾运乾《尚书正读》卷五,第200页。
② 杨树达《曾星笠〈尚书正读〉序》,《积微居小学金石论丛》,中华书局,1955年,第256页。

留下惊人的业绩。杨树达曾非常形象地说,读江声、王鸣盛、孙星衍诸家《尚书》著述,"往往读一篇竟,有如闻异邦人语,但见其唇动,闻其声响,不知其意旨终何在也",而曾运乾作《尚书正读》,"于训诂、辞气二者,既极其精能矣,而又能以此通解全书,直不欲令其有一言之隔,读者依其训释以读经文,有如吾人读汉、唐人之诏令奏议"①,可谓鲜明的对比。在给曾运乾作传时,杨树达又评价说:"由君《正读》以读《尚书》,有如读唐、宋人之诏令奏议,清代三百年所未有也。"②

2.《毛诗说》

《毛诗说》是曾运乾去世后,由受业弟子将他有关《诗经》的讲稿、批记和学生的笔记汇抄而成,后来由周秉钧整理出版,虽不是一本完整的著作,从中也可窥见他研究《诗经》的成绩。《毛诗说》内容包括对《诗经》基本问题的论说和对《风》、《雅》、《颂》各类诗篇的解读、重要诗句的训释,以解说诗意、讲明训诂为主。《诗经》研究成果众多,最有代表性的著作有汉代毛公《传》与郑玄《笺》,唐代孔颖达《毛诗正义》,宋代朱熹《诗集传》,清代胡承珙《毛诗后笺》、马瑞辰《毛诗传笺通释》、陈奂《诗毛氏传疏》、王先谦《诗三家义集疏》等。曾运乾采取实事求是的态度,对前人训解《诗经》的成果作了继承与发展,主要表现在以下三个方面:

其一,采撷。无论是诗篇的理解还是诗句的训释,曾运乾都注意吸取前人的意见,征引所及,既有《诗序》、毛《传》、郑《笺》、孔《疏》中的成说,也有朱熹、胡承珙、马瑞辰、陈奂、戴震、王念孙、王引之、魏源、王先谦诸先儒及同时学者如杨树达等人的新见,其中撷取朱熹、

① 杨树达《曾星笠〈尚书正读〉序》,《积微居小学金石论丛》,第256—257页。
② 杨树达《曾星笠传》,《积微居小学述林》卷七,第310页。

胡承珙、马瑞辰、王先谦四家之说尤多。因此,《毛诗说》将历代解《诗》的精华汇集在一起,提供了十分丰富的信息,是一部简明扼要的《诗经》读本,正如周秉钧所说:"经过先生的筛选,这些材料可以说都是精华,这对后学来说,无疑是很宝贵的。"①

其二,疏证。对于前人尤其汉唐学者训解《诗经》的正确意见,曾运乾从音韵、训诂、文献等角度作了很多疏通证明的工作,进一步阐明前贤解《诗》的依据或来源。例如,孔《疏》在解"诗"之名义时,引《礼记·内则》郑注"诗之言承也",认为"诗"可训"承",曾运乾对此训释作说明:"'诗'属审母,古音在哈部;'承'属禅母,古音在登部。审、禅音近,哈、登阴阳对转,故'诗'得训为'承'也。今按:凡为诗者,必先有所感触,《乐记》所谓'凡音之动,由人心生'也。感于物而动,故形于声。孔氏《正义序》云:'六情静于中,百物荡于外,情缘物动,物感情迁。若政遇醇和,则欢娱被于朝野;时当惨黩,亦怨刺形于咏歌。'据此,则'诗'之训'承',承受外来之观感乃为诗也。"②他先根据音韵学原理说明"诗"可训"承",再引《乐记》等说法表明"诗之训承"的意蕴所在,从音、义两个层面作了十分清楚的解释。又如,《秦风·权舆》"夏屋渠渠",毛《传》训"夏"为"大",未解"屋"字;王肃述毛径称"大屋",指屋宅言,孔《疏》斥其非;郑《笺》"屋,具也",孔《疏》以为是出自《尔雅》的正训,马瑞辰征引《周礼》、《仪礼》和《史记》等记载作了论证,曾运乾又从声韵学的角度加以疏证:"'屋'得释为'具'者,'屋'为讴摄入声字,'具'为讴摄,音本相近。'屋'在影母,'具'在见母,声亦非远。"③再如,《召南·行露》"谓行多露"中的"谓"字,郑玄如字读,马瑞辰不以为然,根据《诗经》句法,指出

① 曾运乾著、周秉钧整理《毛诗说》,岳麓书社,1990 年,"前言"第 2 页。
② 曾运乾《毛诗说》,第 1 页。
③ 曾运乾《毛诗说》,第 93 页。

"凡《诗》上言'岂不'、'岂敢'者,下句多言'畏'",又引《释名》、《说文》之训及《左传》杜注,提出"谓,疑'畏'之假借",虽依据充分,仍作犹疑之说,曾运乾则根据声近假借的原理,作了补充论证:"谓,于贵切。畏,于谓切。声近假借。"①

其三,纠改。凡遇前人解《诗》失其本意,或训诂不能安妥,曾运乾大多依据《诗》义重加阐释,对关键字句另作训解,对前人阙失进行纠谬正讹。例如,朱熹针对《诗序》"国史明乎得失之迹"云云,批评说:"《诗》之作,或出于公卿大夫,或出于匹夫匹妇,盖非一人,而《序》以为专出于国史,则误矣。"其实,孔《疏》早对"国史"二字详作解说,指出"苟能制作文章,亦可谓之为史,不必要作史官",曾运乾针对朱子这一疏失,强调说:"国史为国中之晓书史者,不必为国家史官也。"②又如,《召南·草虫序》说"大夫妻能以礼自防也",诗中首句又说"喓喓草虫,趯趯阜螽",毛《传》解为"卿大夫之妻,待礼而行,随从君子",郑《笺》也说"草虫鸣,阜螽跃而从之,异种同类,犹男女嘉时以礼相求呼",都认为诗篇是写大夫之妻于归之事,誉其谨守礼节,如孔《疏》所释"经言在室则夫唱乃随,既嫁则忧不当其礼,皆是以礼自防之事";曾运乾不认同这些说法,提出一种新的解读:"按:生物之理,同声相应,同气相求。草虫鸣,阜螽跃而从之。虽同类而异种,谅为草虫所不受。喻男女结婚而后,非其配偶,则虽有诱惑,亦不之从。古诗所谓'使君自有妇,罗敷自有夫'也。是之谓'能以礼自防'。……毛、郑均未能得其解。"③毛、郑等读《序》"大夫妻"为大夫之妻,曾运乾则读"大"如《公羊》"君子大居正"之"大",认为《草虫》借虫类来兴喻人类,主张已婚男女应当遵礼守身,自觉抵制诱惑,不滥交媾,这

---

① 曾运乾《毛诗说》,第 25 页。

② 曾运乾《毛诗说》,第 6 页。

③ 曾运乾《毛诗说》,第 22 页。

种针对社会大众的教化，较之毛、郑仅就卿大夫之妻而立说，显然有所超越。至于不以《诗序》为然的朱熹称诗中"未见以礼自防之意"，主张以民间歌谣解《诗》的近人宣称此诗是写男女野合，与曾运乾的解读更是不可同日而语了。再如，《行露》"谁谓女无家，何以速我狱"，郑玄以"家"为"室家"，解此句为"今强暴之男召我而狱，不以室家之道于我，乃以侵陵"，曾运乾认为郑《笺》不妥，另作新解："家，谓家资也。《礼·檀弓》'君子不家于丧'，即'不资于丧'也。《书·吕刑》'毋或私家于狱之两辞'，即'毋或私资于狱之两辞'也。《庄子·列御寇》'单千金之家'，即'单千金之资'也。郑《笺》谓'似有室家之道于我'，义太迂曲。古制，狱讼必先纳货贿于官，见之于《周礼》可证。"①《行露序》明言"召伯听讼"，曾运乾从古代狱讼制度索解，对"家"字作了正确的训解。

曾运乾还对《诗经》作了不少全新的解说与训释，使《毛诗说》成为一部胜义纷披、质量上乘的学术著作。例如，《邶风·日月》"逝不古处"，毛《传》"逝，逮"；郑《笺》解为"及"，视作实义词；朱熹认为是发语词，马瑞辰从之，并作补证；王引之《经传释词》卷九也有专条论及，纠毛、郑之失；曾运乾则另作新训："按：'逝'为'誓'之假借。《说文》：'逝，往也。……读若誓。'此以读若明假借之例。《魏风·硕鼠》'逝将去女，适彼乐土'，《韩诗》正作'誓'。本文'逝不古处'，言誓不以故旧之情相处也。"②又《硕鼠》"逝将去女"，郑《笺》"逝，往"，曾运乾再次提出："'逝'为'誓'之同声假借字，或解作助词者，非。《说文》：'逝，读若誓。'以读若明假借也。《小雅·杕杜》'期逝不至，而多为恤'，《易林·益之鼎》作'期誓不至，室人衔恤'，言家书之到，

---

① 曾运乾《毛诗说》，第25页。
② 曾运乾《毛诗说》，第36页。

约期设誓,以为必至而竟不至,使我每为忧也。此'誓'、'逝'通作之证。"①曾运乾以同声假借训"逝"为"誓",并有《韩诗》、《易林》异文为佐证,言之成理,足备一说。曾运乾对《诗经》开篇"关关雎鸠,在河之洲"的解说,最能代表他解诗的新颖与独特:"《淮南子·泰族训》:'《关雎》兴于鸟,而君子美之,谓其雌雄之不乖居也。'王先谦《诗三家义集疏》云:'不乖居,言不乱耦也。或改"乖"为"乘",以合《列女传》,非。'《正义》:'夫妇有别,则性纯子孝,孝则忠。'今案:孔颖达'性纯子孝'之说,原于郑康成。郑君于《礼·郊特牲》'男女有别而父子亲',释之云:'言人伦有别而气性醇也。'又于《礼·昏义》'男女有别,而后夫妇有义;夫妇有义,而后父子有亲;父子有亲,而后君臣有正',释之曰:'言子受气性纯则孝,孝则忠也。'盖男女无别则乱升,而淫僻之狱以起;男女无别则受气性杂,而娟妒之气不仁。近诒侪辈争色之忧,远诒种族窳劣之败。故古语谓'夫妇有别而后父子有亲'者,非谓嫁娶定民始知母知父也,直谓嫁娶定而后人道立、种性良也。胎教之理,优生之学,人道之始,忠孝之基,非毛、郑,其谁知此乎?"②自从毛《传》提出"鸟挚而有别"之说,据以发明"后妃说乐君子之德,无不和谐,又不淫其色,慎固幽深,若关雎之有别焉,然后可以风化天下。夫妇有别则父子亲,父子亲则君臣敬,君臣敬则朝廷正,朝廷正则王化成"之义,历代儒者无不从维护纲常伦理的角度论说《关雎》的教化意义;曾运乾却独辟蹊径,从建立人道的伦理视角和优生优育的科学视角抉发诗意,其新颖别致令人叹服。

3.《春秋三传通论》

湖南省图书馆藏有曾运乾《春秋三传通论》,石印本一册,书根作

---

① 曾运乾《毛诗说》,第85页。
② 曾运乾《毛诗说》,第9页。

《三传通论》,正文首行题"《春秋三传通论》一",末行题"《春秋三传》终",版心则作《春秋三传讲义(国三)》,可知是供国文系三年级学生使用的《春秋》课程讲义。书前无目次,书中共论及十个问题:一、《春秋》起源;二、《春秋》名义;三、孔子笔削;四、《春秋》大义;五、《春秋左氏传》;六、古文经传;七、《左氏》传授;八、《左氏》立学;九、今古文争讼;十、诸家注疏。其中一至四讲述《春秋》的基本问题,五至九专述《左传》的历史,最后列举历代研究《左传》的著述。曾运乾讲前九个问题,都是先抄录各经书、史籍和汉魏以来直到清末民初的学者有关该问题的论说,再下案语,总结或申述前人之说,发表一己之论。例如,在"三、孔子笔削"之下,曾运乾相继摘抄了司马迁《史记·三代世表》《十二诸侯年表序》《孔子世家》《儒林传》、曹植《与杨德祖书》、杜预《春秋经传集解序》、陆德明《经典释文》、孔颖达《春秋左传正义序》、郑樵《六经奥论》、陆淳《春秋纂例》、章太炎《原经》有关孔子修《春秋》的论述,然后说:"案:孔子之修《春秋》也,有三重焉:一曰据百国宝书以稽史实也,二曰据鲁史以明内外也,三曰谨笔削以制义法也。"①这一总结,实是对司马迁以来各家论说的兼综并取。曾运乾接着对这三点略作申论,认为孔子修订《春秋》既重史实,又明义例,通过"笔则笔,削则削"的去取,"随文发例,不主故常",在记史与立法之间保持平衡,由此批评历代学者不明孔子修《春秋》的实质:"如杜预之说,谓《春秋》专承鲁史,史承赴告,告则书,不告则否,如是则夫子专写鲁史,不得名修《春秋》,诚有如唐陆淳所讥也,是未知孔子之书实兼据百国宝书也。如《公羊》家之说,'《春秋》应天作新王之事,时正黑统,王鲁尚黑,绌夏新周故宋',又云'上绌夏,下存周,以《春秋》当新王',是未知《春秋》之据鲁所以为主客内外之辞,而非素王九主之道也。又如近世之《左传》家之说,谓《春秋》依

_____

① 曾运乾《春秋三传通论》,第9页。

据旧史,专为记录,记录而外,则无义例,如是则《春秋》为断烂朝报,上不逮司马光之《通鉴目录》,下犹不逮齐召南之《帝王年表》,岂所拟于禹抑鸿水、周公兼夷狄者哉,是未知孔子笔削之旨也。"最后,曾运乾对司马迁之说特加表彰,阐明孔子修订《春秋》的实质:"古今来善史者惟太史公,善言《春秋》者亦惟太史公。太史公曰'孔子因史文,次《春秋》',曰'西观周室,论史记旧闻而次《春秋》',言其据群书以详史实也。曰'兴于鲁而次《春秋》',曰'乃因史记作《春秋》,上至隐公,下迄哀公十四年,十二公,据鲁,亲周,故殷',言其据鲁史以明内外也。曰'约其辞文,去其烦重,以制义法,王道备,人事浃',曰'《春秋》之义行,则天下乱臣贼子惧焉',又曰'为《春秋》,笔则笔,削则削,子夏之徒不能赞一辞',曰'因史记作《春秋》,以当王法',言其谨笔削而制义法也。推此三者以言《春秋》,庶不至为各家家法所窘而迷于大中至正之途也。"[1]这部讲义的体例,由此可见一斑。这种做法,既给学生提供了大量原始材料,又让学生对辨析诸家、折衷于是的学术探究有亲切体会。

在讲义中,曾运乾以《左传》为中心,对《春秋》学史作了一次简明的描述,并对其中一些重大问题加以评议。《春秋》学史上最为著名的事件,是《公羊》、《左传》之争,这场学术与政治相纠缠的争论,兴起于西汉末年,延续到东汉末年,魏晋时期仍有回响,及至晚清又再次兴起,直到民国年间仍未停息。曾运乾对此作了大量论述。他先在"五、《春秋左氏传》"中稍作回顾:"案:《春秋》家《左氏》、《公羊》之争,自汉迄今,纷如聚讼。主《左氏》者,谓《左氏传》之与经相表里;主《公羊》者,则谓《左氏》不传《春秋》。主《左氏》者,谓左丘明亲见孔子,好恶与圣人同;主《公羊》者,则谓左氏为六国时人,甚有谓左氏为楚史倚相之后,以官为氏,而非鲁太史者。众口纷纭,迄无

---

[1] 曾运乾《春秋三传通论》,第9—10页。

定论。"①他依据传记,综采诸家,就汉、魏以来历代学者尤其今文学家怀疑、诋斥《左传》的各种意见作了考论,认定"丘明身为鲁史,躬览载籍,又获与孔子偕观周史,探索宝书,成《春秋》之大传,为孔门之功臣,纲举目张,相为表里"②。在接下来的六、七、八中,曾运乾的讲述都是在今、古文之争的背景下进行,"九、今古文争讼"更对以《公羊》、《左传》为主线的今、古文之争作专门讨论。他搜集了西汉末年刘歆争立古文经博士以来直到章太炎批驳刘逢禄的所有材料,对这场旷日持久的今、古文之争作了全面检视和简要评判,指出:"今、古文之争讼,以《左氏》、《公羊》为最早,又以《左氏》、《公羊》为最烈。今文家之攻《左氏》也,曰《左氏》不传《春秋》也,曰《左氏》不祖孔子也,师弟相传无其人也,甚其辞者则曰刘歆割《国语》为之也。古文家之攻《公羊》也,曰信口说而背传记也,曰是末师而非往古也,曰传闻之不如亲见之也,甚其辞者则曰《公羊》剿窃《左氏》而失其真也。不仅互争义例之短长,甚且辨及师授之真伪;不仅辨及师授之真伪,甚且疑及本经之有无。自汉迄今,垂二千年,上自范升、陈元之争论,下逮长素、太炎之激战,纷纭眈眈,至今未已。夫偏激之谈,或至失中,一指蔽前,泰山不见。平心而论,《左氏》、《公羊》有义例长短可言,而师法真伪、本经有无,则证据犁然,事至彰灼,固无庸议及也。"③

从这本讲义看,曾运乾不仅叙述《春秋》学史是以《左传》为主线,对今、古文之争中某些具体问题的考定也明显是为《左传》作辩护,特别是主张先事后义,"学《春秋》者,先从事《左传》以考其事实,次及《公羊》、《穀梁》以求其义例,则亦本末先后之序也欤"④,更显

---

① 曾运乾《春秋三传通论》,第35页。
② 曾运乾《春秋三传通论》,第47页。
③ 曾运乾《春秋三传通论》,第81页。
④ 曾运乾《春秋三传通论》,第82页。

现出偏爱《左传》的立场。不过,曾运乾虽宗主《左传》,却未完全退回到古文家的立场。他明确指出《春秋》三传各有长短,汉儒各以一传名家,同时又兼采二传,因此主张研治《春秋》"贵师法,尤贵通学",并建议说:"三传同于解经,而义例互有出入。学者先治一传,即笃信一传,属辞比事,以观其例,推见至隐,以求其义。自一传至他传,皆然。三传既明,然后以一传为主,兼采他传,以弥缝其隙。总以通经为主,不以党同为尚。"①他赞同由传通经,反对死守家法,值得肯定。

四、结语

　　曾运乾一生献身于学术,"上自诸经、子、史,下至小学、训诂、天文、星象、乐律,无不通晓,而尤邃于声韵"②。他提出"《广韵》五十一纽"说、"古韵分三十部"说和"喻三归匣,喻四归定"说,对中国古代音韵学理论的发展和完善做出了重要贡献。他又充分发挥精通文字、音韵、训诂的长处,在《尚书》、《诗经》、《三礼》研究中取得骄人的成绩。与他往返论学、相知最深的杨树达,多次在日记中记述其学术见解,大加称赞。曾运乾病逝后,杨树达更对他的治学成就作出高度评价:"其治学也,学以济其思,思以助其学,谨而不拘,达而有节,故其说经不泥守家法,平视汉、宋,惟以声音、训诂、辞气推求古人立言真意之所在,其精谨绵密,实事求是,并时承学之士无与抗手。以湘学论,近数百年来一人而已。"③

---

① 曾运乾《春秋三传通论》,第82页。
② 杨树达《曾星笠传》,《积微居小学述林》卷七,第310页。
③ 杨树达《曾星笠传》,《积微居小学述林》卷七,第311页。按,"数百年"原误作"数十年",据《积微翁回忆录》改。

曾运乾在湘学史上的地位，尤其值得大书特书。他继邹汉勋之后，在声韵学研究中取得更大成绩，"视章、黄所考，无不及也"①，在湖南历史上是空前的音韵学家，一改湖南学者不通音韵、小学的旧局。对此，杨树达在他去世之际就说："湘土在有清一代大抵治宋儒之学，自唐陶山(仲冕)承其家学(父焕，曾有辨伪古文著述)，余存吾(廷灿)游宦京师，两君颇与戴东原之学接触；陶山之子镜海(鉴)仍折归宋学。乾嘉之际，汉学之盛如日中天，湘土无闻焉。道光间，邵阳魏氏治今文学，承其流者有湘潭、长沙二王氏，善化皮氏，皮氏尤为卓绝；然今文学家，不曾由小学入。故湘中学者承东汉许、郑之绪以小学、音韵、训诂入手进而治经者，数百年来星笠一人而已。"②这一评价，虽然严格说来不能算作盖棺定论，但曾运乾在湘学史上的标志性意义，却是完全可以借此加以肯定的。

曾运乾"治学精审，不苟为一言半语"③，生前没有出版任何著作，但他每次讲授专门课程，必定精心编撰讲义。这些讲义将各种散见的旧材料与他的新见解熔铸在一起，实是质量上乘的学术著作，如《音韵学讲义》、《尚书正读》，一经整理出版，即成学术经典。所幸今天仍有《三礼通论》、《春秋公羊传讲义》、《尔雅义证》、《文字学讲义》、《目录学讲义》、《史记概要》、《庄子札记》等讲义、手稿存留在世，只是分散、秘藏于各地图书馆，亟待整理以广流传。作为现代湘学史上一代大师，曾运乾的生平事迹与学术成就，仍有待于后人大力发掘与表彰。

① 陈天倪《曾运乾传》，《尊闻室滕稿》下册，第972页。
② 杨树达《积微翁回忆录》，第155—156页。
③ 杨树达《曾星笠传》，《积微居小学述林》卷七，第310页。

马宗霍及其中国经学史研究

自从汉代建立五经博士,经学成为显学,历代经学研究成果层出不穷,然而经学史著述却较为少见,经学通史更为稀缺。周予同1928年说:"中国经学研究的时期,绵延二千多年;经部的书籍,据《四库全书总目》所著录,已达一千七百七十三部、二万零四百二十七卷;但是很可奇怪的,以中国这样重视史籍的民族,竟没有一部严整的系统的经学通史。……皮锡瑞的《经学历史》、刘师培的《经学教科书》第一册,固然不能说不是通史,但是以两位近代著名的经今古文学大师,而他们的作品竟这样地简略,如一篇论文或一部小史似的,这不能不使我们失望了。最近日人本田成之撰《支那经学史论》,已由东京弘文堂出版。以具有二千多年经学研究的国度,而整理经学史料的责任竟让给别国的学者,这在我们研究学术史的人,不能不刺骨地感到惭愧了。"①经学通史长期付诸阙如、中国经学史研究落后于人的局面,直到1936年马宗霍《中国经学史》出版,才得到彻底的改变。

---

① 周予同《经学史与经学之派别》,《民铎》第9卷第1号,稍后作为序言收入皮锡瑞著、周予同注释《经学历史》,商务印书馆1928年出版。按,本田成之《支那经学史论》出版于1927年,有江侠庵中译本,改名《经学史论》,商务印书馆1934年出版;另有孙俍工译本,改名《中国经学史》,1935年由中华书局出版。

一、生平与著述大要

马宗霍本名骥,字承堃,号宗霍,晚号霋岳老人,光绪二十三年十月十一日(公历 1897 年 11 月 5 日)生于湖南衡阳县北乡集兵滩。

马宗霍出身于书香门第,但家境清贫。他的父亲马声杰擅长诗赋、书画,中过秀才,但雅性落拓,不乐仕宦,以游幕为生。马宗霍三岁时,父亲远出忘归,幸赖祖母与母亲苦心操持,"粥产延师,移家就学"①,使马宗霍兄弟学业得以不荒。马宗霍六岁入读县立小学堂,毕业后考进衡清中学堂,同时应船山书院考课,以少年美才,获得山长王闿运赏识,因此接受了新旧两种教育,旧学与新知兼而有之。1910 年,中学尚未毕业的马宗霍,意外考取了设在衡阳的湖南官立南路师范学堂(入民国后改名湖南省立第三师范学校),从此解除衣食、学费之忧,奋志力学五年,毕业后留校担任国文教师。1918 年,马宗霍被荐作湖南南路代表,参加北京政府教育部在武昌高等师范学校举办的注音字母研讨讲习班,由此与文字音韵学及文字改革运动结缘(不过他后来并不赞成汉字拼音或简化)。

1919 年,马宗霍应聘远赴江苏,任教于武进女子师范学校。从1920 年起,他相继受聘于南京金陵中学、江苏省立第一中学、江苏省立第一女子师范、国立暨南学校和国立东南大学、私立金陵女子大学等校,教授中义。1925 年前后,马宗霍得到国学大师章太炎的垂青,被收为关门弟子,经常向章氏请教音韵、文字之学。他回忆说:"三十以后,专治朴学,不暇旁骛者,章之教也。"②

---

① 《马宗霍致钟山信札》影印件,方继孝《旧墨三记——世纪学人的墨迹与往事》,北京图书馆出版社,2007 年,第 147 页。
② 秋竹《马宗霍》,《求索》1983 年第 5 期。

1927 年，马宗霍应邀至上海，受聘为中国公学大学部教授兼文学院院长，并先后兼任私立大夏大学、国立交通大学、国立同济大学、国立暨南大学教授。他与流寓沪上的同乡前辈、书法名家曾熙往来密切，事之为师，并因此与另一书法高手李瑞清结识（当时有"南曾北李"之说），因而书法造诣日深。1931 年夏，马宗霍被聘为南京政府考试院第一届高等文官考试襄试委员，本有机会转入政界，但他"自念疏慵，不宜从政，仍思引退，操我故业，殊不欲久溷为也"①，于是应章太炎之邀，任苏州章氏国学讲习会特约讲师。1935 年，马宗霍应聘为国立中央大学教授兼国文系主任。1937 年，日寇攻占南京，中央大学内迁重庆，马宗霍以母老辞职，蛰居衡阳侍亲。

1939 年，教育部在湖南蓝田成立国立师范学院，马宗霍受聘为教授、国文系主任，后来随校迁居溆浦、南岳。1947 年，因国立师范学院被并入湖南大学，马宗霍转任湖南大学教授兼文学院院长，1953年又因院系调整，改任湖南师范学院中文系教授。1960 年，马宗霍被聘为中央文史馆馆员，1962 年起兼任中华书局编辑，参与二十四史点校工作，审校前四史的标点，并点校《清史稿》。"文化大革命"爆发后，年老多病的马宗霍为免于下放干校，请章士钊等友人帮助，于 1970 年归编中央文史馆。1976 年 9 月 24 日，马宗霍病逝于北京②。

---

① 《马宗霍致钟山信札》，方继孝《旧墨三记——世纪学人的墨迹与往事》，第 147 页。按，作者推断"1945 年抗战胜利，马先生回到衡阳老家，是札或许即书于此时"，所说不确。据信中"今夏应友人之招来京襄试"，"家祖母刘太夫人以献岁之吉满九十岁"，"今虽国步方屯，未遑家庆"，及信末署"一月五日"，揆诸马宗霍生平，此信当作于 1932 年 1 月。

② 马宗霍生平中某些行事的时间，目前有不同的说法，此处主要依据启功主编《中央文史研究馆馆员传略》（第 188—189 页），以及马宗霍哲嗣马志谦为《南史校证》所撰前言（湖南教育出版社，2008 年，第 1—9 页），和马志谦整理《论衡校读笺识》所附天岸撰《马宗霍传略》（中华书局，2010 年，第 398—420 页）。

马宗霍自从执教大学后，潜心学术研究，尤其致力昌明国学，弘扬民族文化传统。1922 年，他与梅光迪、胡先骕等东南大学同人创办《学衡》杂志，提倡"昌明国粹，融化新知"。当时"新文化运动"如火如荼，社会上充斥着喜新厌旧、崇西抑中的言谈，认为"今者员舆之上，诸国骈立，斠短量长，细莫我甚。政法之善，工技之巧，既不相若；哲理之学，名数之术，又甚悬绝"，因此主张西化，"旁搜远绍，仪刑以求进"，乃至走向全盘反传统，"二三时彦，方昌言改革，往篇陈册，咸在摈弃之列，思别辟新涂，以更旧贯，以为非是莫便。其势燎原，不可向迩，举国之士，奔之若狂"。马宗霍对此较为反感，特意在《学衡》上发表《国学摭谭》长文，提出："今中夏与诸国之学，有其同，亦必有其异。其同者，势使之；其异者，习为之。势同则相用而愈彰，习异则相格而难入。明乎习而言改革，始不至自丧其英华；通乎势而言仪刑，始不至仅得其郛郭。何可一切颡画，以自轻鄙哉！是故余之所谓大者，恢强其在我者，而慎择乎其在人者之谓也；余之所谓新者，董理故业，而能有所闿明，抉其微而匡其惑之谓也。摭谭之作，其能恢强而匡明之乎！"他反对任情抑扬、妄自菲薄的简单态度与舍己芸人、全盘西化的轻率做法，主张扬榷中西，扶微继绝，弘扬民族传统，推阐旧邦新命，"夫讽籀之而发幽情，宣究之以绵坠绪。前修往矣，后起者不可务乎"①。这是他一生从事学术研究的基调。

1925 年，马宗霍在商务印书馆出版第一本著作《文学概论》。全书包括绪论、外论、本论、附论四部分。在绪论中，他对文学的界说、起源、特质、功能等作了阐述，有时还对"新文学"的相应主张予以批评，是全书中最有一家之言的篇章。例如，关于文学的起源，他从"文机发于情感"、"文体起于歌谣"、"文用起于需求"作了论述，实际上是从文学的发生途径、表现形式和发展动力，对文学的起源问题作了

---

① 马承堃《国学摭谭·序》，《学衡》第 1 期。

较为全面和科学的阐述,由此揭示出文学反映性情、抒写人生的本质,并对"群众天然文学"大加推崇:"人人同具此情,即人人皆有文机;人人皆有文机,则知初民文学,必属于群众的而非属于专门,必出于自然的而不出于形式。群众的,则无分乎智愚,无间乎尊卑,无判乎男女老幼,皆各自有其所感,亦各自有其所发。自然的,则元气浑浩,天机洋溢,感而皆通,发而皆中。"①对于文学的功能,他归结为载道、明理、昭实、匡时、垂久五点,指出:"文学所以有不朽之价值,道也,理也,事也,犹仅属于文学之本身,所谓蕴诸内者也。若其大处,在能由其本身扩而充之,以生影响于社会,而其价值乃愈尊,所谓施诸外者也。"他不仅重视文学述事说理、纪实传世的自身功能,而且特别强调文学关切现实、经世救时的社会功能,声称:"文学之用,贵能匡时。苟虚而不实,浮而不切,华而无质,荡而无归,诚不如其已也。乃比者文体改易,名为便俗致用,实则乐简畏难,后生新进,废书不读,游谈无根,贸然操觚,动盈万纸,印刷既便,流布滋多,遑言匡时,徒觉刺目。"②在外论中,马宗霍就文学与语言、文字、思意、性情、志识、观念、人生、时代的关系加以讨论,这些属于文学的外围问题,有的则是命篇作文应遵循的若干原则或具体的操作技术。本论篇着重论述文学自身的重要问题,包括文学的门类、体裁、流派、法度、内相、外象、材料、精神,先以标题揭明主旨,然后搜采古今中外文人学士的言论,加以排比、归纳,间下一二语,表明己意。例如,关于文学之法度,他揭出"不可无法"、"不可泥法"、"不可以法示人",关于文学之精神,他标明"贵能创造"、"贵能变化",然后旁征博引,娓娓道来。纵观全书,可见马宗霍常常同时引述中国和西方的材料,有时还对西方文学用专节加以讨论(如本论篇第一至四章中,分别有"西洋文学

① 马宗霍《文学概论》,商务印书馆,1925年,第8页。
② 马宗霍《文学概论》,第30—33页。

之分类"、"西洋文学之分体"、"西洋文学之派别"、"西洋文学之法
度"等四节），比较中外文学的异同，以西洋文学为参照，分析中国文
学之不足，意在取长补短。例如，他述介西洋文学分散文、诗、小说和
戏曲四类，反观中国文学，指出："惟吾国小说屏诸九流之外，戏曲则
所起最晚，不为列入，而彼土则与诗、文并峙，其势力且寖盛焉。要而
言之，文学之为用，一部分固在能发挥思想，抒叙情志，而一部分则在
能匡救社会，改良风俗。小说、戏剧，其入人也易，其感人也深，其引
人也速，其动人也远，其潜移默化之力，均非他种文学所可望。故言
匡救改良，莫此为宜。吾国往者因不重此，自命为文人学士者，大都
不肯究心，而一班浅学薄行一知半解之徒，则任意编撰，因之秽词淫
曲，到处流行，而所谓道德品节，不知不觉堕落于此辈之手者盖不少。
于是小说、戏曲，遂为文学家所不屑道，亦遂不能在文学上占位置矣。
其间偶有一二杰作，出自名手，为人所脍炙者，亦不过情节佳、笔墨
好，藉作酒后茶余之消遣品耳，于匡救改良乎何有？彼土既与诗、文
并重，故二者皆有专家。专家既多，名著自富；名著既富，流行自广；
流行既广，影响自大，而位置亦自高矣。"[1]马宗霍虽然吸取了西方的
术语、观念与理论，但并不像"新文学"的倡导者将西方文学理论作全
盘移植或简单嫁接，用来取代或更新中国的传统文论，而是基于以西
阐中的立场，采取中西平行、比观互证的态度，始终将重心落在中国
文学自身与中华文化传统之上，彰显文学理论的民族特色和中国内
涵，试图实现中国古代文论精粹的传承延续与现代转换。例如他论
文学的内相，使用"神、趣、气、势"四个词汇，论文学的外象，又采用
"声、色、格、律"四个字眼，实是化用姚鼐的"神、理、气、味、格、律、

① 马宗霍《文学概论》，第112—113页。

声、色"①。这种既积极向外开放，又自觉守护民族传统的治学态度
与研究方法，虽然尚处于探索阶段，使得全书显得有点中西糅杂、
古今混杂，但其旨趣与效果都值得肯定。这部《文学概论》也产生
过较大的影响，先是在 1926 年再版，1932 年再出国难版，1943 年、
1945 年又在重庆两次改版排印，直到 1975 年还在台湾、香港重新
出版发行，近来更有研究者评价说："在外来文论影响下，如何继承
保存中国古代文论精粹，马宗霍的《文学概论》倒是给我们今天文
学概论教材的编写和教学，提供了不少启示，也不失为一个可以参
考的范本。"②

　　1929 年，马宗霍撰成《音韵学通论》八卷，送请章太炎题辞、署
耑，1931 年由商务印书馆出版，此后多次再版③。在自序中，马宗霍
述说先王圣贤"同文正名之治"，回顾秦汉以后"同天下之文而不能
同天下之音"，特别提及西学东浸后，"二三时彦，震彼言文之合契，惧
我情志之互乖，遂乃制为音符，强教国人"，然后写道："宗霍劣谙讽
籀，雅好咨寻，以为创不如因，述胜于作，中土音固其繁，前贤理之已
密，约而论之，可得三派：溯源《诗》、《易》，旁摭诸子，下及楚词、汉
赋，以考唐虞三代秦汉之音者，古韵之学也。以《广韵》为宗，由《广
韵》上征《切韵》，下证《集韵》、《平水韵》，以考魏晋六朝唐宋之音者，

---

① 姚鼐在《古文辞类纂序》中提出："凡文之体类十三，而所以为文者八，曰神、
　理、气、味、格、律、声、色。神、理、气、味者，文之精也；格、律、声、色者，文之粗
　也。然苟舍其粗，则精者亦胡以寓焉？学者之于古人，必始而遇其粗，中而遇
　其精，终则御其精者而遗其粗者。"（《古文辞类纂》，中华书局《四部备要》本，
　第 16 页）马宗霍将姚氏视作"文之精者"改称为"文学之内相"，将姚氏视作
　"文之粗者"改称为"文学之外象"。
② 傅莹《中国现代文学理论发生史》，上海文艺出版社，2008 年，第 66 页。
③ 《音韵学通论》现有商务印书馆 1931 年初版、1933 年国难后一版、1937 年国
　难后二版。台北鼎文书局 1972 年《国学名著珍本汇刊》、文听阁图书公司
　2009 年《民国时期语言文字学丛书》均据商务印书馆 1933 年版影印。

今韵之学也。辨字母之清浊轻重,区韵摄之开阖弇侈,使反切之术部居秩如眇合无间者,等韵之学也。明乎古韵,可与识往;明乎今韵,可与察变;明乎等韵,可与审音。三者从言异路,归则同趋。欲事正名,讵能舍此? 于是稽撰其说,命之曰通论云尔。"①他循此思路,对前人论说加以梳理、总结,融进自己的见解,写出一本系统而新颖的音韵学著作。全书包括八篇:"元音篇"分自然之音(含天籁与人籁)、摹放之音(含物音与字音)两个方面,论述音之起源。"变音篇"从地理环境与时代演进入手分析,说明音之历史变迁(古今音)与地域差异(方言)。"古音篇"在对古音的断代(实是界定古音概念)、研究古音的取材范围加以说明后,依次详述双声与叠韵的原理与实例、群经音读(汉儒注经中的音训)的三种情形(读若、读为、当为)、《说文》音读(读若和谐声)及其释例、古韵分部的研究历程与各家得失、古声分类的必要与分类方法、古音的阴阳之分与通转之理,将古音学的基本问题作了透彻说明。"《广韵》篇"以《广韵》为中心,检索古代韵书的源流,比较《广韵》与各韵书的韵谱异同,考证唐宋用韵与《广韵》的出入,评析《广韵》中的古今音、韵部分类、声类分类等,对"以《广韵》为宗"的今韵之学作了详尽剖析。"反切篇"考察反切之由来、体例与方法,"四声篇"述说四声之起始、分别与清浊,"字母篇"介绍字母之制定、顺序、清浊、等列等,最后在"等韵篇"中,从呼等之始、韵摄之分、门法之异、切语用字等呼,将等韵学的原理与应用作了深入浅出的解说。《音韵学通论》既全面叙述了音韵学的基本问题,力求准确把握古代音韵学的成就,也经常发表一己心得,针对前贤定说提出商榷或加以修正,其中一些新论深有见地。例如,关于汉儒注经的音

---

① 马宗霍《音韵学通论自序》,《音韵学通论》,商务印书馆,1933 年,第 1 页。

训,段玉裁总结为三例①,一直为后人遵循,马宗霍则提出异议:"惟考之经注,读若、读如,亦有不仅拟其音而兼取其义者,读为、读曰,亦有不易其字者,而声误、字误,亦有不言当而言读者。斯或古人偶疏,抑其始本无经界,故为例不纯。"他认为汉人音读并不存在严格的体例,并说"三例虽云起自汉儒,溯其渊源,亦实滥觞于经传本文",因此广搜经传,罗列实例,展现出读若、读为、当为的用字及其音义之间的复杂与多样,对段玉裁的疏略加以纠补,兹举其一:"读若之例,有读若之字仍用本字,但于音义上分同异者。此因一字有数音数义,故言读若以别之也。其例凡四(一曰音义俱同者;二曰音同义异,但拟读若之音者;三曰音近义异,因取读若之义者;四曰音义俱异,因而兼取者)……有读若之字不用本字,而以他字拟其音者。其例凡二(一曰以读若之音为音而不取其义者;二曰拟其音而义亦从之者)……又有不言读若而言某字音某者……或言某字音近某者……则亦同于读若之例者也。"②再如,对孙愐据《切韵》所定《唐韵》与宋代《广韵》的源流关系,南宋以来流传一种看法,"因《广韵》本于《切韵》,《唐韵》亦本于《切韵》,遂以为《广韵》即《唐韵》",特别是《广韵》有同用、独用之注,前人推求其故而不得其解,顾炎武以为同用、独用乃唐人功令,戴震则指为许敬宗奏定之旧。马宗霍将《广韵》与唐人诗歌用韵

---

① 段玉裁在《周礼汉读考序》中总结说:"一曰读如、读若,二曰读为、读曰,三曰当为。读如、读若者,拟其音也。古无反语,故为比方之词。读为、读曰者,易其字也。易之以音相近之字,故为变化之词。比方主乎同,音同而义可推也;变化主乎异,字异而义憭然也。比方主乎音,变化主乎义。比方不易字,故下文仍举经之本字;变化字已易,故下文辄举所易之字。……如以别其音,为以别其义。当为者,定为字之误、声之误而改其字也,为救正之词。形近而讹,谓之字之误;声近而讹,谓之声之误。字误、声误而正之,皆谓之当为。"(《经韵楼集》卷一,咸丰年间补刊《皇清经解》本,第1页)
② 马宗霍《音韵学通论》卷三,第14—16页。

遍加对校，"自贞观以讫大历，其所用韵，与《广韵》同用、独用之注相违戾者，凡二十余处"，尤其许敬宗诗中"支、脂、之、微"同用，显与《广韵》"微"字独用之注不合："故知《广韵》自有同用、独用之注，决与敬宗不相涉；敬宗自定韵，决与功令不相涉。且当时属文之士，既有诸家韵书可据，敬宗所定，殆亦未必遵用。今观其相通之迹，盖仍汉魏六朝之旧音也。"章太炎见过马宗霍的考证后，另外提出一种意见，"疑《广韵》所注同用、独用，盖晚唐人就孙《韵》分注，而宋时以是为底本，非唐初之就陆《韵》以为部署者也"。马宗霍认为"晚唐人既注之，自必遵之"，但检视李商隐、温庭筠、刘禹锡、白居易、吴融等近体诗用韵，发现并不遵守此法，"是晚唐用韵，亦不与《广韵》同用、独用之注同矣"。经过一番考证，马宗霍断言："《广韵》与《礼部韵略》，直是宋世官韵前后之不同，而非唐宋官韵之不同也。"①这一结论堪称音韵学史上一大发现。马宗霍自称"今执《广韵》以寻唐人诗歌用韵，出入之迹，昭然自见，乃以顾、戴诸儒考辨之详，于此等处亦竟未察，因为表而出之"②，其成绩超出清儒，据唐诗以证音韵的方法更是独具心裁③。总之，《音韵学通论》虽以"通论"名书，但从书中实际内容与学术造诣来看，已远非普通教材所可同日而语。章太炎就在题辞中说："余昔治古今音韵，弟子蕲黄侃最能通其理，歙吴承仕亦尝审汉巍南朝旧音，皆能调之口舌，非徒以豪素传者。衡阳马宗霍，后及

---

① 马宗霍《音韵学通论》卷四，第30—38页。
② 马宗霍《音韵学通论》卷四，第30页。
③ 钱玄同对《音韵学通论》极为轻视，唯独对马宗霍考证《广韵》同用、独用之注非出自许敬宗十分认同，在致魏建功信中说："我以为此三巨册中，十之八是陈言，十之二是谬论，惟云《广韵》之独用、同用非许敬宗时所加，历举贞观至大历之韵文东、冬相通者为证，颇有参考之价值，但观余杭师之序，此点亦尚是余杭所启发也。"（《钱玄同文集》第六卷，中国人民大学出版社，2000年，第172—173页）其实马宗霍治音韵学虽得章太炎指教，但章太炎认为《广韵》此注出自晚唐人，马宗霍已予驳难。

吾门,以音韵教于学官,尝有所滞,则趋走以问……由是广略韵书,次及等韵门法诸家,通其思理,别其醛非,成《音韵学通论》八卷四十章。盖古今韵纽之流变,略具是矣。其以教授诸生,不必具用,固将以质世之知音者也。"①认为《音韵学通论》已超出大学教材,足供研究音韵学的专家参考,并将马宗霍视作门生中除黄侃、吴承仕外精通音韵学的第三人,可见推许之高。

马宗霍的第二本小学著作《文字学发凡》,在四年之后问世②。在绪论中,他先对文字学的概念、地位、历史及研究文字学的先后次序与入手途径作了简要说明。他指出:"文字之学,不外三端:其一体制,谓点画有衡从曲直之殊;其二训诂,谓称谓有古今雅俗之异;其三音韵,谓呼吸有清浊高下之不同(见《玉海》)。简而言之,即字形、字音、字义而已。"③他将文字学界定为关于文字形、音、义之学,并由此建立文字学的理论体系和阐述框架,全书即由卷上形篇、卷中音篇、卷下义篇构成。"形篇"探讨文字的原始、流变(从古文、籀文、篆书到行书、草书、楷书)与体用(即象形、指事、形声、会意、转注、假借),"音篇"分别叙述古音、今音、等韵的相关知识,"义篇"包括字义起源、词类分析和训诂举要,对历代文字学的理论与成就作了全面总结和认真评析,融入《音韵学通论》的研究心得。全书条理井然,材料丰富,评述精当,是一本深入浅出、简明扼要的大学专业教材。

1934 年,马宗霍编成《书林藻鉴》十二卷。马宗霍书法功底原本扎实,后来与曾熙、李瑞清切磋书艺,观摹历代书画名迹,不仅书艺大增,在书法评鉴方面也别有会心,尤其对书法生出一种全新的认识。

---

① 章太炎《音韵学通论题辞》,马宗霍《音韵学通论》,卷首第 1—2 页。

② 《文字学发凡》由商务印书馆 1935 年初版、1937 年二版。台北鼎文书局 1972 年《国学名著珍本汇刊》、文听阁图书公司 2009 年《民国时期语言文字学丛书》均据商务印书馆 1935 年初版影印。

③ 马宗霍《文字学发凡·绪论》,商务印书馆,1935 年,第 2 页。

他说:"书,艺事也。然观其变,可以知世之文质,玩其迹,可以见君子、小人,则艺而进于道矣。是故六书树其本,而《周官》教国子,则与礼乐并重;八体尽其制,而汉律试学僮,则以殿最为程。"①他认为书法不仅是艺事,而且是道术,把书法从小技、小道提升为艺术、大道,大大提高了书法的学术文化地位。马宗霍看到前人所撰书法著述虽然很多,但均有偏颇或存在阙失:"或论体法,或溯流派,或纪收藏,或述闻见,或事考证而发为题跋,或矜赏鉴而标为品第,然皆主于书迹而书人附见焉。其有以书人为主,如书史、书录之类,则又但载爵里,间及琐谈,虽亦略有评论,大抵多逞私说,偶尔采撷,复不赅备,甚至讳其所出,若己有之。斯亦艺林之一阙也。"他改以书人为主,搜采历代相关评论,间附己见,"首列书人,而汇引诸书评语系于每人之后,其间大家,如汉之张、蔡,魏之钟、卫,晋之二王,唐之欧、虞、褚、李、颜、柳,宋之苏、黄、米、蔡,元之赵,明之董,清之邓、何,则所引多至数十百条,使阅者或因人以见书,或因书而知人","穷源务蕲可征,故上起黄帝,沿波极于竟委,故下讫清,未敢云具艺林之钜观,庶几备书苑之通史",全编依时代顺序和人物先后,上起传说的黄帝、仓颉、沮颂,下讫清末的曾熙、李瑞清、康有为、谭延闿等,总共收录2800多人,将历代书法名家高手网罗无遗。他还在每卷之前立一序论,"凡历代书体之变迁,书法之升降,书家之派别,提纲挈领,于是乎在"②,其中有很多精辟的见解,后来成为书法评鉴和书法史研究的权威论断。《书林藻鉴》虽是一部书法评论资料的汇编,但搜辑详备,脉络分明,评议精审,富有史识,相当于一部以人物为中心的书法通史。在辑录《书林藻鉴》时,马宗霍又将积累的历代书家珍闻逸事加以汇纂,分帝王后妃、公卿士庶、神仙方外、闺阁名媛四类,各以时代相次,编成《书林

---

① 马宗霍《书林藻鉴序》,《书林藻鉴》,商务印书馆,1935年,卷首第1页。
② 马宗霍《书林藻鉴凡例》,《书林藻鉴》,卷首第2页。

纪事》四卷，"其间隽绪环生，名论横起，足发临池之兴，堪资艺苑之谈"①，对中国书法史研究和书法赏鉴也大有裨益。《书林藻鉴》《书林纪事》的刊行②，给马宗霍带来书法评论家的美誉。

随着民族危机日益深重，马宗霍转而对中国历史进行研究，仅1937年上半年，就在《中国公论》半月刊连续发表四篇长文③：《中华民族之由来与拓张及异族势力之消长》（载第1卷第2期）、《吾国历代国号之制定及国祚之修短与国统之正闰》（载第1卷第3期）、《吾国历代建置之沿革及户口之增减》（载第1卷第4、5期）、《国家之形成及政体之嬗变》（载第1卷第7、9期）。他并不沉迷于具体史实的考证，也不纠缠于个别人物的品评，而是纵论中华民族的历史演变，探讨历代政治制度的嬗递，总结兴亡教训，同时宣扬民族优良传统，消除妄自菲薄的心理，坚定民众抵御侵略的决心。例如，他把中华民族自黄帝以来的迁徙与拓张分作五期，详作论述，对各个时期攘斥夷狄、开拓疆土、巩固边防的行为、举措大加称颂，比如秦朝对外从事拓张与巩固，"其意虽私于一己，其功则垂于无穷。二世而亡，亡其帝王之业耳，吾民族实利赖之"，隋朝四出征伐，"虽曰劳师远涉，国本以虚，然开边之功，究不可没"，特别表彰秦皇、汉武，批评后人论史偏颇："其魄力眼光，皆吾民族不世出之豪杰。乃后之论史者，于始皇则

---

① 马宗霍《书林纪事序》，《书林纪事》，商务印书馆，1935年，卷首第1页。
② 《书林藻鉴》《书林纪事》于1935年由商务印书馆出版，翌年再版。台北世界书局1962年以影印方式刊行《中国学术名著·艺术丛编》，将《书林藻鉴》收入。文物出版社则鉴于"两书所收资料相当丰富，对研究中国书法史和评鉴书法艺术都有较高的参考价值"，1984年将两书影印行世。
③ 天岸在《马宗霍传略》中说："马在史学领域的用功亦极深，对于历代的典章制度尤其留意。马的史学功力在他的《说文解字》系列诸书和《中国经学史》中都有广泛的显示。但是马显然并没有以史学作为自己的学术研究对象，直至七十七岁时方才完成他的第一部史学专著《南史校正》。"此说显然未见及马宗霍在1930年代的史学研究成果。

詈之曰劳民伤财,于武帝则讥之曰穷兵黩武,一孔之见,乌足与议哉!"①在比较历代疆域变迁时,他又大发感慨:"昔者惟我独尊,四方皆我之庸属;今则惟我独弱,四邻皆我之鹰虎。最近关东、热河,沦为伪国,乃益与本部相迫,即冀州为我屡世建都之地,今亦危疑震撼,百计求全而未得其当。然则居今日而犹不严定国界,谋所以恢复之道,则日蹙百里,岌岌乎殆哉!"②这实际上是在告诫乃至责斥当局,发抒抗日救亡之论。另一方面,他着力宣扬民族优良传统,消除妄自菲薄的心理,增强国民奋起自卫的信心,坚定民众抵御侵略的决心。例如,根据甄克思的理论,各国都是由宗法社会走向国家社会(或称军国社会),但当时国内学者持有异见,"咸谓国家社会,惟今日欧美列强足以当之,而中国则仍在宗法社会之中,是故籀其政法,审其风俗,与其秀杰之民所言议思惟者,犹然一宗法之民而已矣",认为中国历史演进落后于欧美,因此自卑自贱。马宗霍指出"此亦一端之见而未之深考也",他征引经、史典籍,列举春秋战国以来"与甄氏国家社会之形性相同者"四点,下结论说:"综观四者,可见国家社会,春秋渐肇其端,战国已造其极。至秦始皇灭六国而统一天下,废封建为郡县,遂形成一大规模之国家政治,孰谓国家社会不见于中国哉!"他进一步分析中国历史演进与欧洲各国的差异及其积极影响,"是故世界以宗法立国者,笃守不变,如犹太种人,今则种虽存而国早亡;其次为希腊、罗马,希腊邑社之制,即以严种界而衰灭,罗马亦以严种界而几沦丧。独吾国行宗法将四千年,种不因是而少,国不因是而摧,且每与异族接触一次,种反日蕃,国亦日扩",批评"昧者不审中西立国之有

① 马宗霍《中华民族之由来与拓张及异族势力之消长》,《中国公论》第 1 卷第
　　2 期。
② 马宗霍《吾国历代建置之沿革及户口之增减》,《中国公论》第 1 卷第 4 期。

异,徒见强弱之相悬"①。他通过中外历史的比较,既见其同,指出中国的历史演进并不落后于西方,消除国民的自卑心理;又析其异,揭示中国历史与文化的特质,引导国民自尊自信。因为马宗霍的历史论文有益于抗战,所以国立师范学院所办《国师季刊》将《国家之形成及政体之嬗变》等重新发表②,并在《中华民族之迁徙与拓张及异族势力之消长》文前加上按语说:"本文对于中华民族之迁徙与拓张及异族势力之消长,有极精透之见解。在此复兴民族高唱入云之际,本文实为极有价值之论著,因再征得马先生同意,在本刊发表。"③

马宗霍1930年代还一度从事诸子研究,对《墨子》、《论衡》等颇为用力。他的《墨学论略》长文,1935年发表在《国衡》半月刊上(载第1卷第2、3、4、6、7期),对墨子的生平事迹作了考辨,对墨家学说作了梳理和评述。他又校读《论衡》,拟作新注,后见黄晖《论衡校释》,改变初衷,将其心得"分篇条系,付之单行"④,撰《论衡校读笺识》,几经删订,于1959年完稿。马宗霍晚年潜心古籍整理,撰成《淮南旧注参正》、《墨子间诂参正》、《清史稿点勘札记》、《南史校证》等书稿,在他去世多年之后才得以陆续出版⑤。

二、《中国经学史》的特色与成就

马宗霍研究经学,可能始于1922年前后。对源远流长、灿烂辉煌的国学,他在《国学撮谭》中原拟分作四部之学详加评述,但后来

①　马宗霍《国家之形成及政体之嬗变》,《中国公论》第1卷第7期。
②　马宗霍《国家之形成及政体之嬗变》,《国师季刊》第7、8期合刊。
③　马宗霍《中华民族之迁徙与拓张及异族势力之消长》,《国师季刊》第10期。
④　马宗霍《论衡校读笺识序》,《论衡校读笺识》,中华书局,2010年,第1页。
⑤　《淮南旧注参正》、《墨子间诂参正》1981年由齐鲁书社出版,《南史校证》2008年由湖南教育出版社出版,《清史稿点勘札记》2012年由中华书局出版。

《学衡》只刊出总论经学的《经第一》和分论《易》、《书》、《诗》、《礼》的文字(载第 1、2、3、6、10 期)①,不过从其遗稿《群经论略》下篇来看,他在 1922 年已对经学有完整的论述②。马宗霍在论经学时,显示出古文学的色彩,例如论"经"之名义,指出"从其转名,则经似为圣人述作之专号;从其质名,则经乃系上世典籍之通称",并强调"经者,前代之政典,孔子初仅翻之、治之耳,经之数不止于六,经之名亦不始于孔也",对于今文学派极力尊崇六经和孔子不肯认同。不过,他虽接受"六经皆史"说,却提出"经出于图,掌于史,而本于道术"的新论,并不将经书贬作史料。他又征引群籍中有关经书、经学的各种论述,对经的地位加以归结,说:"夫以经之教如彼其深也,经之用如彼其闳也,经之体如彼其大也,经之辩如彼其博也,经之文如彼其恺切而著明也,后有作者,譬之万派行地而经为之海,繁星丽天而经为之辰,高矣美矣,蔑以复加焉。"③他还认为,"自周衰官失,笃生素王,遂乃删《诗》、《书》,订《礼》、《乐》,赞《易象》而作《春秋》,而先王之大经大法,于焉以明"④,对孔子删订六经而传承先王、垂法后世的贡献大加肯定,甚至尊之为素王。可见,马宗霍对经学的基本看法,既与康有为、皮锡瑞等今文学派保持一定的距离,也与章太炎等古文学派

---

① 对《学衡》未刊完《国学撷谭》全文的原因,马志谦据马宗霍晚年的回忆记述:"《学衡》初办时并无组织,参加者亦无正式名义与分工,某日,吴宓在一次记者招待会上自称总编,马氏与梅、胡当时皆年轻气盛,遂皆负气而散伙,吴宓也就真正成为了总编,《国学撷谭》因此中断,以不了了之。"见马志谦为《南史校证》所撰前言,第 4 页。

② 中华书局 2011 年出版马宗霍草拟、马巨续撰的《经学通论》,书前有马宗霍四幅手迹,实是《群经论略》下篇第一论《易》、第二论《书》、第四论《礼》、第五论《春秋》稿本首页的照片,经与《国学撷谭》论《易》、《书》、《礼》的文字对照,发现二者相同,由此推测马宗霍 1922 年已对经学有整体性论述。

③ 马承堃《国学撷谭·经第一》,《学衡》第 1 期。

④ 马承堃《国学撷谭·序》,《学衡》第 1 期。

稍有差异,他在今、古文之间有所折衷,自抒新见,表现出独立不倚的可贵品质。这也是马宗霍后来从事经学史研究的基本立场。

1936 年,马宗霍在章太炎主编的《制言》上连刊《历代经学述略》(载第 9、10、11、12、13、14、16 期),随后稍事增补(主要是添上夹注),加上一篇自序,定名为《中国经学史》。全书共十二篇,分别是:古之六经、孔子之六经、孔门之经学、秦火以前之经学、秦火以后之经学、两汉之经学、魏晋之经学、南北朝之经学、隋唐之经学、宋之经学、元明之经学、清之经学。马宗霍在对六经形成略加论述后,既分时段叙述了经学兴起与发展的整个历程,又对两汉、南北朝、唐代、两宋、清代的经学作了重点考察,不仅完整地描绘了中国经学的历史面貌,还准确地勾勒了两千年间经学演变的不同情状,详略得当,叙议结合,较好地揭示出"历代经学盛衰异同之故"①,是一本名符其实的经学史专书。该书 1936 年在商务印书馆出版,列入"中国文化史丛书",翌年即出第三版,此后在国内外多次再版,迄今仍是各大学盛行的中国经学史教材。

纵观《中国经学史》,有以下几点十分引人瞩目:

其一,踵继前人,后出转胜。中国经学向来发达,历代也有不少关于经学史的记载与著述。马宗霍在自序中,先简述六经的来历与经学的产生,然后说:"由汉以降,垂二千年,儒者转相讲述,学凡屡变,虽有醇有驳,其名氏、篇第,自前史皆存而不绝也。"他指出历代经学的是非得失需要评鉴,经学史料也不匮乏,表明开展经学史研究的必要性与可行性,由此评述前人的经学史著作:"昔宋章如愚《山堂考索》,尝溯诸经授受而为之图;明朱睦㮮《授经图》,则刺取各史《艺文志》及《儒林传》,就章氏图而广之者。论者谓条析诸经之源流,朱氏书实为嚆矢,顾弗能辩章得失。清初万斯同《儒林宗派》,搜采较博,

---

① 马宗霍《中国经学史序》,《中国经学史》,商务印书馆,1936 年,第 2 页。

又仅列名氏,且不限于传经。朱彝尊《经义考》周赡矣,然体大而冗,有存佚而无是非,可谓说经之书目,亦非经学之史也。晚世有皮锡瑞,为《经学历史》,始自具裁断,与但事钞疏者稍殊,惟持论既偏,取材复隘,其以经学开辟时代断自孔子,谓六经皆孔子作,尤一家之私言,通人盖不能无讥焉。"他指出前人之作各有长短,或者能明晰经学传授源流,却不能辨章得失;或者能广搜博采,思虑周赡,却止于录列名氏、书目,不能评判是非;或者能自具裁断,却失之主观,持论偏颇,史料不足。从对前贤的批评中,马宗霍提出编撰理想的"经学之史",必须建立正确的经学史观,选取充足的经学史料并加以合理编排,梳理经学授受的家法、源流,评判经学研究的是非、得失。这种基于学术史的立场来编撰中国经学史的自觉,在马宗霍之前似难找出第二人。自序最后写道:"宗霍生当经学放废之后,闵斯道之将丧,惧来者之无闻,爰踵前修,窃有所辑,按时分述,都十二篇。知有愧于甄明,冀或免于诬妄,其于历代经学盛衰异同之故,览之者倘尚有取乎斯。"[1]他在经学沦丧之际,奋起担当总结经学、传衍斯文的重任,并以踵继前修、后出转胜自期,努力编撰一部尽善尽美的经学史。事实也是如此,马宗霍一方面尽量利用历代史书对经学的记载,吸取前人经学史研究的成果,另一方面又对旧史之记载失实、评述欠当,或前人之考察不周、论断不允,依据确凿的史料加以纠补。例如,对于纷繁复杂的两汉经学,前人多从今文与古文分争、齐学与鲁学异途加以论述,马宗霍却指出:"自六经燔于秦而复出于汉,以其传之非一人,得之非一地,虽有劝学举遗之诏,犹兴书缺简脱之嗟,既远离于全经,自弥滋乎异说。是故从其文字言,则有古、今之殊;从其地域言,则有齐、鲁之异;从其受授言,则有师法、家法之分;从其流布言,则有官

---

① 马宗霍《中国经学史序》,《中国经学史》,第 2 页。

学、私学之别。"①他从四个不同的层面,对西汉至东汉的经学发展及其分立互争的复杂情形作了详尽的考察与剖析,条理清楚,论述全面,为从来的经学史著述所未见。刘师培在《经学教科书》中说:"大抵两汉之时,经学有今文、古文之分,今文多属齐学,古文多属鲁学。今文家言多以经术饰吏治,又详于礼制,喜言灾异五行。古文家言详于训诂,穷声音、文字之原。各有偏长,不可诬也。"②又在《群经大义相通论》中说:"齐学详于典章而鲁学则详于故训,故齐学多属于今文而鲁学多属于古文。"③将汉代的今文、古文与齐学、鲁学联为一体,学派的划分似乎十分严整,因此后人常加引用。马宗霍对此不表苟同,指出:"齐学、鲁学之名,虽见于西京,然惟宣帝甘露中,尝召五经名儒平《公羊》、《穀梁》同异,各以经处是非,余如《诗》、《论》固亦有齐、鲁之说,而不闻异同之辨,不如古、今文之聚讼纷如也。顾一加寻绎,则两派亦微有不同,大抵齐学尚恢奇,鲁学多迁谨;齐学喜言天人之理,鲁学颇守典章之遗。"他认为齐学、鲁学之分不能通贯两汉,更不如古文学、今文学那样截然对立、激烈相争。他还举出两汉的齐学大家和西汉鲁学迁谨之儒,均同属今文,只有东汉的古文家确属鲁学,"惟此之鲁学,以得自鲁壁,皆为古文,又与今文鲁学有殊,而谶纬之说,则滥觞于齐学,何休、郑玄,并援纬书以说经",可见齐学与鲁学不能与今文、古文全然对应,因此批评说:"近人乃遂有谓齐学多今文家言、鲁学多古文家言,齐学存微言、鲁学明故训者,专以此为别,又非笃论也。"④关于蜀汉经学,陈寿《三国志》有"益部多贵今文而不崇

---

① 马宗霍《中国经学史》,第 35 页。

② 刘师培《序例》,《经学教科书》第 1 册,宁武南氏校印《刘申叔先生遗书》本,
　第 1 页。

③ 刘师培《序》,《群经大义相通论》,宁武南氏校印《刘申叔先生遗书》本,第 1 页。

④ 马宗霍《中国经学史》,第 46—49 页。

章句"之说,流传较广,马宗霍却从同传中摘引出如下事实:"杜琼著《韩诗章句》十余万言。许慈师事刘熙,善郑氏学,治《易》《尚书》、三《礼》《毛诗》《论语》。先主定蜀,慈与胡潜并为博士,潜亦通丧纪五服之数。孟光好《公羊春秋》。来敏善《左氏春秋》,尤精于《仓》《雅》训诂,好是正文字。尹默从司马德操、宋仲子等受古学,皆通诸经史,又专精于《左氏春秋》,自刘歆条例,郑众、贾逵父子、陈元方、服虔注说,咸略诵述,不复按本。谯岷治《尚书》,兼通诸经及图纬。"可见蜀汉学者既治今文之学,也重古文之业,因此批评陈寿自相矛盾:"史称'益部多贵今文而不崇章句',殊不尽然也。"①关于南北朝时期经学的南北之异,《北史·儒林传序》写道:"大抵南北所为章句,好尚互有不同。江左,《周易》则王辅嗣,《尚书》则孔安国,《左传》则杜元凯。河洛,《左传》则服子慎,《尚书》《周易》则郑康成。《诗》则并主于毛公,《礼》则同遵于郑氏。南人约简,得其英华;北学深芜,穷其枝叶。"这段简洁的评述,一直是人们引用的经典论断,"后儒因谓两汉经学行于北朝,魏晋经学行于南朝",但马宗霍认为,"此盖就其大较言之也","一加寻索,则有不尽然者",并稽考史籍,指出南朝于《易》非专崇王辅嗣,于《书》非专崇孔安国,于《左传》非专崇杜预,而且《春秋》三传并立,不止《左传》,北朝诸经虽是汉学②,然魏晋之学未尝绝迹,王弼之《易》,杜预之《左传》,在青州、齐州、河外等地流行,至于《论语》《孝经》,不仅河北诸儒能言之,南朝也立于国学,"即所尚亦与北朝相同",最后总结说:"要之,南方水土和柔,兼被清谈之风,其学多华;北方山川深厚,笃守重迟之俗,其学多朴。华故侈生新意,朴故率由旧章。以是为分,庶几得其大齐。必谓南为魏

---

① 马宗霍《中国经学史》,第66页。
② 马宗霍下文另外指出,北朝经学虽偏尚汉学,然而"郑学之在河北,初亦甚见排斥","服学之在河北,始终未能专行"(《中国经学史》,第84—85页)。

晋之学,北为汉学,见失之固,而如唐人所云'南人约简,得其英华;北学深芜,穷其枝叶',又失之偏矣。"①马宗霍根据确凿的史实,对《北史》及刘师培等人的意见加以修正②,对南学、北学的差异作了一个更为精简切当的评说。

其二,不偏不倚,择善而从。关于经书与经学的性质、孔子与六经的关系,是中国经学史研究的两大根本问题。前人往往因宗主今文、古文或宋学的经学立场,在研究、编撰经学史时,有意宣扬一家一派之说,或无意间流露出门户之见。马宗霍批评皮锡瑞在《经学历史》中宣扬今文经学,他自己尽力摆脱经学门户,叙述与评论都自居于史学的立场。他在自序开篇就说:"经者,载籍之共名,非六艺所得专;六艺者,群圣相因之书,非孔子所得专。然自孔子以六艺为教,从事删定,于是中国言六艺者,咸折中于孔氏;自六艺有所折中,于是学者载籍虽博,必考信于六艺。盖六艺专经之称,自此始也。"③他延续《国学撫谭》的做法,脱去长期来罩在经书和孔子身上的神圣光环,从历史出发,揭示孔子因教学需要而删订六经,由此奠下自己和六经在中国学术文化史上的地位,表明以历史主义对待六经和孔子的基本立场。第一篇"古之六经"首先肯定"六经,先王之陈迹",是上古历史文化的遗留,然后略论六经的萌生、形成与衰落,"盖五帝时,六经皆有萌芽矣","逮夫姬周,制作益备,六艺之守,各有司存","及周之衰,官守放废,六艺道息"④,由此强调孔子之前已有六经,古六经在孔子之时仍存而可考。第二篇"孔子之六经"进而根据史书记载,考察孔子对古六经的述作:"据《史》、《汉》之文,则知孔子于六艺,《易》

---

① 马宗霍《中国经学史》,第76—78页。
② 刘师培提出:"北儒学崇实际,喜以汉儒之训说经,或直质寡文;南儒学尚浮夸,多以魏晋之注说经,故新义日出。"(《经学教科书》第1册,第1页)
③ 马宗霍《中国经学史序》,《中国经学史》,第1页。
④ 马宗霍《中国经学史》,第1—3页。

则有《传》,《书》则有《序》,《诗》则有去取,《礼》则有从违,《乐》则有正,《春秋》则有义。《易》有《传》而后圣道始明,《书》有《序》而后作意始显,《诗》有去取而后可迹盛衰,《礼》有从违而后可考质文,《乐》正而后可与移风易俗,《春秋》行而后可以劝善惩恶。虽曰述而不作,而作已寓于述之中。"马宗霍用寓作于述的说法,肯定孔子对古六经的因袭、继承,但更强调孔子对六经的改造、发展,所以接着说:"盖古之六艺,自经孔子修订,已成为孔门之六艺矣。未修订以前,六艺但为政典;已修订以后,六艺乃有义例。政典备,可见一王之法;义例定,遂成一家之学。法仅效绩于当时,学斯垂教于万祀。司马迁曰:'自天子、王侯,中国言六艺者,折中于夫子,可谓至圣矣。'洵知言哉!"①他用对比之法,肯定作为先王政典的古六艺,经过孔子修订,其性质与效用大变。"法仅效绩于当时,学斯垂教于万祀"一语,高度称赞了孔子删订经书的历史意义。晚清以来对孔子与六经的关系,出现两种绝对的主张,"或则笃信今文家说,尊孔子为素王,谓六艺皆孔子托古改制之书,实为后王立法;或则牢守古文家说,侪孔子于良史,谓六艺皆周公国史之旧,孔子不过传述而已",马宗霍认为这两种说法均背离历史事实,所以详加批驳。他认为孔子并无托古改制的政治用意,"孔子于旧有六经,初但治之,欲以用世,及乎周流不偶,始将所治之经,加以修订,以之垂教",删订六经只是垂教后世,未曾用之于当世。《白虎通》谓孔子居衰乱之世,"闵道德之不行,故周流应聘,冀行其道德。自卫反鲁,自知不用,故追定五经,以行其道",马宗霍引以为证,指出:"此言'追定',最得其实,非初挟意为后王立法也。"《论语》称孔子贤于尧舜,为生民以来所未有,而孔子事迹皆在删定六经,公羊学家遂认为"使六经不为改制立法,何以比隆王者",章太炎《检论·订孔》则从孔子整理六籍、保存史料和传布历史知识

① 马宗霍《中国经学史》,第8—9页。

的角度加以解释:"民以昭苏,不为徒役。九流自此作,世卿自此堕。朝命不擅威于肉食,国史不聚奸于故府。故直诸夏覆亡,虽无与立,而必有与毙也。不曰贤于尧舜,岂可得哉!"马宗霍援引章氏之说,"可见欲尊孔子,自有其可尊者在,不必系于改制立法矣"。不过,他虽然引据章氏言论,但反对古文学家从"六经皆史"的立场对孔子身份的认定:"虽然,孔子固不改制立法,然遂以良史位孔子,则亦失伦。"他指出,史官职在守而弗失,良史不过善守善持,"非同孔子以拨乱反正、继往开来为己任也",孔子修订六经虽本之于史,但有述有作,"作固手定,述亦笔削,其间择改因革,大有经营",并非简单地传述故籍,引龚自珍之论,强调:"史实为孔子所用,孔子固不欲以史自居,而良史又讵足以尽孔子哉!"经过对今、古文家一偏之说的辩驳,马宗霍最后总结说:"要而言之,以六艺为政者,王之业;以六艺为掌者,史之职;以六艺为教者,师之任。孔子有德无位,盖以六艺为教者也。称曰素王,孔子之道,不从而大,是之谓诬;侪之良史,孔子之道,不从而小,是之谓简。夫惟万世之师,则尊莫尚焉,亦即孔子之所以自处也。"[1]他将六经视作孔子留给后世的教科书,把孔子尊为万世师表,这与今文学家的极端神化、古文学家矫枉过正的异化,都大异其趣。对于西汉末年以后日趋激烈的今、古文之争,马宗霍决不作左右袒,而是稽考史书,指出"当古文未出之先,汉初故老,其传授虽以今文,其诵习多在秦火以前,虑无不通古文者","古文既出之后,虽不立学,而今文诸师杂采古文,则往往而有","可见西京今文虽盛,而与古文未尝不可通。讫乎东汉,争论既起,其界始严,然争论自争论,而古、今学兼治者,则较西京为尤多",以两汉名儒兼通今、古文的事实,强调不能夸大汉代经学的今、古分争,更不能固守一家而自蔽:"大抵守文之徒,滞固所禀,而通人则鄙其固。贾、马、许、郑号大

<hr />

① 马宗霍《中国经学史》,第9—11页。

儒,正以其不囿一端耳。荀悦《申鉴》有言:'仲尼作经,本一而已;古、今文不同,而皆自谓真本经。古、今先师,义一而已;异家别说不同,而皆自谓古、今。仲尼邈而靡质,昔先师没而无闻,将谁使折之者?'明乎此,则知古、今本出一源,立言惟求其当,比而论之,必有可参;苟各习其师而莫之或徙,则真荀子所谓'古为蔽,今为蔽'者矣。"①马宗霍不以门户自限,对今、古文家的主张有取有舍,择善而从,真正从经学转向了史学。

其三,深明源流,独具裁断。刘师培在讲经学史时,明确提出"经学源流不明,则不能得治经之途辙"②,皮锡瑞更在《经学历史》开篇声称"凡学不考其源流,莫能通古今之变;不别其得失,无以获从入之途"③,明源流、辨得失可谓经学史著述的两大目标。马宗霍评朱睦㮮《授经图》能"条析诸经之源流","顾弗能辩章得失",同样把明晰源流、辩章得失作为理想的经学史的标准。但与前人致力于条析各经之源流、评判一家之得失有异,马宗霍不拘于一时、一派或一家之学,而是着力于探寻不同时代经学演变的先后关系,注重评议整个时代经学的是非得失。例如,在"孔门之经学"篇中,他考察孔门弟子传经的情况后,指出:"是故孔门高弟之学,其流被于后者,要以子夏、曾子为最可溯。子夏博学于文,故兼六艺之传;曾子约之以礼,故得一贯之统。其后承曾子之学者有子思、孟子,则宋学之所祖也;承子夏之学者有荀卿,则汉学之所祖也。博、约两派,汉、宋于以分门,经学亦遂由是而歧焉。"④将后世汉学、宋学的歧分,追根溯源到子夏和曾

① 马宗霍《中国经学史》,第44—46页。
② 刘师培《序例》,《经学教科书》第1册,第1页。
③ 皮锡瑞《经学历史》,光绪丙午思贤书局刻本,第1页。
④ 马宗霍《中国经学史》,第15页。

子,这一见解虽有可能受到前人启示①,但其眼光之宏远仍值得肯定。在"秦火以前之经学"篇中,马宗霍又说:"孔子传经,授而不书。弟子所接闻于师者,互有所记,或举大义,或撢微言,详略偶殊,异同斯出。弟子又各以所得者为传授,承之者其详略异同亦必如之,故《汉书·艺文志》曰:'昔仲尼殁而微言绝,七十子丧而大义乖。《春秋》分为五,《诗》分为四,《易》有数家之传。'盖源一而流歧,其所由来者久,固不自汉始矣。"②认为孔子口耳传经,弟子所得各异,辗转流传,及于汉代,一经分为数家。前人多是费力考证、排列从子夏、商瞿到汉儒的五经传授源流,马宗霍则从学理入手分析,探寻汉代五经分派的历史根源。在"魏晋之经学"一篇中,他先述说汉学从西晋到东晋渐次衰绝的情形,再略举北方五胡诸国的官学设置,最后说:"凡此诸国,其博士之所掌,学官之所立,史虽不详,然如石赵之写石经,苻秦之禁老庄,则知微尚所契,犹在汉学,玄虚之习,无自而染;伪托之书,不得而乱也。其后南学、北学各异其趣,盖已肇端于此时矣。"南北朝经学南北之异为众所周知,马宗霍注重考察南学、北学分立互异的历史渊源,将其追溯及于晋代南北官学之异,加深了人们对南北经学分立的认识。在"隋唐之经学"篇中,他觉察到《五经正义》颁行后,不断有人冲破官学、不守旧说,如唐玄宗刊定《礼记·月令》,令李林辅等注解,"自第五易为第一,擅改旧本之次",魏光乘又奏请将魏徵编纂《类礼》列为经书,"此则经亦几欲以新者乱之","及乎大历之间,啖助、赵匡、陆淳以《春秋》,施士匄以《诗》,仲子陵、袁彝、韦彤、

---

① 刘师培提出:"曾子、子思、孟子,皆自成一家言者也,是为宋学之祖;子夏、荀卿,皆传六艺之学者也,是为汉学之祖。"(《国学发微》,宁武南氏校印《刘申叔先生遗书》本,第3页)皮锡瑞在《经学讲义》中也说:"孟子开宋学宗派,功在明道。荀子开汉学宗派,功在传经。故汉儒多推尊荀,宋儒多推尊孟。"(《皮锡瑞全集》第8册,第89页)

② 马宗霍《中国经学史》,第19页。

韦茝以《礼》，蔡广成以《易》，强蒙以《论语》，皆自名其学，益不复守旧说"，诸人穿凿附会，喜以己意说经，立异先儒，"盖自大历而后，经学新说日昌，初则难疏，继则难注，既则难传，于是离传言经，所谓犹之楚而北行，马虽疾而去愈远矣"①。马宗霍特意描述出中晚唐的这股经学新风，其实是想揭示北宋庆历经学新风其来有自，所以以"宋之经学"篇论及庆历年间"学者解经，互出新意，视注疏如土苴"，就点明"议传注，唐季已肇其端，尚不始于宋人"②，将大历新风看作是北宋新经学的滥觞。正因为马宗霍考察经学史注意考镜源流，善于纵观远眺，所以评判各个时代经学的是非得失，往往自出心裁，发抒新见。

　　从汉代以来，记述或考察经学历史的著作，大体上可以归为三类：一是传记类，如各史《儒林传》或经学名家列传，历代学者编撰的传经表、通经表、渊源录、师承记、汉魏博士考等，对各个时代经师或经学家的生平事迹、经学源流与治经成就等加以记载、考察；二是目录类，如各史《经籍志》《艺文志》，历代学者编撰的经籍考、艺文略、经义考及经部著述提要等，对各个时代的经部典籍加以著录、评述；三是文物制度类，如关于历代石经、监本、学校、选举、科举等的史书或论著，往往较多涉及经学史。这些著述或以经学人物为中心，或以经书、经学典制为对象，偏重于个人或断代，局限于某一层面，因此无法反映经学的全体面貌与整个趋势，难以显现经学演变的来龙去脉与前因后果，"想真切了解经学的变迁，以上二类书籍只能作为补助的或分门的参考资料，而仍有待于经学通史"③。刘师培的《经学教

---

① 马宗霍《中国经学史》，第103—105页。
② 马宗霍《中国经学史》，第111页。
③ 周予同《经学史与经学之派别》，《周予同经学史论著选集》(增订本)，上海人民出版社，1983年，第98页。周予同后来在《中国经学史讲义》中，径称这三类书籍为经学史料。

科书》第一册虽然形式上初具经学通史的规模,但分期、分派较为杂乱,在各个时段分述各经传授源流,分列各家经学著述,采缀虽富,但缺乏剪裁,颇形散漫,加上谨守古文,门户太强,所以不足以反映中国经学的全史。皮锡瑞的《经学历史》虽然名为"经学历史",内容实是借经学史宣扬尊孔崇经、明经致用的今文学思想,根本就不能算作经学史著作①。马宗霍虽然师从古文经学大师章太炎,但在总结中国经学的历史演变与评判历代经学研究的得失时,并不偏主古文而贬抑别派,而是超越学派、打破门户,平等看待古文学、今文学和宋学,对各个经学派别作了客观的考察与公允的评价,奉献出一部真正的中国经学史。

此外,叶德辉《经学通诰》(1915)、江瑔《经学讲义》(1921)、陈燕方《经学源流浅说》(1922)、陈延杰《经学概论》(1930)、蒙文通《经学抉原》(1933)、陈鼎忠《六艺后论》(1934)、卫聚贤《十三经概论》(1935)、伍宪子《经学通论》(1936)等,虽然也对中国经学史有所论述,但如周予同所说,均不能算是"一部严整的系统的经学通史",所以马宗霍的《中国经学史》,当之无愧地成为第一部经学通史。

三、《说文解字引经考》对 经学史研究的贡献

1947 年底,马宗霍以《说文解字引经考》一书,送请杨树达作序。这是他从 1935 年在国立中央大学讲授小学以来长期研究《说文》的心得,"程之积年,稿凡数易"②,直到 1955 年仲秋才定稿。全书依经

---

① 详参拙文《皮锡瑞〈经学历史〉并非经学史著作》,《史学月刊》2007 年第 3 期。
② 马宗霍《说文解字引经考自序》,《说文解字引经考》,科学出版社,1958 年,"自序"第 3 页。

立卷,分为《引易考》二卷、《引书考》二卷(附《引逸周书考》)、《引诗考》四卷(附《引三家诗考》)、《引礼考》二卷、《引春秋传考》二卷(附《引国语考》)、《引论语考》一卷(附《引逸论语考》)、《引孝经考》一卷(附《引孝经说考》)、《引尔雅考》一卷、《引孟子考》一卷,以煌煌巨著,不仅大大推进了《说文》学的研究,也丰富和深化了中国经学史尤其汉代经学史的研究。

马宗霍在自序中提出:"治国故者必治史,史者,国故之薮也。治古史者必治经,经者,古之史也。治经者必治小学,小学者,通经之邮也。《说文解字》,小学之书也。许君自叙曰:'盖文字者,经艺之本,王政之始,前人所以垂后,后人所以识古。'则经、史、小学之相为一贯,许君固明以谕人矣。至其书中偶引经文之处,经义、字义,互相证发,以经证字,亦即因字存经,尤为许君经学之所寓。"①所谓"以经证字",即许慎援引群经证明文字之音、形、义,而所谓"因字存经",是认为《说文》中保存了大量的经学材料,可为后人窥探许慎经学以及古代经学提供原始资料。马宗霍对《说文》引经的研究,就是从这两个层面进行。

一方面,马宗霍把《说文》视作许慎的经学著作,从中探索许慎的经学。他认为,许慎先撰《五经异义》,兼采汉代古、今文家之经说,再作《说文解字》,兼录汉代古、今文本之经文,两书互为表里,可惜《五经异义》散佚,"欲窥许君经学之全,《说文》引经,斯其汇矣",然而后人仅以小学视《说文》,"以为《说文》乃经学之附庸,虽或援之以释经,颇疑许君于经学非颛门,故亦无经学颛著",对许慎的经学渊源与成就缺乏应有的认识,"均未悟许君经学即在《说文》引经之中,且叙篇明言各经所主,是其授受渊源又自可溯也"②,指明《说文》对于研

---

① 马宗霍《说文解字引经考自序》,《说文解字引经考》,"自序"第1页。
② 马宗霍《说文解字引经考自序》,《说文解字引经考》,"自序"第1页。

究许慎经学的重要价值。他分析说:"《说文》引经,有异文,有同文;有证形者,有证声者,有证义者,而要以证义为主。凡字之义,有正义,有别义,有引申、假借之义,又有所从之形之义,则所谓会意也,有所从之声之义,则所谓形声兼意也,皆在所证,而要以证本义为主。于文之异同,可征经本传授之殊;于义之正假,可通经训岐出之汇。"①而以前研究《说文》引经的学者,如吴玉搢(有《说文引经考》二卷)、高翔海(有《说文经典异字释》一卷)、柳荣宗(有《说文引经考异》十六卷)、陈瑑(有《说文引经考证》七卷及《说文引经互异说》一卷)、雷浚(有《说文引经例辨》三卷)、承培元(有《说文引经证例》二十四卷)等,未曾细究《说文》引经的复杂情形,未能揭示许慎引经证字的深意妙旨,"或但举异字,而于字同训异者则弗及;或仅标所引见某经某篇,而不言其义;或例具而失之略,或说繁而伤于曼,均之于许意未能尽当也"。马宗霍则对《说文》引经之文反复推阐,比观互证,"凡有偁经者,异同之文,正假之义,兼雠并辑,而于许君以经证字、以字证经、交明互发之旨,详加阐析","期于经义、字义得所会归,足以敷畅许说"②,从中阐发许慎经学的具体成就。同时,他根据汉儒治经严守家法的特点,和许慎自叙所称"《易》孟氏、《书》孔氏、《诗》毛氏、《礼》周官、《春秋》左氏、《论语》、《孝经》,皆古文也",分经加以考证,"每经之前,冠以叙例,备述许学所出,以明其所宗者何在"③,考明许慎经学的授受渊源与家法所在,恢复许慎经学的本来面貌。

另一方面,马宗霍通过对《说文》引经的研究,努力将小学、经学与史学联贯为一。他在指出《说文》对于了解许慎经学的意义后,进一步强调《说文》所引群经文字对于研究经学与古代历史的价值:

---

① 马宗霍《说文解字引经考总例》,《说文解字引经考》,"总例"第 1 页。
② 马宗霍《说文解字引经考总例》,《说文解字引经考》,"总例"第 1 页。
③ 马宗霍《说文解字引经考总例》,《说文解字引经考》,"总例"第 1 页。

"若夫所偁引者,文有异同,义有正假。或一经之语,而数字分见;或一字之下,而数经递出。意既存乎博综,例复取于旁通。循其例而求之,条流似别,指归如会。即字以审义,依义以诂经,庶几诂训明而经明,经明而先民制作之藉经以传者,亦往往可由是而讨其沿革,则经明而史亦明矣。"①他略举《说文》引经的实例,肯定"《说文》引经,其于经学演赞扶翼之功,岂章句之儒所能拟,又岂目为许君一家之学所能尽哉"。他还把《说文》与新出甲骨、金石资料比较,彰显《说文》的独特价值:"挽近以来,吉金乐石,龟甲兽骨,地不爱宝,出土日多。稽古考文之彦,咸所资取,相其铭款颂繇,奇瑰朴至,信有足以订经匡史者。然而器杂真赝,文多漫缺,钩斠稍疏,易滋疑眩。不有《说文》,则点画之不辨,将何以释其辞;辞之不达,更何由通其谊? 韩非有言:'无参验而必之者,愚也;弗能必而据之者,诬也。'善治国故者,欲不邻于愚、诬,余知其不徒参验之于器物,而当兼参验之于经史;欲参验之于经史,当自治《说文》始矣。"因此,马宗霍"窃师休宁戴氏以字考经、以经考字之意,刺取《说文》引经之文,为之疏析,文从其经,经归其家,微异前修之为,冀抽许经之绪,⋯⋯爰就许君《说文自叙》之言,略申经、史、小学一贯之恉"②。

在《说文解字引经考》中,马宗霍论及经学史上的若干重要问题,对于某些长期存在争议的问题提出了新的解说。例如,自宋代以来,学者相继怀疑东晋晚出《古文尚书》有伪,至清儒而基本定案,但因作伪甚工,伪孔《传》尤其"怡然理顺,有符《仓》《雅》",所以不断有人替晚《书》申冤,或认为25篇经文伪而孔《传》不伪。马宗霍通过考察《说文》所引《尚书》文字,发现"伪《传》训义十之八九与许说同",并解释说:"此由作伪者知许宗孔氏,故即袭用许说,使后人读其书,

① 马宗霍《说文解字引经考自序》,《说文解字引经考》,"自序"第1页。
② 马宗霍《说文解字引经考自序》,《说文解字引经考》,"自序"第3页。

以为许用《传》说,则益信其《传》之真出于孔也。"他以清儒考辨伪《传》时对此鲜有论及,所以在《说文解字引书考》中,"凡伪《传》之合于许说者,并撾出之,以为伪《传》之反证"①。马宗霍依据《说文》考辨孔《传》之伪,为《尚书》辨伪事业给予有力的援助,杨树达因此称誉他"片言折狱,有如老吏,又先儒辨伪者所未及也"②。又如,对于《说文自叙》"礼周官"之说,前人多读作"《礼》、《周官》",将《礼》指实为《仪礼》,并认为许慎于三《礼》之学无所宗主③。马宗霍提出:"《说文》虽三《礼》并引,然实以《周官》为大宗。"他统计《说文》所引经字后发现:称《周礼》者 95 字;称"礼"者 28 字,其中 10 字仍属《周官》,专属《仪礼》者仅 7 字,但无一字在郑注所说古文之内,"余则或出《诗》毛传,或出《礼说》,或出《礼纬》,或则不知所出而亦以'礼'偶之。是'礼'字所施者泛,不以《礼经》为画也";称《礼记》者 4 字,但无一字属戴《记》,另有称《明堂月令》者 9 字、称《少仪》者 1 字,虽属戴《记》而不明言。据此,马宗霍认为:"许叙'礼周官'云者,疑与《易》孟氏、《书》孔氏、《诗》毛氏、《春秋》左氏句例相同,盖谓《礼》之《周官》为古文也。观其注中皆称'周礼',叙则变言《周官》,正以《仪礼》亦周代之礼,'周礼'可为大名,恐人混而为一,故特于叙以'周官'明之,亦犹《春秋传》为三《传》大名,而注中所偶《春秋传》则指《左传》,故亦于叙文变言'左氏'以明之也。且《仪礼》虽有古经,而汉世传《礼》之儒,皆习今文;《礼记》虽有古记,而二戴损益以后,虑亦古今杂糅。惟《周官》晚出,有古无今,其后流传有故书、今书,盖非

① 马宗霍《说文解字引书考叙例》,《说文解字引经考·引书考》,科学出版社,1958 年,"叙例"第 2 页。
② 杨树达《说文解字引经考序》,马宗霍《说文解字引经考》,"杨序"第 1 页。
③ 段玉裁注、许惟贤整理《说文解字注》第十五卷上,凤凰出版社,2007 年,第 1322 页。

本经之旧。斯又许君《礼》主《周官》之微意也。"①他以确凿的数字，雄辩地证明许慎于礼学实是宗主《周官》，堪称经学史上的一个发现。杨树达为此在序文中盛赞马宗霍："此又君独到之见，清儒所不及知也。"②

马宗霍在撰写《说文解字引经考》时，还提出几个相应的计划："至若所引群书，其说亦间有足证经义者，当于《引群书考》中论之。又有引某家说即系经说者，当于《引通人说考》中论之。读若引经主于证音、不主证义者，当于《说文读若考》中论之。"③可见他探讨《说文》引用群书与通人之说，仍是围绕着经学问题。1956 年夏，马宗霍完成《说文解字引群书考》二卷、《说文解字引通人说考》三卷（1959年由科学出版社影印出版）④，前者考及《说文》所引经传之外的 22种典籍，后者考及《说文》所引两汉通文字、音韵、训诂的 30 位学者，凡群书所及、通人所言中有合于经义者，均条分缕析，推阐绎释，既为经学史研究增添了丰富的资料，也提供了一些值得参考的意见。

四、结语

马宗霍一生嗜好学问，自中年起奋力著作，至暮年仍笔耕不辍，在经学、小学、文学、史学、书法学、诸子学等传统学术的主要领域都下过功夫，成绩斐然可观，因此被后人誉为现代湖湘国学大师、朴学奇才。

---

① 马宗霍《说文解字引礼考叙例》，《说文解字引经考·引礼考》，科学出版社，1958 年，"叙例"第 1 页。

② 杨树达《说文解字引经考序》，马宗霍《说文解字引经考》，"杨序"第 1 页。

③ 马宗霍《说文解字引经考总例》，《说文解字引经考》，"总例"第 3 页。

④ 《说文读若考》未见面世，马宗霍另在 1957 年撰成《说文解字引方言考》四卷，1959 年由科学出版社出版。

特别值得一提的是,在外患迭起、祖国陷入危机和西学东浸、民族传统面临崩塌的时代,马宗霍的学术研究,始终与国运、时政紧密联系在一起,贯注着对中国文化命运和中华民族前途的深切关怀。例如,在编撰《文字学发凡》时,他回顾历史,对元明以来文字学日益荒落、最终走向衰败极为感慨:"驯至今日,莘莘学子,百科杂习,入大学而不通小学者,比比皆然。是以读则讹音,解则乖义,书则谬形,陈陈相因,积非胜是,偶见不讹、不乖、不谬者,反以为异。其好奇者,震于远西诸国文语无殊,且欲改我华风,同之彼土,或则谓旧文艰深,不利施教,乃采俗字,号曰简体,将铸模型,以颁小学。许君有言:'玩其所习,蔽所稀闻,不见通学,未尝睹字例之条,怪旧艺而善野言。其迷误不谕,岂不悖哉!'吾读是,重有感矣。世有知德君子,苟欲辨章风谣而区分,曲通万殊而不杂,绵雅训之将绝,昭夏声于不坠,其必自修明文字学始。"①可见他亟亟讲明文字、音韵学,意在护惜传统、昌明国学,抵制当时主张消灭汉字、采拉丁字母推行拼音的过激主义。在东北沦陷、华北危亡之际,他撰文考论国家的形成,先引西方学者的定义"国者,彼土界说所谓有土地之区域而其民任战守者也",然后从汉字构造入手分析:"'国'字古文作'或'。'或'字从一,地也;从口、以戈守之,则与彼土字义亦相冥合。"②通过分析"国"字的构造,强调守土卫国之义,激励国人同仇敌忾,抵御日本侵略。由此所述,足见一代学人的经世情怀与崇高风范。

① 马宗霍《文字学发凡·绪论》,第 8 页。
② 马宗霍《国家之形成及政体之嬗变》,《中国公论》第 1 卷第 7 期。

杨筠如的《尚书》与《荀子》研究

在中国古代《尚书》学史上,有两本著作特别引人瞩目:一是成书于魏晋时期、托名西汉孔安国的《古文尚书传》,集《尚书》汉学之大成;二是南宋蔡沈承其师朱熹之学完成的《书集传》,集《尚书》宋学之大成。清代经学大师辈出,《尚书》研究如火如荼,"惜尚未有荟萃而画一之如孔、蔡二《传》者",直到民国时期,因为取资新材料、采用新方法,《尚书》研究转入新境,一位二十多岁的学子,竟然在三年内拿出一本《尚书》新著,让他的老师、国学大师王国维赞不绝口:"门人常德杨筠如,近作《尚书覈诂》,博采诸家,文约义尽,亦时出己见,不愧作者。其于近三百年之说,亦如汉魏诸家之有孔《传》,宋人之有蔡《传》,其优于蔡《传》,亦犹蔡《传》之优于孔《传》,皆时为之也。"①可惜,这位能集清代以来《尚书》研究之大成的湖湘学人,今人对其生平经历知之不详,对其治学成就更是言之甚歉。

一、生平与学术大略

杨筠如字德昭,光绪二十九年(1903)生,湖南省常德县前乡黄州人(今常德市鼎城区黄土店镇白岩村)。

杨筠如幼年就读于常德县立第一高等小学,后入东南大学国文

---

① 王国维《尚书覈诂序》,杨筠如《尚书覈诂》,北强学社,1935年,卷首第1页。

系学习。1925 年夏间，杨筠如考入清华学校国学研究院，秋天入学后选定《尚书》为研究方向，因此师从于王国维。1926 年 6 月，杨筠如以第一名的优异成绩毕业。当时陈嘉庚在厦门集美学校新开国学专门部，杨筠如被聘为专任教授。一年之后，他转赴广州，任教于国立中山大学。此后，杨筠如相继执教于国立青岛大学、省立河南大学和国立四川大学。全面抗战爆发后，杨筠如挈眷回乡，担任常德县立中学校长，1939 年秋转任国立湖南大学教授，1940 年秋仍回常德，出任移芝中学校长，直到 1946 年 10 月病逝①。

　　杨筠如在大学读书期间，即从事中国古代学术史的研究，先后在东南大学国学研究会编印的《国学丛刊》第 2 卷第 1、2、4 期发表《评荀孟哲学》、《孔子仁说》、《伊川学说研究》。进入清华国学院后，杨筠如吸取王国维倡导的"二重证据法"，注意利用甲骨文和金文的资料进行古史研究，撰出《尚书覈诂》、《媵》、《春秋时代之男女风纪》等论文，毕业时被评为甲一等。1926 年，清华国学研究院创办《国学论丛》，选刊院中老师和优秀毕业生的著作，杨筠如的《媵》入选，刊于第 1 卷第 1 号。1928—1929 年，他在《国立中山大学语言历史学研究所周刊》相继发表《春秋时代之男女风纪》、《周代官名略考》、《三老考》、《尧舜的传说》、《两汉赋税考》、《姜姓的民族与姜太公的故事》、《周公事迹的传疑》、《春秋初年齐国首称大国的原因》等，显示出对中国古代历史、制度与风俗的浓厚兴趣与特别见解。其中《周代官名略考》"就古籍、金石所见周代之官名略为辑释，以存其真"②，利用金文材料研究周代官制，同时对今文家斥作伪书的《周礼》加以验证，

① 以上参见何广棪《经史学家杨筠如事迹系年》(《古籍整理研究学刊》2010 年第 1、3 期)、李学勤《关于杨筠如先生晚年事迹的补正》(《古籍整理研究学刊》2010 年第 3 期)。

② 杨筠如《周代官名略考》，《国立中山大学语言历史学研究所周刊》第 2 集第 20 期。

是承继王国维《古史新证》的"释古"学风,而《尧舜的传说》、《姜姓的民族与姜太公的故事》、《周公事迹的传疑》等以怀疑的目光、考辨源流的手段重新审视上古传说与古史,提出"尧的传说偏在北方,舜的传说偏在东南方,两个传说接触的地方就在山东的西南,可以见得尧舜两个人的产生或结合(无论尧舜有无其人),明明是儒家的宣传作用了"①,明显受到胡适、顾颉刚"古史辨运动"的影响。1930 年夏,杨筠如旅居日本,将著名汉学家桑原骘藏的长篇论文《由历史上观察的中国南北文化》译成中文,随后在《国立武汉大学文哲季刊》第 1 卷第 2 号刊出。1940 年夏,杨筠如又在《边声月刊》第 1 卷第 2 期发表《元代对于西南傜区之开发》,表达出较为强烈的现实关怀。

　　杨筠如的第一部专著为《九品中正与六朝门阀》,1930 年 12 月由上海商务印书馆出版,后来被多次影印再版。杨筠如搜寻两汉、魏晋到隋唐的各种正史资料,辅以《通鉴》、《通志》、《文献通考》、《世说新语》、《昭明文选》、《颜氏家训》等相关记载,再参酌清代顾炎武《日知录》、赵翼《廿二史劄记》等考证与论述,对九品中正成立的原因、内容、利弊以及六朝门阀造成的原因、实际情形、影响分别作了较为详尽的考察,揭示出九品中正制度与六朝门阀的关系,最后对九品中正与六朝门阀的消灭作了简要论述,提出诸多新见。例如,关于九品中正形成的原因,过去比较强调陈群的创议与汉末的动乱,仅视之为"权时之制",杨筠如却认为它是西汉以来的社会风气与东汉末年的社会局势相结合而促成,具体总结为三点:一是由于汉末察举的腐败,"九品中正之设立,是为救汉末选举之弊而加以整顿,是一种时势的要求,也并不是陈群一个人的私见";二是由于汉末清议的激烈,

----

① 杨筠如《尧舜的传说》,《国立中山大学语言历史学研究所周刊》第 5 集第 59 期。

"简直可以说是汉末的党祸与清议,为九品中正成立的最大原因";三是由于汉末政局的混乱,"陈群建立这种制度,是受当时政治风气种种的影响,经过详细的考察,决不仅是一种权宜的办法","大概这三种原因,前面两种比较重要,后面这一种止可说是促成这种制度之一个偶然的近因罢了。前人把他视为唯一的原因,未免太藐视了当时的政治和社会状况罢"①。又如,对九品中正制的评价,《晋书·刘毅传》所说"未见得人而有八损"广为流传,杨筠如既指出九品中正制有"注重乡里的清议"、"铨定方法的详慎"、"吏部官人的利便"等好处,也对刘毅的"八损"之说加以修正,指出"他说得过于烦碎,要归纳起来,大概止有三点就可以包括,但于三点之外,还有一点为刘氏所未道及",将其流弊归为四点,即中正威权过大、中正精力不够、中正所立品状不当、中正产生方法不好,并评议说:"我们平心而论,创立这种制度的时候,其用意未尝不好;但他止知道乡里清议的可贵,而不知假之威权过大,清议会成私意。他止知道检定手续的完备与选用的利便,而没有想到品状的不当。既没有留意产生方法的不健全,又没有想到中正的精力有所不够。因此遂至流弊百出,结果连乡举里选的遗意,都全行丧失。"②由于视野开阔,史料充足,分析全面,评述公允,这本6万多字的小书,成为我国学者系统研究九品中正与门阀问题的开山之作,直到今天仍有重要的参考价值。

二、《尚书覈诂》的内容与成就

杨筠如进入清华国学研究院后,跟随王国维研究《尚书》,翌年完成四卷本的毕业论文《尚书覈诂》,获得王国维和梁启超等人的赞赏。

---

① 杨筠如《九品中正与六朝门阀》,商务印书馆,1930年,第2—12页。
② 杨筠如《九品中正与六朝门阀》,第50—62页。

在厦门任教期间，杨筠如对论文作了一番修订，寄回清华请导师指正，王国维欣然加批、作序，将它与孔《传》、蔡《传》相提并论，甚至期望他"异日当加研求，著为定本，使人人闻商周人之言，如乡人之相与语而不苦古书之难读，则孔、蔡二《传》，又不足道矣"①。杨筠如到广州后，先将王国维的序言和前面两卷发表在《国立第一中山大学语言历史学研究所周刊》，然后搜集资料，又作了两次大的增补，最后在1934年初夏定稿，在《北强月刊》连载，第二年再由北强学社铅印行世。从1926年完成论文，到1934年正式刊行，杨筠如数易其稿，精益求精，正如细心评读《尚书覈诂》的童书业所说："盖积长时间之研究，始泐为定本者也。"②

《尚书》佶屈聱牙，文字古奥，历来说解纷歧，在儒家经典中最为难读。杨筠如回顾汉唐以来注解《尚书》的历史，说："《尚书》非一时之作，其中方言非一代可赅，然皆远出先秦，词多雅古，自昔苦其诘屈，绩学未能精知。博士马、郑而下，颖达、朱、蔡之俦，诠释虽多，条达盖寡。逊清朴学昌明，大师辈出，段（若膺）、陈（朴园）订其异同，江（艮庭）、王（西庄）、孙（渊如）、简（竹居）集其训诂，而高邮王氏父子、德清俞氏、瑞安孙氏，抽绎诸经，尤多创获。吾湘善化皮氏、长沙王氏，网罗异说，亦称功臣。但既骈枝后出，为新注所未收，而又胶柱陈言，即大师亦难免焉。"③他指出历代《尚书》解读存在两大不足：一是"诠释虽多，条达盖寡"，"胶柱陈言，即大师亦难免"，无论汉学、宋学大儒，还是今文、古文大师，都受学派门户影响，墨守师说旧解，诂字释义难以通达；二是"骈枝后出，为新注所未收"，从乾嘉到民国的《尚书》研究成果非常丰硕，却没有出现一本荟萃群言、折衷一是的

---

① 王国维《尚书覈诂序》，杨筠如《尚书覈诂》，卷首第1页。
② 童书业《评杨筠如〈尚书覈诂〉》，天津《益世报·读书周刊》第24期。
③ 杨筠如《尚书覈诂自序》，《尚书覈诂》，卷首第1页。

《尚书》新注。有鉴于此,杨筠如提出:"本书既名'覈诂',故对于各家师说,概不墨守,惟求与经旨相协。其文字异同,亦不专从一家一本。兼采今古文以及日本所藏古本、敦煌所出诸隶古定本,以取其长而求其当。"①他抓住字词训释和经文用字两个关键,突破学派门户的限制,兼取各家解说与各种传本的长处,为读者提供一本训释通达、奄有众长的《尚书》新注,力破《尚书》难读的历史难题。

《尚书覈诂》的实际内容,是从文字、训诂、句读入手,对28篇今文《尚书》作全面检核。全书用力的重点在以下两个方面:

一是考释字义。对《尚书》某些难字难词,杨筠如援引《说文》、《尔雅》、《释名》、《方言》等字书,以及汉唐诸儒对经史典籍的传注训解,或者征引近代学者对甲骨、金文的考释成果,作简要解说与考辨。为求释义准确,他提出一条重要原则:"本书为求真起见,对于训诂,务求有所根据,除甲骨、金石文例之外,所用字义,皆用唐人以前之训诂。每字上并标明所引原书,冀免凿空之病。"②言之有据,训诂尚古,是全书的鲜明特色。对于前代经师训解《尚书》有疏漏、舛误、歧异者,杨筠如会稍作补充或考辨,陈述己见,常以"按"字标明。例如《尚书》开篇"曰若稽古",西汉以来都将"稽古"解为"考古",郑玄独训为"同天",杨筠如说:"稽,《小尔雅·广言》'考也',则'稽'为'考'义。《汉书·律历志》'三代稽古,法度章焉',师古曰'稽,考也',正与之同。又《武纪》元狩六年诏曰'稽诸往古',《逸周书·小明武解》'观之以今,稽之以古',其为'考古'之义甚明。盖'稽'借为'卟',《说文》:'卟,卜以问疑也。从口、卜,读与稽同。'引申之故有'考'义。"③皮锡瑞等曾广泛征引两汉典籍及汉唐传注,证明今文家

① 杨筠如《尚书覈诂凡例》,《尚书覈诂》,卷首第1页。
② 杨筠如《尚书覈诂凡例》,《尚书覈诂》,卷首第1页。
③ 杨筠如《尚书覈诂》卷一,第1页。

"考古"之解为是,杨筠如择取今文家的解说,引据《小尔雅》之训,并补充《逸周书·小明武解》的实例,还根据《说文》作了推断,可谓简明得当。又如《尧典》"钦若昊天"句,前儒多对"昊天"大作解说,杨筠如则专就"若"字作注:"若,《释诂》'善也',《释言》'顺也',《汉志》作'顺'。按:卜辞每言'贞帝弗若',又曰'则帝降若',宣三年《左传》'不逢不若',昭廿六年《左传》'王昏不若','若'并'善'也。《庄子·秋水》'望洋向若而叹',司马注以为海神,《文选·西京赋》'海若游于玄渚',薛注亦以为海神。甲骨文作 𠧧,疑本初民所奉之善神,训'善'、训'顺',皆其后起谊也。"①他引甲骨文、《左传》解"若"作"顺",较《尔雅》之训、《汉志》之说更有根据,而追溯"若"字本义,也可以加深对"若"字的理解。

二是检录异文。因汉代今、古文分家及历代传抄、改写,《尚书》经文有不少异字,清儒对此作过不少考辨,如段玉裁《古文尚书撰异》喜欢分别某字为今文、某字为古文,或者指称某字为卫包所改,陈乔枞《今文尚书经说考》、皮锡瑞《今文尚书考证》进而区分今文某字为欧阳本、某字为夏侯本,众说纷纭,有时立论截然相反。杨筠如既重视异文,又不曲加分别,"对于异文,则大致并录,以备参考"②,仅注明某书作某字,不妄言其为今文或古文,还着力从音韵通转、文字假借等探究原因,表明《尚书》异文大多是字形相异而音义相通、相近,彼此之间往往互相借用,从根本上淡化今、古门户。例如,《尧典》"钦明文思安安"句中,过去通常认为古文传本作"思",今文传本作"塞",段玉裁分辨说:"'思'与'塞'同部双声,故古'思'今'塞'。……'塞'字从土,近或改从心作'愬',傅合《说文解字》。考《诗·燕燕》、《定之方中》、《常武》字皆作'塞',而魏碑'钦明文塞'

---

① 杨筠如《尚书覈诂》卷一,第2页。
② 杨筠如《尚书覈诂凡例》,《尚书覈诂》卷首,第1页。

刻画可稽。"①杨筠如则说:"思,《尚书考灵耀》《魏受禅表》作'塞'。古'塞'、'塞'通用。《皋陶谟》'刚而塞',《说文》引作'𡨄'。《说文》:'𡨄,实也。'《诗·燕燕》'其心塞渊',《定之方中》'秉心塞渊',并假'塞'为之。'思'、'𡨄'、'塞'同部双声,'思'、'塞'并'𡨄'之假。"②段玉裁坚持今文"塞"是本字,"𡨄"是后人妄改字,批评后人偏据《说文》随意篡改经籍,杨筠如却认为"𡨄"是本字,"思"、"塞"是假借字,彼此因同部双声而互相借用,不再与今、古文相牵扯。又如"光彼四表",段玉裁认为古文作"光"、今文作"横",皆即"桄"字,"桄"、"横"通用,"桄"、"光"假借③;陈乔枞指出今文欧阳本作"横"、大小夏侯本作"光",皮锡瑞赞同陈乔枞之说,批评段玉裁"未知今文亦有作'光'者",另称今文也有作"广"者,并解释说:"盖'光'、'广'古通用,'光'、'横'古同声,亦通用。汉人引用,或作'横',或作'广',或作'光',皆欧阳、夏侯三家今文异字。然字异而义同,'光被'即'广被',亦即'横被',皆是'充塞'之义。《后汉书·陈宠传》曰'圣德充塞,假于上下',是其明证。"④作"光"、作"横"究竟是今文经、古文经之分别,还是今文三家之歧异,让人迷惑难解。杨筠如对此作注说:"光,《汉书·王褒传》《王莽传》并作'横',《礼乐志》及《礼纬·含文嘉》、《成阳灵台碑》并作'广'。按:《说文》'黄'从田、芡声。芡,古文'光'。是'光'、'广'、'横'同声通用。《正义》引《释言》'光,充也',盖以'光'为'桄'假,《说文》:'桄,充也。'但其义仍以'光'为长,《立政》'以觐文王之耿光'可证。"⑤他虽吸取段玉裁、

① 段玉裁《古文尚书撰异》卷一,嘉庆二十五年七叶衍祥堂藏版,第2—3页。
② 杨筠如《尚书覈诂》卷一,第1页。
③ 段玉裁《古文尚书撰异》卷一,第5页。
④ 皮锡瑞《今文尚书考证》卷一,中华书局,1989年,第8—9页。
⑤ 杨筠如《尚书覈诂》卷一,第1页。

皮锡瑞等人的成果,却不言学派,不分家法,径以同声通用与同义假借来解释经文异字,很是简截明了。

《尚书覈诂》往往将检录异文与考释字义结合在一起,通过辨析异文,对字义作新的训解。例如,《尧典》"格于上下",段玉裁认为古文作"格"、今文作"假",但皮锡瑞不以为然,征引汉魏文献指出今文也有作"格"者,指出:"'假'、'格'通用,三家异文有作'格'者,非必后人改之。"①杨筠如则说:"格,《后汉书·明帝纪》《顺帝纪》《白虎通·礼乐》篇并作'假'。'格'、'假'通用字。本书'格'字如'格人元龟'、'格于皇天'、'格于上帝',《史记》并作'假'。《说文》作'徦',云:'至也。从彳,叚声。'按:吉金文通作'各',惟《师虎敦》作'徦',《庚罴卣》作'逄'。《方言》'徦,至也','格'者'徦'之假,'徦'又'各'之繁文。《说文》'各'从口、夊,当是神祇来飨之意,引申之凡来皆曰'各'。《诗·烈祖》'以假以飨'、'来假来飨',《楚茨》'神保是飨'、'神保是格','格'、'飨'同谊,犹《信南山》言'是烝是享'、《潜》'以享以祀'、《载见》'以孝以享','烝'、'祀'、'孝'同谓'享'也。《论语》言'祷尔于上下神祇',合观之,可以知'格于上下'之意也。"②这里先指明"格"、"假"通用,又从"格"、"假"均可训"至",进而考求其本义指"神祇来飨",可谓别出新解,刘起釪对此大加称道,认为先儒训"格"为"来"、"至",只知其假借义,杨筠如则探明"格"字本义③。

《尚书覈诂》还有一大亮点,是善于吸取清末以来甲骨文、金文研究的成果,与传世文献互证,或为旧训提供新的证据,或超越前人作新的训解。例如《尧典》"平章百姓",伪孔《传》说"百姓,百官",孔

---

① 皮锡瑞《今文尚书考证》卷一,第9—10页。
② 杨筠如《尚书覈诂》卷一,第1页。
③ 顾颉刚、刘起釪《尚书校释译论》,中华书局,2005年,第18—19页。

《疏》解释说:"经传之言'百姓',或指天下百姓。此下句乃有'黎民',故知'百姓'即百官也。百官谓之'百姓'者,隐八年《左传》云'天子建德,因生以赐姓',谓建立有德以为公卿,因其所生之地而赐之以为其姓,令其收敛族亲,自为宗主,明王者任贤不任亲,故以'百姓'言之。"孔《疏》先以此句"百姓"与下句"黎民"对举,从句法上判断"百姓"不当指天下百姓,再据《左传》分析"百姓"指称百官的历史依据。杨筠如注解说:"百姓,吉金文止作'百生'。《伯吉父盘》'其惟诸侯百生',《史颂敦》'里君百生'。王师谓:百生,即百官。考《逸周书·商誓解》'昔及百官里居',又曰'百姓里居','居'为'君'字之讹。是'百姓'即'百官'之明证。"①他承王国维之说,从金文中找到两条证据,并与《逸周书》互证,为伪孔《传》"百姓,百官"之训提供佐证,较之孔颖达的疏说更为有力。又如"方命圮族",马融、郑玄等读"方"为"放",郑玄、应劭等更释"方命"为"放弃教命",杨筠如则考释说:"方,《汉书》作'放',《史记》作'负'。《孟子》'方命虐民',赵注:'方犹逆也。'按:'放'犹'废'也。《诗·韩奕》'无废朕命',《盂鼎》'无法朕命',金文假'法'为'废',与此假'方'为'废'者同。"②他将《孟子》《诗经》与金文连类互证,训"方"为"废",得到刘起釪的肯定③。

　　杨筠如既博采诸家,兼取众善,又研精覃思,自出新见,使《尚书覈诂》臻于一流水平,因此多次再版④,至今仍广泛流传。后来如周秉钧《尚书易解》、屈万里《尚书释义》、顾颉刚和刘起釪《尚书校释译

① 杨筠如《尚书覈诂》卷一,第 2 页。
② 杨筠如《尚书覈诂》卷一,第 5 页。
③ 顾颉刚、刘起釪《尚书校释译论》,第 84 页。
④ 《尚书覈诂》自 1935 年印行后,有陕西人民出版社 1959 年重印本、2005 年黄怀信标校本,以及台北学海出版社 1978 年影印本、新文丰出版公司 1984 年《尚书类聚初集》影印本、文听阁图书公司 2009 年《民国时期经学丛书》影印本。

论》等,无不直接吸取杨筠如的某些新解,或者将他的训释作为一种
代表性意见加以评说。在中国《尚书》学史上,《尚书覈诂》虽然还不
足以取代伪孔《传》和蔡《传》,但它无疑是一部承前启后的《尚书》新
注。杨筠如不墨守家法,不因袭陈言,"折衷诸家,不姝姝守一先生之
言,旁通博征"[1],彻底走出今、古文藩篱,更是开启了《尚书》研究的
新风。

三、《荀子研究》的内容与特色

杨筠如很早就开始研究荀子学说,《评荀孟哲学》是他就读东南
大学时的作品,后来他受胡适、顾颉刚等倡导的疑古学风的影响,对
《荀子》一书作了新的考辨,对荀子思想作了全面研究,1931 年在商
务印书馆出版《荀子研究》,成为现代学界研究荀子的杰出代表。

《荀子研究》由前论、本论、后论三章组成。前论第一节主要针对
胡适《中国哲学史大纲》中的《荀卿年表》,对荀子事迹稍作补订,认
为荀子不可能入秦、游赵,由此对《荀子》书中记载入秦、游赵的《儒
效》、《强国》、《议兵》三篇表示怀疑,并进而提出"《荀子》本书的不
可信任"[2],所以第二节专门对《荀子》本书作考证。他梳理唐代杨倞
以来对《荀子》的怀疑,接受胡适所谓今本《荀子》是后人杂凑成书的
论断,指出"《荀子》书为后人杂凑成功,固然不错,但是杂凑的证据
是甚么? 前人所说都嫌过于笼统,不足以打破一般守旧的心理",因
此参考前人之说,加上自己的发现,举出四方面的证据,即体裁的差
异、思想的矛盾、篇章的杂乱、其他的旁证,认为《荀子》中有多篇不是

---

① 童书业《评杨筠如〈尚书覈诂〉》,天津《益世报·读书周刊》第 24 期。
② 杨筠如《荀子研究》,商务印书馆,1931 年,第 8—10 页。

原书,而是出于后人的杂凑①。特别是《荀子》中的《礼论》、《乐论》、《劝学》、《王制》等篇,与《礼记》、《韩诗外传》颇多雷同,过去通常认为是《礼记》、《韩诗外传》抄取《荀子》,杨筠如却提出一个相反的意见:"我以为《荀子》的同于《礼记》、《诗传》,大概是《礼记》、《诗传》混入《荀子》,因为《荀子》一书的篇次和内容,都是由刘向一手整理的,其时已经在戴、韩以后。"②这一节文字后来被收入《古史辨》第六册,受到罗根泽等疑古学派的认同,以至有人责备杨筠如对《荀子》的怀疑有点过头。其实,杨筠如承继前人对《荀子》的种种疑窦,寻出种种内证、外证,提出《荀子》全书不可尽信,"大致以《正名》、《解蔽》、《富国》、《天论》、《性恶》、《正论》、《礼论》(起首一段)几篇,真的成分较多"③,主张只能依据这几篇分析荀子思想,这种审慎对待先秦古籍的态度是合理的。

本论章是全书的主体,由荀子与古代哲学、荀子与古代宗教、荀子与古代政治、荀子与古代经济等四节构成,从先秦秦汉社会、政治、学术、思想演变的整体背景和历史脉络出发,重点探讨《性恶》、《天论》与《礼论》篇中反映的荀子思想学说,既把握住荀子思想的整体面貌,又对荀子思想的丰富内容作了深入研究。

关于荀子的哲学,杨筠如认为"性恶是他哲学的本体,心理和名学是他哲学的精粹"④,所以他先把中国古代哲学归结为儒、道、墨三家,然后就荀子的性说与儒家、荀子的心理学与道家、荀子的名学与墨家各作讨论,揭示出荀子哲学的思想渊源与特色。例如,他认为荀子性说很受告子"性无善无不善"的影响,肯定"荀子《性恶》说是出

① 杨筠如《荀子研究》,第 12—20 页。
② 杨筠如《荀子研究》,第 23 页。
③ 杨筠如《荀子研究》,第 31 页。
④ 杨筠如《荀子研究》,第 71 页。

于告子",又与孟子关系密切,提出:"《荀子》书中所有的性说,《孟子》书中都已差不多是具体而微。这中间关系,是何等的明了。这是荀子性说正面的来源。再就反面来说,荀子的性恶,全是对孟子性善说而发。"他指出荀子所以不同意孟子性善之说,实是鉴于战国时代人心狡诈,激而为性恶之论,"所以荀子的性恶说,又可说是时代背影的反响",分析出荀子主张性恶论的反面原因①。再如,他对荀子哲学中最有特色的心理学,先作一总的评析说:"荀子的心理学,在古代哲学中间,可以说是首屈一指。大致讲起来,可以分为两部分:第一部是他对于心理学全体的分析与其各种关系的解释,第二部是他专对于心的内容和作用的考究。"然后,他考察荀子关于性、情、欲、心、虑的不同界说,指出:"荀子是把心理现象分为两部分:一部分是性,情、欲都是性的表现。一部分是心,虑就是心的作用。这两部分的关系,就是以心来节性。……他的性恶论,假使没有这个心来补救,就很难圆满。有了这一种心理的说明,我觉得就比孟子的性善说,更为完密了。"他认为荀子受名学的影响,能把性与心区分,主张以心节性,而孟子"却弄得心、性差不多没有大的分别",所以孟子性善说不及荀子性恶说精密。杨筠如接着又用《解蔽》篇"虚一而静"四个字,概括出荀子对心的内容与作用的论述,并认为荀子对心理的精明的观察与细致的考究"完全出于道家",强调荀子心理学与道家有着直接的渊源关系②。

对于荀子的《天论》,杨筠如从中国古代宗教思想演变的视角作了评析。他将荀子"天论"与道家的天道观念、墨家的天志主义、阴阳家的五行说分别进行比较,认为荀子对天的根本观念既直接受道家的影响,又与道家的精神大不相同,他反对道家冥想自然界的原理和

---

① 杨筠如《荀子研究》,第44、47—49页。
② 杨筠如《荀子研究》,第50—62页。

极端崇拜自然,更反对墨家和阴阳家宣扬迷信思想、推行宗教复辟,
"他主张利用自然界,却不要去崇拜他们,这一点是《天论》最主要的
精神"①。杨筠如指出,中国古代宗教观念有两次大的转变,第一种
观念始于殷、周之际,"到了西周崩坏的时候,更有长足的进步,一直
发展到道家的天道观念,差不多可以说是到了极端发展的时期。他
的内容,就是天的神秘性渐渐的失去,物质性渐渐的增加,社会上普
通都不大信仰含有神秘性的帝,而都偏于物质认识的天",第二次始
于春秋末到战国初,"重想将一切自然现象的变动,代表天的意志。
这中间以墨家为一个主角。到了战国中世以后,又得了五行说和天
文学的生力军加入,他们这种运动,在当时社会上可说是已经立定了
基础,于是天的意志复活。到了秦汉以后,势力益加扩张。……天已
经重新做了一种人格神",由此对荀子的"天论"作了历史定位:"荀
子生在第一种观念已经发展到极端正在了结的时候,又正是第二种
观念新盛的时期,所以他能够了解第一种观念,而又能够反对第二种
观念。这便是《天论》所表现的时代性,也就是《天论》在古代宗教史
上所占有的地位和价值。"②

关于荀子的《礼论》,杨筠如主要是从中国古代政治思想的变迁
入手进行解析。他首先指出,荀子的礼治主义有两个要点,"一个是
养,一个是别","他认为人的欲望既不能根本铲除,则养不能不要。
但是假使欲望没有限制,物质又不够分配,这里唯一的调和办法,只
有一个别",由此揭示出荀子与先前儒家的礼治思想根本有别:"荀子
的礼治主义,大致都以物质分配为前提,这固然是受了他的性恶论的
影响,实际又是当时新起的贫富阶级制度的反映,这一点是他和从前
礼治主义根本不同的地方。从前的礼治主义,没有固定的内容,荀子

---

① 杨筠如《荀子研究》,第 104 页。
② 杨筠如《荀子研究》,第 117—118 页。

却主张一定的标准;从前的礼治主义,大致都是主张用感化政策,荀子却主张用制裁的方法。这又是他和从前礼治主义精神不同的地方。从前的礼治主义,未尝专门讲究阶级的差别,他们所谓礼,不过一种合理的行动。荀子却将礼的范围缩小,专门讲究这种差别。这一点又可说是他和从前礼治主义范围不同的地方。总之,荀子的礼治,已经很与法治的精神接近,他是礼治、法治过渡期间的一个代表人物。"[1]接着,杨筠如又总结了荀子礼治主张与战国法家学说的四点共同之处,再次提出:"荀子与法治派,很有互相影响的地方。所以荀子的礼治主义,已经是礼治的尾声,普通认他为礼治到法治中间的过渡,大概是不差的。"[2]

在后论章中,杨筠如抓住荀子思想的两个核心性恶之说与礼治主义,对荀子与后儒心性学说的发展、荀子与秦汉以后礼法之治的分化作简要论述,揭示出荀子对后代学术思想与政治社会的深远影响。例如,荀子的人性学说长期被误解,后儒或称荀子不知性,或因他宣扬性恶论而大加斥责,杨筠如却公然宣称:"荀子学说影响于后儒最大的,要算他所讲的心性一部分。虽然后人多说荀子是不知性的,但是他们对于心性的研究,实际并没有完全脱离荀子的圈套。"[3]他先把后儒的心性之学分为汉、宋两大流派,指出汉儒论性的出发点在《易·系辞》,宋儒论性的出发点在《礼记·乐记》,虽然都源于道家,但明显也都受到荀子的影响,然后逐一考察董仲舒、刘向、扬雄、王充、荀悦等汉儒及韩愈、皇甫湜、司马光等属于汉儒系的心性之论,发现"这一个线索下来,都是想用孔子的性说,来调停荀、孟两家不同之见,实际上又加以阴阳气质的解释,自然都是宋儒所排斥为气质之性

① 杨筠如《荀子研究》,第 141—142 页。
② 杨筠如《荀子研究》,第 154 页。
③ 杨筠如《荀子研究》,第 191 页。

的。但是他们所谓性,都与荀子的性情,最为接近;而与孟子的心性,相去较远。我们藉此可以考见荀子的性学在后来学术界确有不小的势力和影响",再考察李翱、邵雍、二程、朱熹、陆九渊、王阳明等宋儒一脉的心性之论,又发现"这一个系统下来,大致都是用孟子的名义,来发挥天理人欲的学说。除去受了释、老一部分影响以外,实际是讲的荀子的心理学。虽然对于孟子心性之说名义上比较接近,实际以物之理为心之性,大与孟子不同,而反与荀子心理学的心和理相合,大致都还不能十分出荀子的圈套。于此可以知道荀子在中国学术史上的地位和影响了"①。这种上下千年的视野与细针密缕的手段,让人叹为观止。

从清代中叶以来,荀子研究渐受学者重视,到民国年间仍呈方兴未艾之势,不过从整体上看,对《荀子》文本的校勘、文字的训释一直居于主流,其次是对荀子的行年事迹进行排比考订,对荀子的思想作专门探究与深入阐发的并不多见。杨筠如研究荀子,始终以考究与论述荀子思想为重心。他对《荀子》本书作考证,是要准确考察荀子思想,虽然怀疑过头,将《荀子》多数篇章排除在外,但经他的严格剔除,能够真实显现荀子的核心思想。他采取宏大开阔的视野,纵横比较的方法,对荀子思想的渊源、特色与影响作了精当的评析,提出不少精辟的意见。因此,这本《荀子研究》当年广受学术界关注,至今仍是研究荀子不可或缺的参考著作。

四、结语

杨筠如在大学期间开始研究中国古代学术史,从清华国学院毕业后又迅速在经学、史学、诸子学等领域取得重要成绩,王国维当年

---

① 杨筠如《荀子研究》,第 200、205 页。

称赞他"英年力学",真是确切,谁知他后来英年早逝,在中国现代学术史上恰如一颗流星。

　　"古经多难读,而《尚书》为最。"①王国维曾精究《尚书》,成就卓著,但自称"于《书》所不能解者殆十之五"②,可见读懂《尚书》之困难。王国维也曾想新撰《尚书注》,却因过早弃世而未克成功。杨筠如竟以牛犊之勇,迎难而上,从字词与句读入手,对《尚书》作了一番探索,提出诸多新解。他遵循王国维的矩矱,尽采前贤与同辈的胜义,最终不负老师厚望,完成一部承前启后的《尚书》新注,"这就像朱子没有一部《书》传,《书集传》由其门人蔡沈承担一样,堪称学术史上的美谈"③。

---

① 王国维《尚书覈诂序》,杨筠如《尚书覈诂》,卷首第 1 页。
② 王国维《与友人论〈诗〉〈书〉中成语书》,《观堂集林》卷二,中华书局,1959年,第 75 页。
③ 李学勤《尚书覈诂新版序》,杨筠如著、黄怀信标校《尚书覈诂》,陕西人民出版社,2005 年,卷首第 4 页。

征引文献

一、史料

卞宝第等修:《湖南通志》,光绪十一年刻本

陈庆镛:《籀经堂类稿》,光绪九年刻本

程千帆、唐文编:《量守庐学记:黄侃的生平和学术》,生活·读书·新
　　知三联书店,2006 年

段玉裁:《古文尚书撰异》,嘉庆二十五年七叶衍祥堂藏版

段玉裁:《经韵楼集》,咸丰年间补刊《皇清经解》本

段玉裁注、许惟贤整理:《说文解字注》,凤凰出版社,2007 年

丁晏:《易林释文》,光绪十四年《南菁书院丛书》本

范文澜:《范文澜全集》,河北教育出版社,2002 年

方继孝:《旧墨三记——世纪学人的墨迹与往事》,北京图书馆出版
　　社,2007 年

房鑫亮编:《王国维书信日记》,浙江教育出版社,2015 年

顾颉刚、刘起釪:《尚书校释译论》,中华书局,2005 年

费行简:《近代名人小传》,台北文海出版社影印本,1967 年

胡玉缙撰、王欣夫辑:《许庼学林》,中华书局,1958 年

胡适著、欧阳哲生编:《胡适文集》,北京大学出版社,1998 年

湖南省地方志编纂委员会:《湖南省志·著述志》,湖南人民出版社,
　　2003 年

纪昀等:《武英殿本四库全书总目》,国家图书馆出版社,2019 年

江瑔著、张京华点校:《读子卮言》,华东师范大学出版社,2012 年

李耀仙主编:《廖平选集》,巴蜀书社,1998 年

梁启超:《近代学风之地理的分布》,《饮冰室文集》,中华书局,
　　1989 年

梁启超:《戊戌政变记》,《饮冰室专集》,中华书局,1989 年

罗汝怀辑:《湖南文征》,同治十年刻本

廖幼平编:《廖季平年谱》,巴蜀书社,1985 年

廖平、吴之英:《经学初程》,成都存古书局,1914 年

廖平撰、郜积意点校:《穀梁古义疏》,中华书局,2012 年

刘声木著、刘笃龄校:《苌楚斋五笔》,中华书局,1998 年

刘师培:《经学教科书》,宁武南氏校印《刘申叔先生遗书》本

刘师培:《群经大义相通论》,宁武南氏校印《刘申叔先生遗书》本

刘师培:《国学发微》,宁武南氏校印《刘申叔先生遗书》本

启功主编:《中央文史研究馆馆员传略》,中华书局,2001 年

清华大学历史系编:《戊戌变法文献资料系日》,上海书店出版社,
　　1998 年

钱基博:《近百年湖南学风》,岳麓书社,1985 年

钱玄同:《钱玄同文集》,中国人民大学出版社,1999 年

苏舆编、陈同等标点:《翼教丛编》,上海书店出版社,2002 年

苏舆编、杨菁点校:《翼教丛编》,台北"中研院"中国文哲研究所,
　　2005 年

孙楷第:《沧州后集》,中华书局,2009 年

汤志钧:《乘桴新获:从戊戌到辛亥》,北京师范大学出版社,2018 年

王念孙:《读书杂志》,中国书店影印本,1985 年

王国维:《观堂集林》,中华书局,1959 年

王闿运等纂:《湘潭县志》,光绪十四年刻本

王树枬编:《张文襄公全集》,北平文华斋 1928 年刻本

吴汝纶:《桐城吴先生文集》,光绪三十三年《桐城吴先生全书》本

萧穆:《敬孚类稿》,光绪三十三年刻本

佚名注:《易林》,《四部丛刊》影印本

佚名辑:《翼教丛编》,光绪二十四年长沙初刻本

佚名辑:《翼教丛编》,光绪二十四年武昌重刻本

俞樾:《春在堂尺牍》,台北文海出版社影印本,1969 年

翟云升:《焦氏易林校略》,道光年间翟氏五经岁遍斋校书本

张尔岐:《仪礼郑注句读》,乾隆年间济阳高氏刻本

章太炎:《章太炎全集》,上海人民出版社,2018 年

中国科学院图书馆整理:《续修四库全书总目提要(经部)》,中华书
　　局,1993 年

朱维铮编:《周予同经学史论著选集》(增订本),上海人民出版社,
　　1983 年

二、近代湘人著述

陈鼎忠:《六艺后论》,钟山书局,1934 年

陈天倪:《尊闻室賸稿》,中华书局,1997 年

马宗霍:《文学概论》,商务印书馆,1925 年

马宗霍:《音韵学通论》,商务印书馆,1933 年

马宗霍:《文字学发凡》,商务印书馆,1935 年

马宗霍:《书林藻鉴》,商务印书馆,1935 年

马宗霍:《书林纪事》,商务印书馆,1935 年

马宗霍:《中国经学史》,商务印书馆,1936 年

马宗霍:《说文解字引经考》,科学出版社,1958 年

马宗霍:《南史校证》,湖南教育出版社,2008 年

马宗霍、马巨:《经学通论》,中华书局,2011 年

符定一：《新学伪经考驳谊》，商务印书馆，1937 年

符定一：《联绵字典》，中华书局，1954 年

胡棣华：《文字源流》，湖南官书报局，1913 年

李肖聃：《湘学略》，岳麓书社，1985 年

李肖聃撰、喻岳衡标点：《李肖聃集》，岳麓书社，2008 年

李希圣：《雁影斋题跋》，上海古籍出版社，2009 年

罗焌著、罗书慎点校：《诸子学述》，岳麓书社，1995 年

罗焌著、罗书慎整理：《经子丛考（外一种）》，华东师范大学出版社，
　　2009 年

刘矞和：《商君书斠诠》，长沙宏文图书社，1915 年

皮锡瑞著、周予同注释：《经学历史》，商务印书馆，1928 年

皮锡瑞著、盛冬铃等点校：《今文尚书考证》，中华书局，1989 年

皮锡瑞著、吴仰湘编：《皮锡瑞全集》，中华书局，2015 年

皮锡瑞著、吴仰湘点校：《经学通论》，中华书局，2018 年

皮锡瑞著、吴仰湘点校：《皮锡瑞日记》，中华书局，2020 年

皮名振编：《皮鹿门年谱》，商务印书馆，1939 年

石广权：《六书浅说》，商务印书馆，1929 年

石广权：《老学今诠》，长沙罗博文堂，1932 年

孙文昱：《小学初告》，湘潭孙氏家塾 1926 年刻本

颜昌峣：《管子校释》，岳麓书社，1996 年

杨树达：《积微居小学金石论丛》，中华书局，1955 年

杨树达：《积微居小学述林》，中华书局，1983 年

杨树达：《积微居诗文钞》，上海古籍出版社，2006 年

杨树达：《积微翁回忆录》，北京大学出版社，2007 年

杨筠如：《九品中正与六朝门阀》，商务印书馆，1930 年

杨筠如：《荀子研究》，商务印书馆，1931 年

杨筠如：《尚书覈诂》，北强学社，1935 年

杨筠如著、黄怀信标校:《尚书覈诂》,陕西人民出版社,2005 年

叶德辉:《观古堂藏书目》,叶氏观古堂 1916 年排印本

叶德辉:《郋园读书志》,上海澹园 1928 年铅印本

叶德辉撰、王逸明主编:《叶德辉集》,学苑出版社,2007 年

叶启勋撰、李军整理:《拾经楼紬书录》,上海古籍出版社,2014 年

叶启发撰、李军整理:《华鄂堂读书小识》,上海古籍出版社,2014 年

尹桐阳:《合音例证》,北平民国大学印刷部,1927 年

尹桐阳:《老子玄诂附韵学》,长沙大成丰印刷局,1937 年

王闿运撰、吴容甫点校:《湘绮楼日记》,岳麓书社,1997 年

王闿运撰、马积高主编:《湘绮楼诗文集》,岳麓书社,1996 年

王先慎撰、钟哲点校:《韩非子集解》,中华书局,1998 年

王先谦著、梅季标点:《葵园四种》,岳麓书社,1986 年

曾国藩:《曾国藩全集·日记》,岳麓书社,1987 年

曾运乾著、郭晋稀整理:《音韵学讲义》,中华书局,1996 年

曾运乾著、夏剑钦整理:《声韵学》,湖南教育出版社,2012 年

曾运乾:《尚书正读》,中华书局,1964 年

曾运乾著、周秉钧整理:《毛诗说》,岳麓书社,1990 年

曾运乾:《春秋三传通论》,国立湖南大学石印本

曾运乾著、黄曙辉整理:《尚书正读》,华东师范大学出版社,2011 年

张君和选编:《张舜徽学术论著选》,华中师范大学出版社,1997 年

张舜徽:《清人文集别录》,华中师范大学出版社,2007 年

张舜徽:《旧学辑存》,华中师范大学出版社,2008 年

三、近代报刊、杂志

《大公报》(长沙版)

《船山学报》(长沙)

《读书通讯》(上海)

《国立中山大学语言历史学研究所周刊》(广州)

《国师季刊》(湖南蓝田)

《国专月刊》(无锡)

《湖南大学季刊》(长沙)

《湖大期刊》(长沙)

《湖南教育通讯》(长沙)

《南强旬刊》(长沙)

《申报》(上海)

《世界旬刊》(长沙)

《图书展望》(南京)

《湘报》(长沙)

《新青年》(上海、北京)

《学衡》(南京)

《益世报》(天津)

《制言》(苏州)

《中国公论》(上海)

《中央日报》(长沙版)

四、当代研究著作

陈其泰:《清代公羊学》,东方出版社,1997 年

陈文豪:《廖平经学思想研究》,台北文津出版社,1995 年

邓潭洲:《为改革而献身的谭嗣同》,岳麓书社,1998 年

丁平一:《湖湘文化传统与湖南维新运动》,湖南人民出版社,1998 年

傅莹:《中国现代文学理论发生史》,上海文艺出版社,2008 年

黄开国:《廖平评传》,百花洲文艺出版社,1993 年

胡昭曦:《四川书院史》,四川大学出版社,2006 年

李喜所:《谭嗣同评传》,河南教育出版社,1986 年

李玉:《长沙近代化的启动》,湖南教育出版社,2000 年

林能士:《清季湖南的新政运动》,台湾大学文学院文史丛刊,1972 年

刘泱泱主编:《湖南通史·近代卷》,湖南出版社,1994 年

蒙文通:《经学抉原》,上海人民出版社,2006 年

钱穆:《中国近三百年学术史》,商务印书馆,1997 年

尚秉和:《焦氏易林注》,中国大百科全书出版社,2005 年

尚秉和:《焦氏易诂》,中国大百科全书出版社,2005 年

汤志钧:《戊戌变法史》,人民出版社,1984 年

肖永明主编:《湖湘文化通史(近古卷)》,岳麓书社,2015 年

徐芹庭:《焦氏易林新注》,中国书店出版社,2010 年

王澧华:《曾国藩家藏史料考论》,广西师范大学出版社,1996 年

王栻:《维新运动》,上海人民出版社,1986 年

王兴国主编:《湖湘文化通史(近代卷上)》,岳麓书社,2015 年

吴仰湘:《皮锡瑞的经学成就与经学思想》,湖南大学出版社,2012 年

吴仰湘、陈先初主编:《湖湘文化通史(近代卷下)》,岳麓书社,
　　2015 年

赵伯雄:《春秋学史》,山东教育出版社,2004 年

张晶萍:《近代"湘学观"的形成与嬗变研究》,知识产权出版社,
　　2015 年

郑伟章、姜亚沙:《湖湘近现代文献家通考》,岳麓书社,2007 年

朱汉民:《湘学通论》,高等教育出版社,2016 年

五、当代期刊论文

曹立前:《苏舆与〈翼教丛编〉》,《历史教学》1996 年第 2 期

何广棪:《经史学家杨筠如事迹系年》,《古籍整理研究学刊》2010 年
　　第 1、3 期

黄开国:《廖平经学第一变的思想准备》,《重庆师院学报》1985 年第

3 期

黄开国:《王闿运与廖平的经学——清代今文经学发展的重要一环》,《船山学报》1989 年第 2 期

黄开国:《廖平经学六变的变因》,《中国哲学史研究》1989 年第 2 期

黄开国:《廖平经学第一变的思想准备》,《重庆师院学报》1985 年第 3 期

李学勤:《关于杨筠如先生晚年事迹的补正》,《古籍整理研究学刊》2010 年第 3 期

李鹏连:《皮锡瑞手稿本〈易林证文〉述略》,《文献》2013 年第 1 期

林庆彰:《〈皮锡瑞全集〉所收经学稿本及其价值估略》,彭林编《中国经学》第 21 辑,广西师范大学出版社,2018 年

卢智:《戊戌维新时期的南学会》,《求索》1987 年第 2 期

秋竹:《马宗霍》,《求索》1983 年第 5 期

潘斌:《皮锡瑞经学研究综述》,《古籍整理研究学刊》2012 年第 5 期

彭平一:《戊戌南学会集会讲论活动若干史实的补正》,《中南大学学报》2011 年第 4 期

桑兵:《康梁并称的缘起与流变》,《近代史研究》2013 年第 2 期

宋卫忠:《皮锡瑞的变法思想浅论》,《湘潭师范学院学报》1996 年第 4 期

沈怀兴:《〈联绵字典〉的收词及相关问题》,《辞书研究》2007 年第 4 期

汤志钧:《论南学会》,《湖南师院学报》1982 年第 2 期

夏剑钦:《明代湘人的三种音韵学著作》,《船山学刊》2012 年第 3 期

王尔敏:《南学会》,《大陆杂志》第 23 卷第 5、6 期

王恩田:《"楚国之举恒在少者"——楚国幼子继承制答疑》,《中国史研究》2014 年第 1 期

吴仰湘:《朱一新、康有为辩论〈新学伪经考〉若干史实考》,《文史哲》

2010 年第 1 期

吴仰湘:《皮锡瑞〈经学历史〉并非经学史著作》,《史学月刊》2007 年
　　第 3 期

吴仰湘:《〈翼教丛编〉编者问题考辨》,《社会科学战线》2022 年第
　　9 期

杨文全:《中国现代辞书的奇葩——〈联绵字典〉平义》,《乐山师范学
　　院学报》2002 年第 1 期

后　记

　　1995年冬天,湖南省学位委员会公布新增博士生指导教师名单,转眼3月湖南师范大学就要招生,历史系主任丁笃本教授担心外界不知消息,生源不足,动员我报考在职博士生,并推荐我选择中国近代学术史方向的麻天祥教授作指导教师。当时,麻老师在校内外声名赫赫,我虽心向往之,但不敢贸然投考,加上我硕士阶段学习古代史,仅研究过秦汉之际的军政人物与史事,对近代学术史完全是门外汉。后来,经远在美国访学的周秋光老师越洋联系,在古代史教研室主任冷鹏飞老师带领下,我斗胆登门拜见麻老师。结果,麻老师让我略述梁启超、钱穆两本同名著作的异同,我瞬间汗流浃背,因为我根本不知他所指是哪两本名著。所幸在数月之内,我将麻老师开列的近代学术史重要著作全部读完,大段抄录附带零星感想,留下数万字的笔记,最终在试卷揭封之后,让麻老师也略吃一惊,因为几份试卷中,最高分居然是我。正式录取后,麻老师又安排我参与"近代学术与救国"书稿的撰写,由此摸索着进入中国近代学术史研究的大观园。两年之后博士论文开题,我拟了几个宏观探讨近代学术演变的题目,麻老师认为费力难讨好,建议我集中研究近代湘学,并给我两个选择题:王闿运或皮锡瑞。这是我与近代湘学结缘的经过。

　　2002年初夏,即将在武汉大学博士后出站的我,攥着一张打印的个人简历和论著目录,惴惴不安地走进岳麓书院院长办公室,朱汉民教授稍一浏览,就开心地笑着说:"书院目前没有什么杂事,教学任务也不太多，你来了以后，不用想赚钱的事，可以安心读读书、做下学问。"后来我才知道，朱院长早就筹划要在岳麓书院推动湖湘文化和经学方向的学科建设，我的前期研究正好与此相合。这一新的机缘，使我得以潜心于近代湘学与经学，继续开展皮锡瑞著述整理与研究，先后出版《皮锡瑞集》（2012）、《皮锡瑞的经学成就与经学思想》（2013）、《皮锡瑞全集》（2015）等。与此同时，我面向硕士生开设"晚清湖南学者个案研究"选修课，挑选曾国藩、王闿运、皮锡瑞、叶德辉、王先谦、《翼教丛编》等专题，与同学们一起读书、探讨。更要一提的是，2010 年底，朱院长主持申报的《湖湘文化通书》获批为国家社科基金重大项目，我和陈先初老师共同主编《湖湘文化通史》现代卷，我就此扩大视野，对民国时期湘学名家名著稍作研究，积累了一些材料，深化了对近代湘学的整体认识。

本书所收文章，发表最早者在 2001 年，最晚者在 2021 年，可以说是我二十多年间从事近代湘学研究的部分见证。这些文章大多刊于《近代史研究》《文献》《清史研究》《中国经学》《暨南学报》《湖南大学学报》等处，其中第二、四篇发表时，分别与研究生包凯、胡媛共同署名。第一、第七至十二篇，也收入《湖湘文化通史》（近代卷下册）（岳麓书社 2015 年版）。此次略作整理，对个别段落作了补充，个别文字作了修改，注释体例作了统一，部分征引文献作了更新。书稿成形后，我对书名一度踌躇不定，中华书局朱兆虎兄根据书稿内容，拟出"近代湘学考述"之名，我立即欣喜接受，因为我的博士论文送审之前，也是麻老师帮我拟定"皮锡瑞生平与思想考述"的题目，前后遥隔，"考述"一词竟不谋而合，可谓至巧。在书稿后期加工中，未曾谋面的责任编辑杨延哲先生颇费心力，令我感动。

在长期的学习与工作中，我很有幸得到湖南师范大学历史系、武汉大学历史系、湖南大学岳麓书院、湖南师范大学历史文化学院等处多位领导与众多同事的关心、爱护和帮助，本次出版又得到院长钟声教授等热情支持,获得湖南师范大学双一流学科"中国史"学科经费支持,特此一并致谢。

最后,衷心感谢家人、亲友。他们对我安于学问而不求闻达,能够理解、支持。特别是内人小梅,一直承揽所有外勤、内务和辅导小孩的艰巨工作,任劳任怨,让我得以悠闲自乐,兀自黄卷青灯观世变,春花秋月校书忙。

壬寅七夕前一日吴仰湘谨识